Attila Oess
Total Quality Management

Attila Oess

Total Quality Management

Die ganzheitliche Qualitätsstrategie

3. Auflage

GABLER

Die Deutsche Bibliothek – CIP-Einheitsaufnahme

Oess, Attila:
Total quality management : die ganzheitliche Qualitätsstrategie / Attila Oess. – 3. Aufl. – Wiesbaden : Gabler, 1993
ISBN 3-409-33623-0

1. Auflage 1989
2. Auflage 1991
3. Auflage 1993
Nachdruck 1994

Der Gabler Verlag ist ein Unternehmen der Verlagsgruppe Bertelsmann International.

Lektorat: Ulrike M. Vetter

Umschlaggestaltung: Schrimpf & Partner, Wiesbaden
Satz: Lichtsatz Michael Glaese GmbH, Hemsbach
Druck: Wilhelm & Adam, Heusenstamm
Bindung: Osswald + Co, Neustadt/Weinstr.
Printed in Germany

ISBN 3-409-33623-0

Für Tatjana und Raffael

Vorwort

Die in diesem Buch dargelegten Ausführungen stellen eine Zusammenfassung der vom Verfasser in den letzten acht Jahren in den verschiedensten Ländern während Studienreisen, Firmenbesuchen und Beratungsprojekten gemachten Erfahrungen dar.

Es hätte jedoch nie geschrieben werden können ohne die tatkräftige und uneigennützige Hilfe von vielen Bekannten und Freunden.

Tiefer Dank gilt in diesem Zusammenhang Leopold Marschner, SKF, der immer eine Antwort parat hatte, und Elmar von Lukowicz, UNIROYAL, der ohne jede Vorbedingung dem Verfasser Einblick in die von ihm durchgeführten Projekte in seiner Firma gewährte. Wichtige und hilfreiche Unterlagen wurden zudem von Dr. Jürgen F. Kranich, Eternit AG, Dr. H. Zielke, Johnson & Johnson, Dr. Peter Strohmenger, HOESCH AG, und Werner Hackl, General Motors, Wien, dankenswerterweise zur Verfügung gestellt.

Meinen Kollegen von der „European Federation of Quality Circles and Quality Management Associations“ (EFQCA) gilt besonderer Dank. Sie gaben ständig Anregungen und Ansporn. Einer, dessen Hilfe im wahrsten Sinne des Wortes keine Grenzen kannte, war Alberto Galgano, Galgano & Associati, Mailand. Auch Peter Mutter, Rowntree, York tat alles, um das Projekt auf den Weg zu bringen. Unterstützt wurde das Projekt darüber hinaus von Philippe Goillendeau, AFCERQUE-Ouest, Nantes, Björn Nordenhaag, SQCF, Stockholm, und Francesco Zucchelli, Galgano & Associati, Mailand, die bereitwillig Informationen aus ihren Ländern zur Verfügung stellten.

Die Ausführungen über Prozeß-Management wären ohne die wertvollen und intensiven Diskussionen mit Les Papay, IBM, New York, kaum möglich gewesen.

Anerkennung, Bewunderung und Dank gilt auch Maria Naujokat, die das Manuskript in eine vernünftige Form brachte und sich trotz großer

Hektik und Streß, vor allem am Ende des Projekts, kaum erschüttern ließ.

Köln, im November 1988 Attila Oess

Danksagung

Der Verfasser dankt dem Verlag Prentice Hall, Inc., Englewood Cliffs, NJ, USA, für die Erlaubnis, „Die zehn Gebote für die Beziehungen zwischen Hersteller und Zulieferer“ und die „Beziehungen zwischen QS-Systemen von Zulieferer und Hersteller“ aus dem Buch von Kaoru Ishikawa: „WHAT IS TOTAL QUALITY CONTROL“ 1985, abzudrucken.

Vorwort zur 2. Auflage

Auch für die 2. Auflage von Total Quality Management gilt es wiederum, vielen engagierten Helfern zu danken. Dazu gehören vor allem Hans-Jürgen Dorr, RKW Düsseldorf, Fernando Sucunza Saldise, Pamplona, und Joao B. Pimenta da Costa, Lissabon. Bereichernd waren ebenfalls die vielfältigen Beiträge von Jens Franzen, Koblenz. Leopold Marschner, SKF Schweinfurt, war auch bei der 2. Auflage ein unermüdlicher Helfer und Ratgeber. Er wies den Verfasser auf zahlreiche Verbesserungsmöglichkeiten hin und teilte seine reiche Erfahrung mit ihm. Ohne ihn wären viele nützliche Korrekturen unterblieben. Dafür gilt ihm ganz besonderer Dank.

Außerordentlich wertvoll war auch die Zusammenarbeit mit Acco Cable Controls Ltd. in Stourport-on-Severn, England. Bryan Percival, Production Manager, und Bob Heard, Quality Manager, ließen dem Verfasser bei seinem JiT/TQM Projekt völlig freie Hand und stellten alle Informationen ohne jeden Vorbehalt großzügig zur Verfügung. An die intensiven Diskussionen über Prozeß-Verbesserungen denkt der Verfasser gerne zurück.

Auch der fruchtbare Erfahrungsaustausch sowie die vielen nützlichen Anregungen, Hilfen und Diskussionen mit John Persico, Ph. D., John Vollum, Lou Schultz und Bob Reber vom Process Management Institute in Minneapolis über alle Aspekte von TQM haben dieses Buch wesentlich beeinflußt.

Alle Verbesserungen der 2. Auflage und meine persönliche Weiterentwicklung wären jedoch nicht zustande gekommen ohne meine Erlebnisse und Erfahrungen mit KAIZEN bei Masaaki Imai (KAIZEN Europe und The Cambridge Corporation, Tokyo), mit japanischer Produktentwicklung bei Professor Iizuka (Tokyo University) und mit JiT bei Y. Iwata und Ch. Nakao (ehemals Toyoda Gosei, jetzt New Technology Institute, Tokyo). Ihre Hilfe, Unterweisung und ihre Tips bei verschiedenen Projekten und Firmenbesuchen gehören zu den Glanzpunkten meines Lebens. Sie haben mir „das Geheimnis" von JiT/TQM und des japanischen Managements an der Linie deutlich und nachvollziehbar gemacht. Sie konnten sich keinen besseren und begierigeren Schüler denken.

Maßgebenden Anteil an der Fertigstellung und Korrektur des Manuskripts hatte Rita Damiani, der der Verfasser an dieser Stelle danken möchte.

Köln/Pulheim, Juni 1991 Attila Oess

Vorwort zur 3. Auflage

Erfreut über die gute Resonanz, auf die mein Buch bisher gestoßen ist, kann ich nun die 3. Auflage vorlegen. Es wurden wiederum einige Verbesserungen vorgenommen.

Köln/Pulheim, Januar 1993 Attila Oess

Inhaltsverzeichnis

1. Das neue Qualitätsbewußtsein

1.1 Die neue Qualität der Ansprüche

Als sich in den 70er Jahren in Deutschland die erste große Qualitätsdiskussion ausbreitete, fühlte sich der größte Teil des Managements deutscher Firmen kaum betroffen. In der Atmosphäre der Studentenrevolte und der Reformdebatten der sozial-liberalen Koalition konzentrierten sich die Vorstellungen bald auf die Kernforderung nach mehr Lebensqualität. Die Kulturkritik an der Konsumgesellschaft rechnete mit dem Nachholbedarf einer Generation ab, die sich im stetigen Wachstum der Wirtschaft in der Bundesrepublik seit dem Zweiten Weltkrieg in Wellenbewegungen dringliche Bedürfnisse erfüllt hatte:

Der Freßwelle in den 50er Jahren waren die Kleidungswelle, die Reisewelle und schließlich die Ausstattungswelle für Häuser und Wohnungen gefolgt.

Diese Nachfrage der Bevölkerung, insbesondere nach industriellen Konsumgütern wie Radios, Kameras, Fernsehern, Autos, Uhren, konnte das auf Massenproduktion von Qualitätsgütern eingestellte Management scheinbar erfolgreich befriedigen.

Allerdings tauchten hier bereits Konsumentenbedürfnisse auf, die von den einheimischen Produzenten nicht mehr erfüllt werden konnten, obwohl ihre Produkte weiterhin einem hohen Qualitätsstandard entsprachen. Der professionelle Techno-Look der japanischen Hi-Fi-Anlagen mit ihren Schaltern, Hebeln, Kontrollampen und -anzeigen, der die einheimischen Modelle mit ihrem biederen, konservativen, an den 50er Jahren orientierten Wohnzimmer-Design zu Ladenhütern degradierte, war attraktiver und erhob den Konsumenten nunmehr zum Herrn und Meister über Dezibel, Klirrfaktoren, Rauschen und Rumpelgeräusche. Die Wohnzimmer verwandelten sich in Amateuraufnahmestudios mit Tuner, Verstärker, Equalizer, Boxen und Kassettengerät. Die Verbraucher wechselten in Scharen auf japanische Produkte über, die neue Nutzungsmöglichkeiten, modernere Technologie, zusätzlichen Bedienungskomfort und höhere Professionalität boten. Diese Entwicklung auf dem Hi-Fi-Markt kann durch empirische Ergebnisse eindeutig belegt werden. In einer im Herbst 1980 durchgeführten Befragung[1] hielten Käufer von Hi-Fi-Anlagen folgende Eigenschaften für unabdingbar:

- attraktives Aussehen
- hohe Klangqualität
- neueste Technik
- Zuverlässigkeit
- Preiswürdigkeit.

Dementsprechend wollten zu diesem Zeitpunkt rund zwei Drittel der Befragten Hi-Fi-Geräte japanischer Produktion bei einem Kauf mit in Betracht ziehen.

Der Niedergang der deutschen Phono- und Fotoindustrie, in den 50er Jahren der Stolz der Nation, zeigt, daß die einheimischen Unternehmen in dieser Zeit an den Verbraucherbedürfnissen vorbeiproduzierten. Nachdem die Grundbedürfnisse gedeckt waren und die verfügbaren Einkommen weiter stiegen, wollten die Konsumenten aus der biederen, steifen und engen Plüsch-Atmosphäre der 50er Jahre ausbrechen und den „Duft der großen weiten Welt" schnuppern.

Auch zusätzliche Qualitätsforderungen, die aus der Diskussion um die Lebensqualität hervorgingen, konnten von der Industrie in dieser Phase kaum aufgenommen werden.

Das Qualitätswesen der deutschen Industrie war vor allem auf die Sicherung von Produktmerkmalen ausgelegt, die durch technische Abteilungen wie Qualitätssicherung und Fertigung einmal festgelegt worden waren. Diese rein technisch-orientierte und damit statische Qualitätsbetrachtung stellt heute einen wesentlichen Grund für die Schwierigkeiten dar, sich im internationalen Qualitätswettbewerb zu behaupten.

---

1 Buttlar, A.: „Made in Germany" noch in? In: Interview Analyse 1981, Nr. 8 (6), p. 238.

Das Spektrum der Diskussion um Lebensqualität Anfang der 70er Jahre reichte von der Kritik am maßlosen Konsumverhalten („zurück zu den wahren Bedürfnissen") bis zum Thema Forschungs- und Bildungswesen, von der Stadt- und Raumordnung bis zur Umweltpolitik und Humanisierung der Arbeit. Bemerkenswert an dieser Kritik erschien jedoch, daß nicht einzelne Produktmerkmale, sondern das ganze ungehemmte Wachstum der Kritik unterworfen wurde. Von dem auf rein technische Qualitätssicherung ausgerichteten Management mußten diese Qualitätsforderungen, die von den Gewerkschaften bald zu einem Programm des qualitativen Wachstums erhoben wurden, als fremde Elemente betrachtet werden.

Auch die Warnungen des Club of Rome vor der Zerstörung der Umwelt und seine Hinweise auf die Grenzen des Wachstums waren weitgehend vom Zeitgeist der Kritik an der Konsumgesellschaft geprägt und konnten problemlos als Anregungen in die allgemeine Formel nach Erhöhung der Lebensqualität einbezogen werden. Die kritische Auseinandersetzung mit den schädlichen Auswirkungen des Massenkonsums löste jedoch einen Umdenkungsprozeß aus, der ein verändertes Konsumverhalten und -bewußtsein signalisierte, das zehn Jahre später in leicht veränderter Form allgemeine Verbreitung fand. Heute bedeutet Qualität aus der Sicht vieler Konsumenten nicht mehr nur Intensität des Konsums oder Material- und Verarbeitungsqualität oder Leistungsfähigkeit und Güte, sondern vielfach auch mehr Bedienungskomfort, mehr Professionalität, Individualität, Umweltfreundlichkeit, Sozialstatus, Produktverfügbarkeit und weltweiten Service, hohe Garantie, niedrigen Energieverbrauch sowie modernste Technologie. Die Konsumenten wollen nicht unbedingt weniger verbrauchen, ihre Ansprüche richten sich jedoch auf qualitativ hochwertige Produkte zu niedrigeren, zumindest gleichen Preisen. Die Erfüllung von Spezifikationen bei der Herstellung allein genügt nicht mehr, um diesen Bedarf nach individuellen, qualitativ hochwertigen und gleichzeitig preiswerten Gütern zu befriedigen. Umfragen über Konsumentenpräferenzen in den USA 1986 haben gezeigt[2], daß acht von zehn Käufern auf den

2 Feigenbaum, A. V.: Total Quality Developments into the 1990's – An International Perspective in EOQC: Proceedings of the 31st EOQC Conference, München 1987, pp. 59–70.

internationalen Industriegüter- und Konsummärkten bei der Kaufentscheidung die Qualität gleich oder höher einschätzten als den Preis. 1979 waren es nur 30–40 Prozent. In Deutschland legen rund 50 Prozent der Verbraucher besonderen Wert auf Qualität, und ein Drittel der Bundesbürger betrachtet es sogar als ein sehr wichtiges gesellschaftliches Ziel, das Bewußtsein für eine einwandfreie Qualität von Waren und Gütern zu fördern[3]. Dieser Trend wird mit Sicherheit auch im nächsten Jahrzehnt anhalten, wenn nicht gar zunehmen. Anfang der 90er Jahre, so eine Prognose des amerikanischen Qualitätsexperten Feigenbaum, müssen Automobilhersteller nahezu perfekte Fahrzeuge anbieten, wenn sie sich auf dem Weltmarkt behaupten wollen[4].

Überdies ist es den europäischen Verbrauchern mit Hilfe ihrer nationalen Verbände nunmehr gelungen, die sogenannten fünf Grundrechte der Verbraucher zu erkämpfen:

- Schutz gegen Risiken für Gesundheit und Sicherheit,
- Schutz gegen Schädigung ihrer wirtschaftlichen Interessen,
- Beratung und Beistand bei der Rechtsdurchsetzung sowie Wiedergutmachung erlittenen Schadens,
- Unterrichtung und Bildung,
- Vertretung und Mitbestimmung bei allgemein interessierenden Fragen.

Diese Grundrechte wurden 1985 von der EG-Kommission in Brüssel in eine Richtlinie „Produkthaftung“[5] gefaßt. Den einzelnen Mitgliedstaaten wurde eine Umsetzungsfrist von drei Jahren nach Bekanntgabe der Richtlinie, das heißt bis zum 7. 8. 1988 eingeräumt. Danach haftet der Hersteller oder Händler für Mängel seines Produkts, die in echten Defekten, fehlenden oder mangelhaften Betriebsanleitungen oder zu erwartendem Mißbrauch von Geräten bestehen können, auch wenn er

---

3 Raffée, H.; Wiedemann, K.-P.: Die zukünftige Bedeutung der Produktqualität unter Einschluß ökologischer Gesichtspunkte in: Lisson, A.: Qualität die Herausforderung, Heidelberg/Köln 1987, pp. 349–378.

4 Feigenbaum, A. V.: Op. cit.

5 Ehle; Feldmann; Schiller; Rae: EG-Produkthaftungsrichtlinie vom 25. 7. 1985, Köln 1985.

sie nicht verschuldet hat. Nur wenn der Hersteller beweisen kann, daß er den höheren Stand von Wissenschaft und Technik beachtet, verborgene Risiken nicht erkannt und zwingende Rechtsvorschriften befolgt hat, wird er nicht zur Kasse gebeten. Im Gegensatz zur früheren Regelung braucht der Verbraucher sich jetzt nicht mehr mit schwierigen Beweisproblemen herumzuschlagen. Er hat Anspruch auf Schadensersatz und bei Nachlässigkeit des Herstellers sogar auf Schmerzensgeld. Damit ist auf lange Sicht eine wesentliche Verbesserung der Produktqualität für die Verbraucher zu erwarten.

1.2 Die Qualität der Arbeit

In der Zeit der Studentenrevolution Ende der 60er und Anfang der 70er Jahre blühten an deutschen Universitäten auch die sozial-wissenschaftlichen Fachbereiche auf – Soziologie, Psychologie, Pädagogik–, die bis dahin ein Schattendasein geführt hatten. Bislang wurden sie weitgehend durch die amerikanische Forschung dominiert, die dieser Entwicklung um Jahrzehnte voraus war. Der Arbeiter als Forschungsobjekt wurde entdeckt. Das Arbeitermilieu, die Sozialisation des Arbeiterkindes, zunehmend aber auch die Bedingungen des Arbeitsplatzes waren Gegenstand von Fragestellungen. Die Untersuchungen stellten meist die Eintönigkeit der Industriearbeit, insbesondere der Fließbandarbeit, und die geringe Handlungsfreiheit der Arbeiter und Angestellten im Arbeitsprozeß fest. Damit wurden zwei Mißstände aufgedeckt: einmal, daß die Welt der Arbeit beziehungsweise die Führungsstrategien der meisten Unternehmen mit der demokratischen gesellschaftlichen Wirklichkeit nicht übereinstimmten, und zum anderen, daß die Mitarbeiter keinen Sinn in ihrer Arbeit fanden. Selbstverwirklichung auch in der Arbeit wurde nun zum dominierenden Thema. Das Motivationsproblem wurde deutlich.

Die Gewerkschaften griffen diese Ergebnisse auf und ergänzten sie durch Forderungen nach mehr Mitbestimmung und nach „Humanisierung der Arbeit als gesellschaftspolitischer und gewerkschaftlicher Aufgabe“[6].

---

6 Themen der internationalen DGB-Konferenz, Mai 1974.

Die Hawthorne-Experimente aus den 20er Jahren, bei denen die Ingenieure erstaunt feststellen mußten, daß zum Beispiel nicht bessere Beleuchtung und Sauberkeit am Arbeitsplatz, sondern die Beschäftigung der Sozialforscher mit den Menschen, also ihre soziale Aufwertung, zu besseren Arbeitsergebnissen geführt hatte, wurden jetzt in neuem Licht gesehen.

Nunmehr stand erneut der Arbeiter als soziales Wesen im Brennpunkt des Interesses. Ansteigendes Bildungsniveau, Knappheit von Arbeitskräften, hohe Konjunktur und veränderte Erwartungen bezüglich zumutbarer Arbeitsbedingungen hatten diese Entwicklung gefördert.

Die Anfang der 70er Jahre weitgehend akademisch geführten Erörterungen über zumutbare Arbeitsbedingungen waren die Grundlage für erste Modelle auf Betriebsebene, die zu verbesserten und interessanteren Arbeitsplätzen, zu mehr Kooperation, Beteiligung und partnerschaftlichem Verhalten am Arbeitsplatz führten. Das bei Volvo in Kalmar entwickelte Modell der Arbeitsorganisation in Teams fand weltweit Aufmerksamkeit und viele Nachahmer. In Deutschland waren es vor allem die Firmen Schmidt-Clemens und Klöckner-Moeller, später viele andere mehr, die auf diesem Gebiet erste Experimente wagten. Die Motivation der Mitarbeiter wurde als wichtiger Produktionsfaktor erkannt. Auch die Bundesregierung legte im Mai 1974 ihr „Aktionsprogramm: Forschung zur Humanisierung des Arbeitslebens" vor, mit dessen Hilfe praxisnahe technologische, arbeits- und sozialwissenschaftliche Forschungsprojekte gefördert werden sollten. Allerdings galt zu diesem Zeitpunkt Humanisierung der Arbeit als etwas, das sich die Unternehmung leisten sollte, weil es ihr gut ging, und was auch nur für wenige geeignet war.

Die 70er Jahre endeten mit veränderten Bedingungen. Die Unternehmungen sahen sich oft dramatischen Entwicklungen ausgesetzt: umkämpfte Märkte, Verteuerung der Rohstoffe und Energie, Umweltbelastung, schrumpfende Wachstumsraten, weltweit verschärfter Wettbewerb, staatliche Bevormundung – Anpassungsschwierigkeiten allerorten. Katastrophen wie Seveso, Bhopal, Challenger, Tschernobyl intensivierten das Bewußtsein und die Ansprüche der Menschen in bezug auf Gesundheit, Umweltschutz, Sicherheit der Arbeitsplätze. In dieser verschärften Situation sind die Mitarbeiter nicht mehr ohne weiteres bereit, mitzuziehen. Die Erfahrung der 70er Jahre hinterließ bei ihnen ein geschärftes Bewußtsein in bezug auf ihre Rechte und Möglichkeiten, das keinen Rückschritt erlaubt. Sie erwarten heute mehr von ihrer Arbeit und ihren Arbeitgebern und Vorgesetzten – nicht in bezug auf materielle Vergütungen und Beförderungen, sondern auf Einbeziehung in Entscheidungen, ihre Arbeit und deren Bedingungen.

Dazu kam die Veränderung der Arbeit selbst. Je mehr sich die Arbeit von der Mechanik zur Elektronik, vom arbeitsintensiven zum kapital- und technologieintensiven Verfahren in Büros und Fabriken verschob, um so weniger physisch belastend, jedoch gleichzeitig komplexer, anspruchsvoller und psychisch beanspruchender wurden die damit verbundenen Aufgaben. Überschaubarkeit, Klarheit, Beherrschbarkeit des Arbeitsplatzes und seiner Umgebung nahmen ab, die Unsicherheit beim Mitarbeiter zu. Eine neue Welle von Techniken und Konzepten zur Verbesserung der Arbeitsorganisation, die sich vor allem an Teamkonzepten nach japanischem Muster orientierten, setzte ein. Der Siegeszug der Quality Circles begann. 1985 ermittelte eine Studie der American Management Association[7], daß in den USA von 1618 befragten Unternehmen 83 Prozent eine und 74 Prozent mehr als eine neue Form von Arbeitsorganisation eingeführt hatte, davon allein 36 Prozent Quality Circles. In der Bundesrepublik sieht das Bild nicht viel anders aus, obwohl eine direkt vergleichbare Studie fehlt. Dennoch stellte eine Umfrage der Universität Mannheim[8] zum selben Zeitpunkt fest, daß sich 56 Prozent der umsatzstärksten deutschen Unternehmen – und hier vor allem die Chemie und der Maschinenbau – mit Problemlösungsgruppen beschäftigten, das heißt sie entweder eingeführt hatten oder über die Einführung diskutierten.

Diese Untersuchungen machen deutlich, daß die neuen Ansprüche an die Qualität der Arbeit sich nicht nur in den Köpfen der Mitarbeiter

---

7 Goodmeasure, Inc.: The Changing American Workplace: Work Alternatives in the 80's, An AMA Survey Report, 1985.

8 Bungard, W.; Antoni, C.: Quality Circle und andere Formen der Gruppenarbeit an der Basis, in: Fünfter Deutscher Quality Circle Kongreß, Dokumentation 1986, Hrsg.: AGP, DQCG, IMT, RKW.

abspielten, sondern sich relativ schnell konkret in den Organisationen der Betriebe niedergeschlagen haben. Da sich die Zahl der Berufsanfänger fast halbieren wird, müssen Unternehmen, die sich um Nachwuchskräfte bemühen wollen, in Zukunft noch verstärkt die Erwartungen in bezug auf die Gestaltung der Arbeitsplätze der jungen Generation, die oft eine „Verwöhn-“ und „Überflußbiographie“ vorweist, berücksichtigen.

1.3 Eine neue Qualität des Wettbewerbs

Ein weiterer Aspekt der Qualitätsdiskussion, die heute nach wie vor aktuell ist, entwickelte sich verstärkt in der zweiten Hälfte der 70er Jahre aus dem strukturellen Wandel der internationalen Wettbewerbssituation. Die entwickelten Länder hatten jahrelang durch Maschinen und Know-how-Exporte den Schwellenländern dazu verholfen, in der Produktion bestimmter Güter Wettbewerbsfähigkeit zu erlangen. Ressourcen und Lohnvorteile ermöglichten es diesen Ländern jetzt, ihre Produkte, die in Technologie, Qualität und Preis gleichwertig waren, auf dem deutschen Markt anzubieten. Es ergab sich teilweise sogar das Paradoxon, daß diese „Entwicklungsländer“ mit hochmodernen, aus Deutschland importierten Maschinen eine bessere technische Ausstattung besaßen als ihre Konkurrenten im ursprünglichen Exportland. Schiffe aus Spanien, Portugal oder Taiwan, Rollei-Kameras aus Singapur, „Käfer“ aus Mexiko oder Brasilien, elektronisches Spielzeug aus Hongkong, Schreib- und Rechenmaschinen aus Taiwan oder Korea setzten der deutschen Industrie in starkem Maße zu. Die deutschen Wettbewerber hatten dem wenig entgegenzusetzen. Japanische Wettbewerber, die bereits in den 60er Jahren mit Motorrädern, Kameras und Gütern der Konsumelektronik auf dem deutschen Markt erste große Erfolge verbucht hatten, verstärkten den Druck.

Zu Beginn der 80er Jahre verschlechterte sich die Position der deutschen Wirtschaft auf internationaler Ebene noch einmal. Null-Wachstum und hohe Arbeitslosigkeit waren die Begleiterscheinungen. Traditionelle Märkte wie Bürokommunikation und Autos verloren weiter hohe Marktanteile an ausländische Anbieter, insbesondere an japanische Produzenten. Die Märkte für Motorräder, Kameras, Unterhaltungselektronik waren bereits früher fast vollständig an die Japaner gefallen. Nur die deutschen Automobilhersteller waren – wenn auch verzögert – in der Lage zu reagieren und sich mittels verbesserter Produktionsmethoden, Technologie, Ausstattung und Qualität einigermaßen aus der kritischen Situation zu retten. Die USA und die anderen europäischen Konkurrenten wie England, Frankreich, Italien spielen bei diesem Wettbewerb nur auf einzelnen punktuellen Märkten eine gewisse Rolle, wie die Amerikaner im Computer-Bereich oder die Franzosen und Holländer im Bereich der Unterhaltungselektronik.

Juran[9] beziffert die Verluste in Schlüsselindustrien wie Automobile, Farbfernseher oder Computerchips für die USA Mitte der 80er Jahre auf über 25 Prozent. Für den deutschen Markt dürften die Verluste nicht geringer ausgefallen sein. Gleichzeitig zeigten sich auch grundsätzliche Sättigungsgrenzen für das mengenmäßige Wachstum.

Auch dadurch verlagerte sich der Wettbewerb weg vom Preis und hin zur Technologie und zur qualitativen Differenzierung. Die Wettbewerbsstrategie der Japaner wurde mehr als deutlich. Ihr Erfolgsrezept war einfach und wirksam: Die Produkte des Besten der jeweiligen Branche in der Welt wurden sorgfältig studiert und imitiert. Die Japaner lernten sozusagen von den Klassenbesten der Welt. Gleichzeitig brachten sie Zuverlässigkeit und Erfüllung von Kundenanforderungen auf ein höheres Niveau als das des Wettbewerbs. Nach den anfänglichen Erfolgen wurde gezielt, konsequent und kontinuierlich die technische Ausstattung verbessert, Produktivität und Qualität erhöht, bis die Vorherrschaft auf den verschiedenen Märkten erreicht war und die Maßstäbe auf dem Markt bestimmt werden konnten. Diese Strategie wird sowohl von den Konsumenten als auch von den Anbietern selbst bestätigt. In der weiter oben zitierten Umfrage von Buttlar aus dem Jahre 1980, die sich zwar nur auf Hi-Fi-Anlagen bezieht, nach Meinung des Verfassers jedoch Symbolcharakter für viele technische Gebrauchsgüter hat, haben die Verbraucher eindeutig die Gesichts-

9 Juran, J. M.: Juran on Planning for Quality, The Free Press, 1988, p. 1.

punkte „neueste Technik“ und „Preiswürdigkeit“ auf den ersten Platz gesetzt. In die gleiche Richtung weisen die Ausführungen eines bedeutenden japanischen Hi-Fi-Herstellers. Seinosuke Kuraku, rund 20 Jahre Geschäftsführer der National-Panasonic in Deutschland, erklärt den Erfolg seiner Firma auf dem deutschen Markt so[10]: „Wir verkaufen keine Produkte, die wir herstellen können, sondern Produkte, die unsere Kunden wünschen. Selbst beim Verkauf geben wir technischen Innovationen absolute Priorität.“ Dieses ständige Drehen am Innovationsrad führte jedoch zu einer Verkürzung der Produkt-Lebenszyklen, was wiederum den Wettbewerb unter den Anbietern verstärkte.

Dabei kommt den Japanern sicherlich zugute, daß sie von ihrem heimischen Markt eine härtere Gangart gewohnt sind. Die Geschichte von der Rivalität zwischen Honda und Yamaha mag dies verdeutlichen.[11] Im Jahre 1981 hatten Honda und Yamaha ungefähr die gleiche Position auf dem japanischen Inlandsmarkt. Zu Beginn des Jahres 1982 kündigte Yamaha an, daß es innerhalb eines Jahres Marktführer auf dem Markt für Motorräder in Japan werden wollte. Als Anwort darauf reduzierte Honda drastisch die Preise und setzte Produktdifferenzierung als zusätzliche Waffe ein. In 18 Monaten führte Honda 81 (!!!) neue Motorrad-Modelle auf dem Markt ein. Um Konkurs zu vermeiden, mußte Yamaha wertvolle Aktiva verkaufen. Von Einholung oder gar Überholung wird bei Yamaha heute nicht mehr gesprochen.

Auch die Ansprüche der japanischen Verbraucher an den Kundendienst sind mit dem durchschnittlichen europäischen Anspruchsniveau kaum zu vergleichen. Wer jemals in einem japanischen Hotel übernachtet oder in einem Warenhaus eingekauft hat, steht mit Staunen vor dem Phänomen der Qualität des japanischen Services und sieht sich geradezu in die Steinzeit zurückversetzt, wenn er wieder europäischen Boden betritt. Im Automobilbereich gehört zum Beispiel eine völlige Neulackierung selbst bei winzigen Lackschäden durchaus zum

---

10 Kuraku, S.: Gibt es Gründe für japanische Erfolge in Deutschland?, Blick durch die Wirtschaft, 14. 5. 1984.

11 Stalk, G. Jr.; Abegglen, J. C.: Kaisha, The Japanese Corporation, Basic Books, 1986, aber auch Flossdorf, B.: Gerät Europa an die Peripherie? Blick durch die Wirtschaft, 21. 5. 1984.

normalen Kundenservice. Auch geringfügige Mängel werden von japanischen Verbrauchern nicht akzeptiert. „BMW läßt es sich einiges kosten, etwa eine Türscheibe auszutauschen, nur weil sich dort ein winziger Kratzer befindet. Mit solchen Fehlern ließe sich in Japan kein BMW verkaufen“[12].

Darüber hinaus haben die Japaner besser gelernt als wir, mit einer sich schnell wandelnden Welt zu leben. Dabei halfen ihnen wiederum die Erfahrungen der Industriepolitik im eigenen Lande. Die japanische Wirtschaft wird ständig umstrukturiert. Ganze Industrien gehen unter und verschwinden, während neue wie Phoenix aus der Asche aufsteigen. Subventionsprogramme von seiten der Regierung zur Verlangsamung des Strukturwandels, wie bei uns für Stahl und Schiffbau, finden keine Unterstützung. Die Japaner sind überzeugte Anhänger der Schumpeterschen Theorie der „schöpferischen Zerstörung“. Seit den 50er Jahren wurde der Bergbau drastisch reduziert. Die Zahl der Beschäftigten ist auf ein Zehntel geschrumpft. Der Textilindustrie erging es nicht viel anders. Und die Stahl- und Werftindustrie hat innerhalb von zwei Jahren einen Kapazitätsabbau von über 50 Prozent bewältigen müssen. 1987 haben drei Großunternehmen der japanischen Schiffbauindustrie für die darauffolgenden zwei Jahre beschlossen, durch Zusammenlegung ihrer Kapazitäten eine gleichzeitige Halbierung der Gesamtkapazität zu erreichen, um angesichts weltweiter Überkapazitäten im Schiffbau eine Überlebenschance zu haben[13].

Die Japaner leisten ablebenden Industrien freimütig Sterbehilfe, während wir in Europa es uns leisten, sie mit massiven Subventionen, die wir an anderer Stelle dringlich brauchen können, über den natürlichen Tod hinaus zu erhalten.

Die japanische Mentalität ist uns Europäern fremd und erscheint uns ungewöhnlich hart. Wir können jedoch nicht erwarten, daß die Japaner sich in ihrem Stil uns Europäern anpassen, denn andere Nationen wie Singapur, Taiwan, Korea, Thailand setzen wiederum die Japaner unter Druck. In den kommenden Jahren wird diese Situation sich wei-

---

12 Paysen, L., in: Der Spiegel 1983, Nr. 1, p. 80.
13 Odrich, P.: In Japan wird die große Werftenfusion vorbereitet, in: FAZ, 2. 1. 1988.

ter zuspitzen, wenn zum Beispiel Rot-China als zusätzlicher Anbieter auf dem Weltmarkt erscheint.

Der Wettbewerb wird jedoch nicht nur durch die südostasiatischen Länder intensiviert. Der 1993 in Kraft tretende EG-Binnenmarkt sowie die schon erwähnte, zu gleicher Zeit in allen Ländern der europäischen Gemeinschaft geltendes Recht werdende Richtlinie „Produkthaftung" werden ebenfalls zu einer Verstärkung des Wettbewerbs beitragen, weil sie Anforderungen an die Unternehmen stellen, die in erweiterten und verbesserten Qualitätssicherungs-Systemen, umfangreicheren und vollständigeren Dokumentationen sowie in einer verstärkten Anzahl von Schadensersatzforderungen mit exorbitant hohen Ansprüchen von seiten der Verbraucher bestehen werden. Nicht alle Unternehmen werden, trotz verstärkter Anstrengungen, hier mithalten können, vor allem, wenn man an finanzielle Belastungen denkt, wie sie in amerikanischen Schadensersatzprozessen üblich sind.

Unsere Aufgabe in den 90er Jahren wird deshalb darin bestehen, Konzepte und Strategien für einen erfolgreichen Qualitätswettbewerb zu entwickeln, die es uns ermöglichen, dem ostasiatischen Druck der kommenden Jahre erfolgreich zu widerstehen und offensiv zu begegnen, um die nationale Position zu halten und auszubauen. Wir werden gezwungen sein, das Niveau unserer Produkte und Dienstleistungen nicht nur zu verbessern, sondern auch durchzusetzen, denn die 90er Jahre werden die Phase eines stark intensivierten Qualitätswettbewerbs sein.

1.4 Zusammenfassung

Die 80er Jahre haben ein bis dahin unbekanntes Wachstum von Qualitätsbewußtsein und Ansprüchen gebracht, das sich nicht nur auf Güter und Dienstleistungen, sondern auf das Leben schlechthin bezieht. Dieses Bewußtsein ist das Ergebnis verschiedener, zusammenwirkender Faktoren: der massive Anstieg der Ansprüche der Konsumenten, das Anwachsen der Ansprüche an die Qualität der Arbeit und die Zunahme des internationalen Wettbewerbs, vor allem durch die Japaner.

Dieses Phänomen war nicht auf die Bundesrepublik beschränkt, sondern machte sich weltweit, natürlich am deutlichsten in den Industrienationen, bemerkbar. So wie der Studentenprotest durch die ganze industrielle Welt ging, verbreiteten sich auch die Erkenntnisse des Club of Rome rund um den Globus. Ebenso findet der Wettbewerb inzwischen weltweit statt, was uns bewußt wird, wenn wir nachts in den Großstädten durch die Straßen gehen und den Mercedes-Stern oder die Namen SONY, HONDA, PHILIPS als Leuchtzeichen strahlen sehen.

Es wird unsere Aufgabe in Europa sein, geeignete und proaktive Antworten auf das gesteigerte Qualitätsbewußtsein der verschiedenen Bereiche zu entwickeln.

2. Was ist Qualität?

Im vorigen Kapitel wurde deutlich, daß es verschiedene Auffassungen von Qualität gibt. Verbraucher verstehen etwas anderes darunter als Hersteller, Mitarbeiter aus dem Marketing etwas anderes als Mitarbeiter aus der Fertigung. Überhaupt scheint der Begriff so vieldeutig zu sein, daß jeder sich darunter etwas anderes vorstellen kann. Eine genaue Präzisierung scheint deshalb unabdingbar.

2.1 Garvins fünf Definitionen[1]

David A. Garvin, Professor an der Harvard Business School, hat fünf unterschiedliche Ansätze herausgearbeitet, Qualität zu definieren:

2.1.1 Der transzendente Ansatz

Für die Anhänger dieses Ansatzes ist Qualität etwas Einzigartiges und Absolutes. Sie ist ein Zeichen für kompromißlose Standards und extrem hohe Anforderungen, die quasi zeitlos sind. Allerdings läßt sich nach diesem Ansatz Qualität nicht präzise messen, sondern man kann sie nur durch Erfahrung kennenlernen. Der Ansatz ähnelt dem von Plato bei der Diskussion des Begriffes der Schönheit.

Auch die Firma BMW bewegt sich mit ihrer Werbebroschüre für das Modell 750 i/750 iL auf ähnlichen Bahnen. Schon im Titel heißt es: „Begegnungen mit der Vollkommenheit". Weiter: „Sie sind selten geworden, die Automobile, die sich aufgrund ihrer Einzigartigkeit

1 Garvin, D. A.: What does Product Quality Really Mean?, Sloan Management Review, Fall 1984, pp. 25–43, und derselbe: Product Quality an Important Strategic Weapon, Business Horizons, March-April 1984, pp. 40–43.

jedem Vergleich entziehen. Die Traumwagen, deren wohlgeformte Karosserien Faszination verheißen . . ."[2]

Allerdings bietet ein so definierter Begriff wenig praktische Hilfe für die Erzeugung von Qualität im Betrieb.

2.1.2 Der produktbezogene Ansatz

Im Gegensatz zur transzendenten Auffassung ist Qualität hier eine präzise und meßbare Größe. Qualitätsunterschiede spiegeln sich in Differenzen von Eigenschaften wider, die für ein Produkt charakteristisch sind. Je höher zum Beispiel der Kakaoanteil, um so hochwertiger ist die Schokolade, oder je höher die Anzahl der Knoten, um so höher ist die Qualität eines Orientteppichs. Qualität wird hier zu einem objektiven Merkmal, subjektive Kriterien werden ausgeschaltet. Eine Konsequenz daraus ist jedoch, daß bessere Qualität nur mit höheren Kosten erreicht werden kann.

2.1.3 Der anwenderbezogene Ansatz

Der anwenderbezogene Ansatz geht davon aus, daß Qualität in den Augen des Betrachters liegt. Folglich haben die Erzeugnisse die höchste Qualität, die am besten die Bedürfnisse der Verbraucher erfüllen. Jurans Begriff des „fitness for use" kommt diesem Ansatz am nächsten. Abgesehen von der Aggregation der Bedürfnisse – eine Aufgabe für Nationalökonomen – liegt das größte Problem dieses Ansatzes in der Gleichsetzung von Qualität mit optimaler Bedürfnisbefriedigung. Nicht jedes Produkt, das häufig gekauft wird, ist deswegen besser. Ein Millionenhit der Rolling Stones muß nicht besser sein als eine Sinfonie von Beethoven, oder kurzlebige Modetextilien sind nicht zwangsweise besser als ein klassischer vom Schneider gefertigter Anzug.

---

2 BWM A.G.: 750 i; 750 iL Begegnungen mit der Vollkommenheit, München 1988, p. 5.

2.1.4 Der fertigungsbezogene Ansatz

Diese Auffassung geht von der Einhaltung von Spezifikationen aus und der Forderung, die eigene Arbeit „gleich beim ersten Mal richtig zu machen" („do it right the first time"). Qualität nimmt hier die Bedeutung von „conformance to requirements" (Erfüllung von Anforderungen) an, wie sie von Crosby propagiert wird. Jede Abweichung von der Spezifikation bedeutet demnach eine Verminderung der Qualität.

Die Pünktlichkeit der Eisenbahn oder der Fluglinie sowie ein sorgfältig produzierter BMW oder Ford stellen nach dieser Auffassung einen Qualitätsservice oder ein Qualitätsprodukt dar.

Die Problematik dieses Ansatzes liegt jedoch darin, daß er den Konsumenten vernachlässigt. Für den Verbraucher muß ein den Anforderungen entsprechendes Produkt noch lange kein Qualitätsprodukt sein. Deming zitiert dazu das treffende Beispiel seines Freundes Piketty aus Paris: „Hören Sie sich einmal das Royal Philharmonic Orchestra von London an, wenn es Beethoven spielt. Danach hören Sie sich ein Amateurorchester Ihrer Heimatstadt an. Natürlich gefallen Ihnen beide Aufführungen, schließlich schätzen Sie heimische Talente. Beide Orchester halten die Spezifikationen ein. Nicht ein einziger Fehler. Aber achten Sie auf den Unterschied. Achten Sie genau auf den Unterschied."[3]

2.1.5 Der wertbezogene Ansatz

Hier wird Qualität mit Hilfe von Kosten und Preisen definiert. Ein Erzeugnis ist ein Qualitätsprodukt, weil es eine bestimmte Leistung zu einem akzeptablen Preis bietet. Ein Fernseher für 10000,– Mark könnte – auch wenn er noch so sorgfältig hergestellt wird – demnach nicht als Qualitätserzeugnis gelten. Gemäß jüngeren amerikanischen Umfragen achten in den USA immer mehr Verbraucher auf das Preis-

---

3 Deming, W. E.: Out of the Crisis, MIT Center for Advanced Engineering Study, Cambridge, Mass. 1986, p. 41.

Leistungsverhältnis. Auch in Deutschland findet diese Orientierung bereits bei 17 Prozent der Bundesbürger ihren Ausdruck[4].

2.2 Bedeutung und Konsequenzen

Sicherlich lassen sich alle bestehenden Qualitätsdefinitionen einem dieser unterschiedlichen Ansätze zuordnen. Damit werden aber auch die oft konkurrierenden Auffassungen und die daraus resultierenden Konflikte in bezug auf Qualität der verschiedenen betrieblichen Funktionen deutlich. So verstehen Marketing und Verkauf unter Qualität meistens den produkt- oder anwenderbezogenen Ansatz. Sie glauben, das Ohr am Markt zu haben, und wollen die Wünsche des Verbrauchers ermitteln und erfüllen. Konstruktion, Arbeitsvorbereitung und Fertigung huldigen eher der fertigungsbezogenen Denkweise. Sie fühlen sich wohler, wenn sie klare und genaue Vorgaben erhalten. Deshalb ist es ihre Aufgabe, die Vorstellungen der Verbraucher in präzise, quantitative Vorgaben und Spezifikationen umzusetzen. Niedrige Qualität bedeutet nach ihrer Auffassung viel Nacharbeit und hohen Ausschuß.

Dennoch können Firmen aus diesen scheinbar unvereinbaren Positionen Nutzen ziehen, denn die Konzentration auf eine einzige Definition ist oft das größere Problem. So wurden für die Verglasung eines großen Gebäudes in Boston von verschiedenen Lieferanten Glas und Stahlrahmenteile bezogen. Die Eingangskontrolle wies alle Teile als korrekt gefertigt aus, sie entsprachen exakt den Spezifikationen oder Anforderungen. Aber irgendwie paßte alles nicht richtig zusammen: Die Fenster fielen aus dem Rahmen und zerbrachen am Boden[5]. Umgekehrt wurden die ersten Mercedeswagen der neuen Mittelklasse von den Konsumenten begeistert aufgenommen, obwohl die Mängel eklatant waren. Zwar entsprach hier der Wagen in seinem Ganzen den Bedürfnissen der Verbraucher, doch die mangelhafte Ausführung in der Fertigung kostete die Firma viel Geld und Ansehen.

---

4 Raffée, H.; Wiedmann, K.-P.: Die künftige Bedeutung der Produktqualität unter Einschluß ökologischer Gesichtspunkte, in: Lisson, A.: Qualität – Die Herausforderung, Heidelberg/Köln 1987, pp. 349–378.

5 Deming, W. E.: Out of the Crisis, op. cit., p. 34.

In beiden Fällen war die Unternehmensleitung der Meinung, Erzeugnisse mit hoher Qualität gefertigt zu haben, was in der Tat auch stimmte, jedoch gemäß unterschiedlichen Auffassungen. Daher bietet sich für die Unternehmungen an, die Unterschiede in den verschiedenen Ansätzen als Vorteil zu nutzen. Zunächst kann die Firma den anwenderbezogenen Ansatz verfolgen, um die Qualitätsmerkmale herauszufinden, die für die Verbraucher wichtig sind. Danach greift sie auf den produktbezogenen Ansatz zurück, um die Merkmale in Spezifikationen umzusetzen. Schließlich kann der fertigungsbezogene Ansatz dazu verhelfen, daß die gefertigten Erzeugnisse diesen Spezifikationen auch entsprechen. Zum Zwecke einer schnellen und präzisen Umsetzung bedarf es jedoch der Kooperation und Kommunikation aller Mitarbeiter sowie eines vertrauensvollen Klimas.

3. Qualitätsmerkmale und Qualitätspolitik

Es ist bereits deutlich geworden, daß der Begriff Qualität viele, äußerst unterschiedliche Facetten aufweist, die sich einer vollständigen Erfassung entziehen. Deshalb soll hier eine Eingrenzung auf zwölf in der Praxis vorherrschende und daher wesentliche Merkmale vorgenommen werden, um Qualität zu beschreiben. Der Leser mag sich aus seiner eigenen Praxis weitere auswählen.

Diese zwölf Merkmale sind:

- Gebrauchstauglichkeit
- Funktionstüchtigkeit oder Leistung
- Ausstattung
- Zuverlässigkeit
- Anforderungserfüllung
- Haltbarkeit
- Servicefreundlichkeit
- Umweltfreundlichkeit
- Sicherheit
- Güte
- Design („Form und Farbe")
- subjektive Qualität

Einige dieser Merkmale hängen eng miteinander zusammen und können gemeinsam erzeugt werden, wie Zuverlässigkeit und Anforderungserfüllung, während sich einige nur auf Kosten von anderen anstreben lassen. Die gezielte Gestaltung dieses Merkmal-Mixes stellt die unterschiedlichen Möglichkeiten dar, Qualitätspolitik zu betreiben, um sich auf dem Markt von den Konkurrenten abzuheben, eine eigene Nische zu entdecken und sie mit Erfolg und auf Dauer zu besetzen.

3.1 Die zwölf Qualitätsmerkmale

3.1.1 Gebrauchstauglichkeit

Für die Definition Gebrauchstauglichkeit besteht seit 1966 die Norm 66050, wonach unter Gebrauchstauglichkeit „die Eignung eines Gutes für seinen Verwendungszweck“ zu verstehen ist[1]. Nach dieser Norm wird Gebrauchstauglichkeit bestimmt durch „objektiv feststellbare Eigenschaften und durch subjektive Beurteilungen, die durch individuelle Bedürfnisse des Verbrauchers beeinflußt sind“[2]. Dies entspricht dem „fitness for use“ von J. Juran oder der anwendungsbezogenen Auffassung von Qualität. Allerdings besteht von seiten der Deutschen Gesellschaft für Qualität (DGQ) Widerstand gegen diese Definition, weil sie offensichtlich in Konflikt steht mit ihrem fertigungsbezogenen Verständnis von Qualität. Wenn jedoch die DGQ mit ihrem Verständnis von Qualität endlich den ausschließlich rein technisch orientierten Bezugsrahmen verlassen und den Konsumenten mehr berücksichtigen will – wie es die Japaner und inzwischen auch andere Nationen und Firmen mit Erfolg tun –, wird ihr nichts anderes übrigbleiben, als eine Definition von Qualität zu entwickeln, die in Richtung Gebrauchstauglichkeit geht. Der Sinn allen Wirtschaftens besteht ja nicht in der Produktion von Gütern, sondern in der Befriedigung der Bedürfnisse der Verbraucher.

3.1.2 Funktionstüchtigkeit oder Leistung

Die Funktionstüchtigkeit oder Leistung zählt zu den primären Merkmalen eines Produkts. Bei einem Motorrad sind es zum Beispiel Faktoren wie Beschleunigung, Bedienung, Hochgeschwindigkeit und Komfort. Bei einem Wäschetrockner bilden die verschiedenen Programme „schranktrocken“, „bügeltrocken“, „pflegeleicht“, das Knitterverhal-

1 Hüttenrauch, R.: Gebrauchstauglichkeit, in: Masing, W.: Handbuch der Qualitätssicherung, München/Wien 1980, pp. 727–735.

2 Ibid.

ten und der Zeitbedarf die Elemente, die die Produktleistung darstellen. Im Dienstleistungsgewerbe, wie bei einem Hotel, sind es Schnelligkeit der Bedienung, Wartezeiten, Zimmergröße oder check-out-time. Funktionstüchtigkeit beinhaltet die produzenten- und anwendungsbezogenen Elemente. Meßbare Eigenschaften der Erzeugnisse oder des Services sind die Kennzeichen dieses Merkmals, und es lassen sich daher Vergleiche zwischen den einzelnen Produkten oder Marken anstellen. Obwohl derartige quantitative Vergleiche möglich sind, hängt die endgültige Beurteilung höherer Leistung jedoch von der Aufgabenstellung ab. In diesem Fall müssen weitere Anwendungsmöglichkeiten geprüft werden, da ein abstrakter Vergleich unsinnig ist. Garvin[3] erläutert dies am Beispiel zweier Löffelbagger, von denen der eine eine Kapazität von 80, der andere von 8 Kubikmeter pro Stunde besitzt. Der erste Bagger bringt offensichtlich eine höhere Leistung. Unter der Annahme, daß beide dieselbe Stundenleistung brächten – zum Beispiel 50 Kubikmeter pro Stunde –, wäre die Endleistung gleich, nur der Prozeß wäre unterschiedlich. Während das eine Gerät bei einem Fassungsvermögen von einem Kubikmeter 50mal baggern müßte, hätte der andere Bagger nur 25 Einsätze zu fahren. Qualitativ würden sich die beiden Geräte dadurch unterscheiden, daß der kleinere besser für Präzisionsarbeiten herangezogen werden könnte, während der andere besser für den Massenaushub geeignet wäre. „Leistung" bringen beide Bagger gleich. Welches der beiden Geräte eingesetzt wird, hängt also davon ab, welche spezifische Baggeraufgabe gelöst werden soll.

Dies gilt auch für den Dienstleistungssektor. Verbraucher richten sich zum Beispiel bei der Auswahl eines Restaurants, wenn sie es eilig haben, nicht nur nach den Wartezeiten oder der Schnelligkeit der Bedienung, sondern auch nach ihren persönlichen Präferenzen, ob sie lieber beim Italiener, Spanier oder Griechen essen. Daraus wird deutlich, daß Differenzen von Qualität, ausgedrückt als Leistungsunterschiede, von der Erwartung der Verbraucher abhängen. Wer eine Kopfschmerztablette nimmt, beurteilt die Leistung danach, ob er von den Schmerzen befreit wird. Die Entscheidung darüber, welches Medi-

3 Garvin, D. A.: Managing Quality, The Free Press, 1988, p. 51.

kament letztendlich gekauft wird, hängt aber auch von der Verträglichkeit für die Person ab. Diese ist jedoch bei jedem Menschen unterschiedlich. Aus diesem Grunde wird jeder Verbraucher diejenige Tablette als die beste ansehen, die ihm sowohl die Kopfschmerzen nimmt als auch seinem Organismus bekommt.

3.1.3 Ausstattung

Die Ausstattung eines Produkts oder einer Dienstleistung gibt diesem den „Pfiff", der das Interesse des Konsumenten erhöhen kann. Es sind die Extras und manchmal auch der modische Schnickschnack. Es handelt sich um Sekundärmerkmale, die die Grundfunktionen des Produktes ergänzen. Als Beispiel sei die Möglichkeit angeführt, einen erworbenen Rasenmäher im Winter auch als Schneepflug zu benutzen. Im Hotel sind es der Fernseher, das Radio mit Wecker, der zur Verfügung gestellte Bademantel und die zusätzlichen Toilettenartikel im Bad. Beim BMW 735 der neuen Klasse sind es zum Beispiel die Veloursitzbezüge, das ABS, die Metallic-Lackierung und der eingebaute Bordcomputer, der den Spieltrieb anregt. Oft ist es schwierig, diese zusätzlichen Serviceleistungen von der Produktleistung zu unterscheiden. Die Japaner haben ihren Qualitätsvorsprung bei Autos auch dadurch erreicht, daß sie in der Standardausführung serienmäßig Leistungen einfügten, die von anderen Herstellern als zusätzliche, preiserhöhende Attribute angeboten wurden. Entsprechend der Produktleistung ist auch die Ausführung quantitativ meßbar. Letztlich entscheidet jedoch auch hier der Kunde, ob die spezifische Ausführung eines Produkts für ihn einen wichtigen Qualitätsunterschied ausmacht oder nicht.

3.1.4 Zuverlässigkeit

Von der DIN 55 350 Teil II wird Zuverlässigkeit als „Qualität unter vorgegebenen Anwendungsbedingungen während oder nach einer vorgegebenen Zeit"[4] definiert. Als einige der gebräuchlichsten Maßzahlen gibt Juran[5] die durchschnittliche Zeit bis zum ersten Fehler (MTFF = Mean Time To First Failure), die durchschnittliche Zeit zwischen dem Auftreten von Fehlern (MTBF = Mean Time Between Failure) und die Fehlerrate pro Zeiteinheit an. Das Merkmal der Zuverlässigkeit bezieht sich in der Regel auf dauerhafte Güter und weniger auf Produkte und Dienstleistungen, die sofort konsumiert werden.

Besonders wichtig wird die Dimension der Zuverlässigkeit da, wo mit dem Ausfall eines Erzeugnisses hohe Kosten durch Reparatur oder Ausfallzeit verbunden sind. Der Stillstand eines Skilifts in der Wintersaison in Lech, St. Anton, Zermatt oder Ischl entscheidet für den Besitzer in hohem Maße über den geschäftlichen Erfolg oder Verlust eines Geschäftsjahres.

Aber auch auf anderen Märkten hat sich in den letzten Jahren ein geschärftes Bewußtsein für Zuverlässigkeit entwickelt. Zum einen steigen die Kosten für Reparaturen technischer Verbrauchsgüter wie Fernseher, Automobile, Videorecorder ständig an, zum anderen haben die Erfolge der japanischen Wettbewerber auf den Märkten für Kameras, Unterhaltungselektronik, Autos und so weiter neue Maßstäbe in bezug auf Zuverlässigkeit gesetzt. Die regelmäßig vom ADAC veröffentlichten Pannenstatistiken für Automobile sowie die vergleichenden Warentests der Stiftung Warentest in ihrer Zeitschrift „test" dokumentieren diese Entwicklung in deutlichem Maße. In der Regel erheben beide Institutionen die Fehlerrate eines Erzeugnisses pro Zeiteinheit. So liegen die japanischen Autos der „Klein-" und „unteren Mittelklasse" in bezug auf Zuverlässigkeit in der Pannenstatistik des ADAC in den letzten Jahren meistens an der Spitze (Ausnahme 1986: Ford Fiesta Diesel)[6]. Dies gilt auch für Staubsauger, Kameras, Farbfernseher und Videorecorder, deren Spitzenwerte in vergleichenden Tests mit europäi-

4 DIN 55350 Teil 11–12: Begriffe der Qualitätssicherung und Statistik; Begriffe der Qualitätssicherung; Grundbegriffe (Entwurf), Berlin.
5 Juran, J. M.: Quality Control Handbook, Third Edition, McGraw Hill, 1974, pp. 8–12.
6 ADAC Motorwelt: Wer hat die meisten Pannen?, ADAC München, 5/87 und 5/88.

schen Produkten von der Zeitschrift „test“ ermittelt und veröffentlicht wurden[7]. Dort, wo die Japaner antreten, erringen sie in puncto Zuverlässigkeit meist die besseren oder gar besten Werte.

3.1.5 Anforderungserfüllung

Die Übereinstimmung mit vorgegebenen technischen Anforderungen oder Spezifikationen ist eines der ältesten Qualitätsmerkmale überhaupt. Alle Produkte und Dienstleistungen weisen in den meisten Fällen eine Spezifikation in irgendeiner Form auf. Allerdings werden diese Standards selten in einem einzigen Wert ausgedrückt, sondern sie enthalten einen Zielwert mit einer zulässigen Toleranz nach oben und unten. So wird zum Beispiel für ein Zahnrad bei einem Automobilgetriebe der Konusdurchmesser mit 48,803 Millimeter plus oder minus 0,004 angegeben. In einem anderen Fall beträgt die Stärke eines Blechs 0,071 Millimeter plus oder minus 0,002. Solange der Konusdurchmesser zwischen 48,807 und 48,799 und die Blechstärke zwischen 0,073 und 0,069 Millimeter liegen, wird dies als einwandfreie Qualität angesehen und akzeptiert.

Diese Betrachtungsweise ist eng mit statistischer Prozeßregelung und Stichprobenprüfung verbunden. Dabei werden vorgegebene Spezifikationen für ein Produkt oder Teil der Fähigkeit eines Fertigungsprozesses gegenübergestellt, wobei das Ziel ist, den größten Teil des gefertigten Produktes innerhalb der vorgegebenen Toleranzen zu halten (siehe Abbildung 1).

Als weniger wichtig wird dabei die Zentrierung um den Zielwert oder Mittelwert angesehen. Ein Nachteil dieses Ansatzes ist das Problem des „Klemmens“ oder „Schlackerns“. Das heißt, wenn zwei oder mehrere Teile zusammengepaßt werden, bestimmen die Toleranzen, wie genau sie zueinander passen. Reicht ein Teil an das untere Ende und ein anderes an das obere Ende der Spezifikation, wird ein genaues Passen unwahrscheinlich sein, die Zuverlässigkeit wird darunter leiden.

7 „test“, die Zeitschrift für den Verbraucher, Berlin Nr. 3/84, 4/84, 8/86.

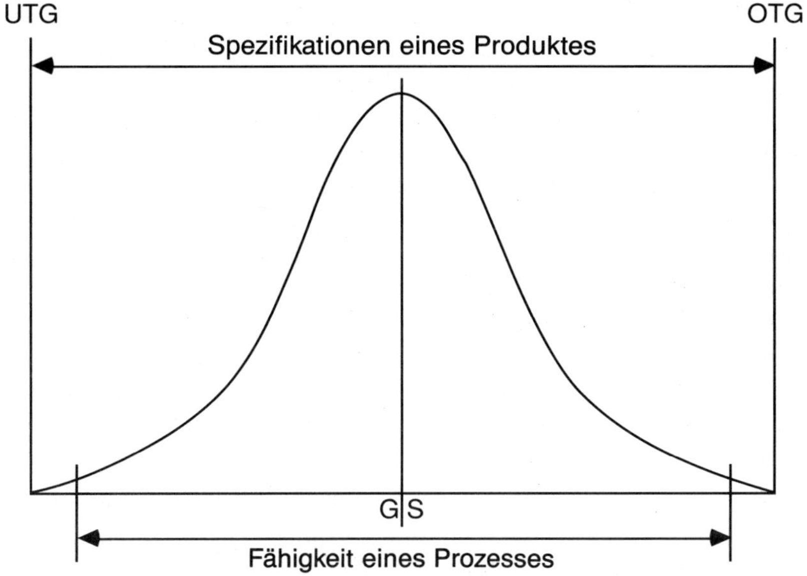

Bemerkungen: UTG = Untere Eingriffsgrenzen
OTG = Obere Eingriffsgrenzen

Abbildung 1: Gegenüberstellung von Spezifikationen und Fähigkeit eines Prozesses

Wenn fünf Teile mit einer Spezifikation von 10 ± 0,003 zusammenmontiert werden, dann wird die zusammengebaute Einheit nicht Maße von 50 ± 0,003 aufweisen. Sie wird aber auch keine Toleranz von 50 ± 0,015 haben. Über- und Untergrößen werden jedoch Kombinationen mit einer Gesamtabweichung bilden, die größer sind als die Variationen der einzelnen Teile.

Hier setzt Taguchi[8] mit seinen Überlegungen an. Er erläutert seine Theorie am Beispiel eines Mannes, der sich ein Hemd kaufen möchte und dessen Kragenweite 40,5 cm beträgt. Aufgrund der bestehenden Größeneinteilung muß er eines nehmen, das entweder 0,5 cm zu klein

8 Taguchi, G.: Introduction to Quality Engineering, Asian Productivity Organization, Tokyo 1986.

(Größe 40) oder 0,5 cm zu groß (Größe 41) ist. Wenn es ein Hemd der Größe 40,5 cm gäbe, wäre sein Verlust gleich null. Umgekehrt steigt sein Verlust, je mehr die Abweichung von seiner genauen Größe zunimmt. Für den Mann stellt die Schwierigkeit, ein Hemd der richtigen Größe zu finden, ein Qualitätsproblem dar, obgleich die Hemden aller Größen entsprechend vorgegebener Spezifikationen gefertigt wurden[9]. Für Taguchi sind deswegen alle Abweichungen vom Zielwert eines Erzeugnisses oder eines Teils suboptimal. Je größer die Abweichung vom Zielwert, um so größer der Verlust für den Kunden und die Unternehmung ohne Rücksicht darauf, ob eine Spezifikation letztlich eingehalten wird oder nicht. Ziel eines jeden Managements muß es daher sein, den Prozeß so zu gestalten, daß die im Prozeß erzielten Abweichwerte so eng wie möglich um den Zielwert liegen (siehe Abbildung 2).

Wenn es für Hemden eine Größentabelle in Abständen von 0,5 cm gäbe, also 40; 40,5; 41; 41,5 cm statt, wie üblich, 40 cm; 41 cm; 42 cm, dann wäre nach Taguchi der Verlust für den Verbraucher am geringsten, wenn die Hemden in der Fertigung nicht mit Prozeß a, sondern mit Prozeß b hergestellt würden. Bei Verwendung von Prozeß a entsteht, entsprechend der obigen Ausführung, ein größerer Verlust.

Da für die Traditionalisten die Zentrierung um den Mittelwert kaum ein Thema war, kann sich auch eine Verteilung gemäß Prozeß c ergeben.

In diesem Zusammenhang erscheint es jedoch wichtig, darauf hinzuweisen, daß bei allen Verteilungen die Werte für die gefertigten Produkte innerhalb der vorgegebenen Spezifikationen liegen. Dennoch ist Prozeß b der beste Prozeß (c der schlechteste), da er das Problem in bezug auf „Schlackern“ und „Klemmen“ minimiert oder verhindert, da die meisten Produkte um den Zielwert gruppiert sind. Aus diesem Grunde sind auch die Verluste hier am kleinsten. Selbst ein Prozeß, der die Anforderungen nicht vollständig erfüllt und einige defekte Produkte entstehen läßt, wie zum Beispiel in 2d, ist, nach Taguchi, dem Prozeß 2c vorzuziehen, da die Werte aus d gleichmäßiger um den Mit-

9 Ibid. p. 5.

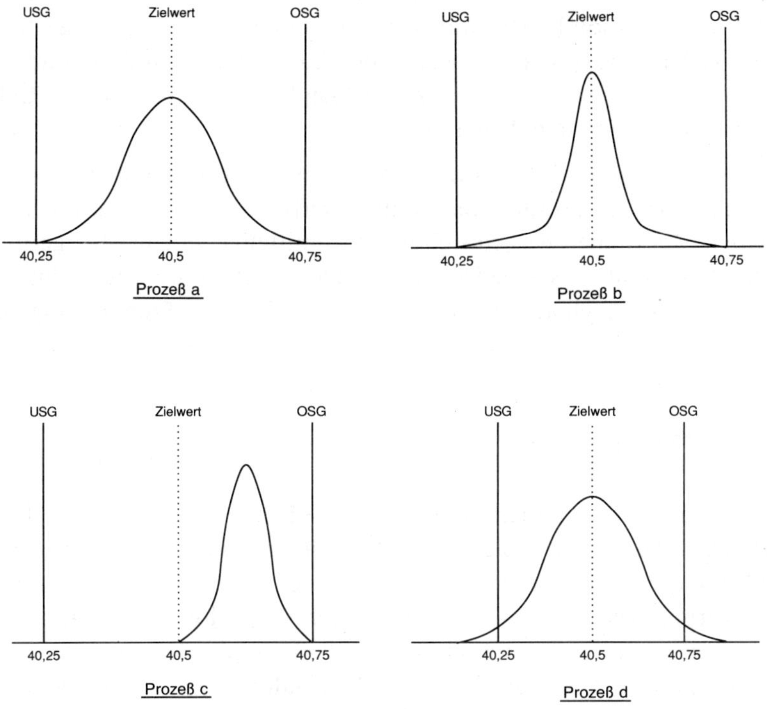

Bemerkungen: USG = Untere Spezifikationsgrenzen
OSG = Obere Spezifikationsgrenzen

Abbildung 2: Unterschiedliche Prozeßfähigkeiten zur Erfüllung von Anforderungen[10]

10 Siehe auch Sullivan, L. P.: Reducing Variability: A new Approach to Quality, Quality Progress, July 1984, p. 16.

telwert verteilt sind. Dies bedeutet weniger Paßprobleme („Schlackern" und „Klemmen") beim Hemd und damit weniger Verlust für Kunden und Unternehmung. Insofern läßt sich der Schluß ziehen, daß diese Methode insbesondere für Industrien, wo es auf eine sehr präzise Montage vieler Teile ankommt, wie in der Luft- und Raumfahrt und im Automobilbau, also dort, wo Zuverlässigkeit eine übermäßige Rolle spielt, von eminenter Bedeutung ist.

Zuverlässigkeit und Anforderungserfüllung sind eng mit dem fertigungsbezogenen Ansatz von Qualität verbunden. Verbesserungen in beiden Merkmalen wirken sich meist unmittelbar in einer Steigerung von Qualität aus, weil sie Defekte reduzieren. Anforderungserfüllung kann deshalb auch als ein relativ objektives Maß für Qualität angesehen werden.

3.1.6 Haltbarkeit

Haltbarkeit ist ein anderer Begriff für die Lebensdauer eines Produktes. Diese wird bekanntlich nicht kalendarisch, sondern technisch als Häufigkeit der Benutzung eines Produktes bis zu dessen physischer Zerstörung gemessen. Die Lebensdauer der Bildschirmröhre eines Fernsehers kann auf durchschnittlich 5000 Stunden Benutzungsdauer ausgelegt sein. Häufiges Ein- und Ausschalten stellt eine zusätzliche Belastung dar. Insofern dürfte die Lebensdauer dieses Produktes, je nach Fernsehgewohnheiten, zwischen fünf und zehn Jahren liegen. Auch für Auto- und Motorradreifen spielt die Lebensdauer eine entscheidende Rolle. Anfang der 70er Jahre war der Michelin-Reifen für seine lange Lebensdauer berühmt. 60000 gefahrene Kilometer waren keine Seltenheit. Heute haben die Wettbewerber aufgeholt, und die Unterschiede zwischen den einzelnen Marken haben sich weitgehend angeglichen. So fiel in einem Test des ADAC in bezug auf Dauerhaltbarkeit keiner der geprüften Reifen während der jeweils 25000 Kilometer aus[11].

---

11 ADAC Motorwelt: Entscheidung auf nasser Piste, München, 3/88.

Schwieriger wird die Einschätzung der Lebensdauer, wenn Reparaturen berücksichtigt werden. Bei jedem Produktausfall muß überlegt werden, ob sich eine Reparatur lohnt oder ob ein Ersatzgerät angeschafft und damit die Lebensdauer des alten Produktes beendet wird. Bei dieser Erwägung spielen nicht nur Kostenfragen eine Rolle, sondern persönliche Einschätzungen des Zeitaufwandes und der Bequemlichkeit, veränderte Moden und technische Innovationen sowie die Kalkulation von Verlusten durch einen weiteren möglichen Geräteausfall.

So lassen die Aussagen der Statistik über das Ausmaß von Ersatzkäufen im Verhältnis zum Bestand, von Haushaltsbefragungen und von Auswertungen der Kundendienstberichte den Schluß zu, daß Elektro-Hausgeräte bei überdurchschnittlicher Nutzung eine Lebensdauer von über 10 Jahren haben. Die namhaften Hausgeräte-Hersteller halten deshalb Ersatzteile für mindestens 10 Jahre nach Auslauf einer bestimmten Typenreihe für ihre Kunden auf Lager, sicherlich auch ein Indiz für die Einschätzung der Lebensdauer von Elektro-Hausgeräten[12].

Es wird deutlich, daß Haltbarkeit und Zuverlässigkeit eng miteinander verwandte Qualitätsdimensionen sind. Ein Produkt, das häufiger Mängel aufweist, wird früher fortgeworfen als eines, das zuverlässiger ist. Daher sind bereits einige Unternehmen dazu übergegangen, eine lebenslange oder zumindest weit über das übliche Maß hinausgehende Garantie für ihre Produkte zu bewilligen.

3.1.7 Servicefreundlichkeit

Die 7. Dimension der Qualität bezieht sich auf die Schnelligkeit, Annehmlichkeit, Möglichkeit und Leichtigkeit von Reparaturen. Konsumenten müssen nicht nur damit rechnen, daß ihr Produkt nicht mehr funktioniert, sondern gleichzeitig in Betracht ziehen, wieviel Zeit bis zur Wiederinstandsetzung vergeht, ob vereinbarte Termine durch

12 Gadek, K.: Elektro-Hausgeräte, Wettbewerbserfolg durch Qualität, in Lisson, A.: Qualität – Die Herausforderung, a. a. O., pp. 203 – 230.

den Kundendienst eingehalten werden und welcher Art das Verhalten des Servicepersonals ist.

Einige dieser Größen lassen sich genau messen, andere entsprechen mehr persönlichen Ansichten über das, was einen guten Service darstellt. Konsumenten setzen die Schnelligkeit der Reparatur und die reduzierte Ausfallzeit oft mit Qualität gleich. Zusätzlich werden auch subjektive Bewertungen über den Service ins Spiel gebracht, die sich quantitativ nach der Häufigkeit von Beschwerden und qualitativ durch Meinungsumfragen ermitteln lassen.

Reaktionen auf den Ausfall von Geräten können sehr unangenehm für eine Firma sein. Deshalb kann ein guter Service ein mächtiges Verkaufsargument sein. Nach dieser Devise handelt das Unternehmen Caterpillar[13], das sich verpflichtet, in der ganzen Welt für seine Traktoren oder Erdbewegungsmaschinen Ersatzteile innerhalb von 48 Stunden anzuliefern. Auch der Kundendienst von IBM ist unübertroffen. Viele Firmen, die auf Anlagen anderer Hersteller umstiegen, kehrten nach einiger Zeit wieder zu IBM zurück, weil sie den qualifizierten Service von IBM zur Aufrechterhaltung ihrer Datenverarbeitung einfach nicht missen wollten. Beim Kundendienst gibt es zuweilen auch Paradoxien. In einer Befragung von Besitzern von Spiegelreflexkameras erhielt der Kundendienst der „Contax" die beste und derjenige der „Yashica" die schlechteste Note. Zuständig für beide sind jedoch die gleichen Techniker, es sind die der Firma Kyocera[14].

Oftmals sind Kunden auch nach der Reparatur nicht zufrieden. Die Ursachen für die Unzufriedenheit können sehr unterschiedlich sein. Manche Klagen beziehen sich auf den Preis für die Serviceleistung. Häufiger fallen jedoch Reklamationen über eine unzureichende Reparatur oder andere Probleme mit dem Service an. Manche Kunden sind sogar unglücklich, wenn gar keine Reparatur notwendig ist.

Die Art, wie diese Beschwerden behandelt werden, ist ein weiterer Faktor, der sich auf das Ansehen eines Unternehmens bezüglich Quali-

---

13 Takeuchi, H.; Quelch, J. A.: Quality is more than making a good product, HBR. Juli/Aug. 1983, pp. 135–145.

14 „fotomagazin", Ringier Verlag, München, 4/88.

tät und Service auswirkt. Zur Servicefreundlichkeit gehört auch eine Gebrauchsanleitung, die vollständig und in verständlicher Weise den Benutzer über alle beim Gebrauch des Gerätes zu beachtenden Fakten informiert. Dies ist um so wichtiger, weil viele Geräte heute original verpackt geliefert und vom Verbraucher selbst in Betrieb genommen werden. Wenn er den Wortlaut nicht versteht, können Fehler vorkommen, die den Kunden verärgern. Während in puncto Zuverlässigkeit die Japaner meistens die Nase vorn haben, waren es bei der schon erwähnten Befragung der Kamerabesitzer die Deutschen (Leica, Rollei), die in bezug auf ihre Bedienungsanleitungen die besten Noten erhielten[15].

3.1.8 Umweltfreundlichkeit

Die Bedeutung des Umweltschutzes hat sich inzwischen auf einem hohen Niveau stabilisiert. Von 42 Prozent[16] der bundesdeutschen Bevölkerung wird ihm sogar ein höherer Stellenwert beigemessen als der Verantwortung gegenüber den Arbeitnehmern oder den Verbrauchern. 63 Prozent der Bürger zwischen 14 und 64 Jahren geben an, gezielt umweltfreundliche Produkte einzukaufen. Darüber hinaus ist es der Stiftung Warentest in Zusammenarbeit mit dem Umweltbundesamt sogar einmal gelungen, ökologiebezogene Qualitätsansprüche durchzusetzen, indem das umweltfeindliche Marketingkonzept des Waschverstärkers „Top job" geändert werden mußte.

Umweltfreundlichkeit ist demnach zu einem außerordentlich wichtigen Merkmal für die Beurteilung der Qualität eines Erzeugnisses geworden. Neue oder differenzierte Produkte wie Lasuren und Lösungsmittel ohne Bleizusätze, Katalysatoren zur Abgasentwicklung, Sanitärreiniger ohne Natriumhypochlorid, Waschmittel ohne Tenside, Enzyme und Phosphate, Sägen mit weniger Lärm und ohne Ölverlust sind Möglichkeiten, die der Verbraucher als positiv einschätzt. Allerdings ist Umweltfreundlichkeit allein noch kein Verkaufsargument,

---

15 Ibid.

16 Jeiter, W.: Das Qualitätsmerkmal Sicherheit und die staatliche Verantwortung, in Lisson, A.: Qualität – Die Herausforderung, a. a. O., pp. 43–78.

sondern es muß im harmonischen Gesamtzusammenhang mit Merkmalen wie Funktionstüchtigkeit, Zuverlässigkeit, Sicherheit, Form und Farbe gesehen werden.

3.1.9 Sicherheit

Bei der Vielfalt technischer Erzeugnisse, die heute auf den Markt kommen, sind Verbraucher oder Anwender oft hoffnungslos überfordert, wenn sie die Sicherheitstechnik und Beschaffenheit von Geräten beurteilen sollen. Das Gerät sollte jedoch für den Verbraucher keine Sicherheitsrisiken aufweisen. Im Jahre 1979 hat deshalb die Bundesregierung das sogenannte Geräte-Sicherheitsgesetz erlassen, das sich nicht nur auf technische Maschinen, Werkzeuge, Arbeitsgeräte, Hebe- und Förderungstechnik, sondern auch auf Haushalts-, Sport- und Bastelgeräte sowie Spielzeug bezieht.

Indikatoren für die Sicherheit von Geräten sind[17]:

- die Unfallhäufigkeit,
- das Auftreten von Berufskrankheiten,
- menschliche Belastung beim Umgang mit den Geräten und
- ergonomische Gesichtspunkte.

Die kontinuierliche Erfassung dieser Daten ist durch die Reichsversicherungsordnung gesetzlich geregelt. Sie werden in der Tagespresse auch regelmäßig veröffentlicht.

Für den Bereich Heim und Freizeit gibt es jedoch keine derartigen Grundlagen, obwohl in diesem Bereich im Jahre 1985 etwa 3 Millionen Unfälle passierten[18]. Angesichts dieser Zahlen bezieht die Stiftung Warentest seit Jahren in ihre Tests der Qualität von Produkten des Heim- und Freizeitbereichs auch den Aspekt Sicherheit mit ein.

---

17 Pfundt, K.: Bedeutung und Charakteristik von Heim- und Freizeitunfällen. Beratungsstelle für Schadensverhütung des HUK Verbandes, Mitteilungen der Beratungsstelle für Schadensverhütung Nr. 26, Köln.

18 „test“, die Zeitschrift für den Verbraucher, 4/84, 3/86, 12/86.

Unternehmen müssen mit Schadensersatzforderungen und Imageverlust rechnen, wenn infolge bekannter oder unbemerkter technischer Fehler bei Spiel- oder Hausgeräten Sicherheitsmängel auftreten. Als bei Audi in den USA unerklärliche, plötzliche Beschleunigungen aus dem Stand auftraten, kostete das die Firma immense Summen und führte zu enormen Umsatzverlusten. Die geheimnisvollen Unfälle mit der großen Honda „Goldwing“ vor einigen Jahren, die hohe Entschädigungsforderungen zur Folge hatten, geben ebenfalls ein warnendes Zeichen. Auch die Stiftung Warentest hat in einigen Fällen unvermutete Fehler, die zu schweren Verletzungen und damit Schadensersatzforderungen führen können, bei Spiel- und Hausgeräten aufgedeckt: elektrische Rasenmäher mit zu langem Nachlauf, Schaukel- und Klettergeräte mit zu geringer Standfestigkeit sowie scharfen Ecken und Kanten, Kettensägen ohne Kettenbremse und Schienenkopfabdeckung sowie Kreissägen, bei denen die Zähne mit den Fingern berührt werden können[19].

Wenn jedoch Firmen auf dem Gebiet der Sicherheit ihre Bemühungen gegenüber den Kunden besser herausstellen wollen, so können sie das sogenannte GS (Geprüfte Sicherheit)-Zeichen benutzen (siehe Abbildung 3).

Bemerkungen: Die abgebildeten Anhänger oder Aufkleber dürfen nur an solchen Erzeugnissen zusätzlich angebracht werden, an denen das jeweilige VDE-Prüfzeichen gemeinsam mit dem Firmenzeichen angebracht worden ist.
Quelle: VDE-Verlag, Berlin, März 1987

Abbildung 3: VDE-GS-Zeichen

---

19 Jeiter, W.: op. cit., p. 71.

Allerdings müssen sie vorher das Gerät von einer unabhängigen GS-Prüfstelle prüfen lassen, die vom Bundesminister für Arbeit und Sozialordnung in einer Verordnung bestimmt ist. Im Laufe der Jahre hat das GS-Zeichen eine weite Verbreitung erfahren. Insgesamt haben über 80000 Gerätearten die Berechtigung zur Benutzung des GS-Zeichens erlangt. Dennoch ist das GS-Zeichen, nach Meinung der Stiftung Warentest[20], lediglich eine gute Orientierungshilfe für den Käufer und als Mindestanforderung akzeptabel, doch die Kontrollen lassen, wie die obigen Beispiele zeigen, sicherlich noch einiges zu wünschen übrig.

3.1.10 Güte

Im deutschen Sprachraum spielt der Begriff Güte eine wichtige Rolle und wird oft als Synonym für Qualität gebraucht. Zur Erreichung dieser Güte wurde bereits im jahre 1925 vom „Reichsausschuß für Lieferbedingungen und Gütesicherung“ (RAL) das System der Gütezeichen geschaffen. Hauptziel des Gütezeichenwesens ist „das Spezifizieren und Sicherstellen von Qualitäten, die in der Volkswirtschaft einen gehobenen Wertfaktor darstellen, den Begriff ‚Made in Germany‘ festigen, in zahlreichen Bereichen des Lebens die Sicherheit erhöhen, Schäden aller Art verhüten helfen und im Gebrauch oder Verbrauch den relativ optimalen ökonomischen Nutzen versprechen“[21].

Grundlage für die Vergabe dieser Gütezeichen sind „anerkannte Festlegungen technischer Güteanforderungen und Prüfverfahren in Form von RAL-Bestimmungen, DIN-Normen oder gemeinschaftseigene Gütebedingungen, die der Anwendung von Gütezeichen verbindlich zugrunde gelegt werden“[22].

Basis eines Gütezeichens können wiederum nur solche Kriterien sein, die sich nach festgelegten Prüfmethoden objektiv und reproduzierbar ermitteln lassen, wie die Gütezeichen „Reine Schurwolle“, „Verpackun-

20 „test“, die Zeitschrift für den Verbraucher, 4/84.
21 „Gütezeichen“: RAL e. V., Bonn o. J.
22 Ibid.

gen aus Vollpappe“, „Kunststoff-Mülltonne“ oder „Spanplatten“ (siehe Abbildung 4). Insgesamt existieren etwa 140 Gütezeichen.

Quelle: RAL, Fakten zum Gütezeichenwesen, RAL, Bonn 1984

Abbildung 4: Gütezeichen

Die einzelnen Gütezeichen werden von der Wirtschaft innerhalb verschiedener Branchen auf freiwilliger Basis geschaffen. Das Recht zur Führung von Gütezeichen erhält eine Unternehmung erst, wenn eine neutrale Überprüfung ergeben hat, daß alle Voraussetzungen zur sachgerechten und vollständigen Kontrolle der Fertigung erfüllt sind. Heute sind 98 Prozent der Gütezeichen-Betriebe kleine bis mittlere Unternehmen, wovon circa 40 Prozent dem Handwerk angehören[23].

Bei Güte ist demnach die Erfüllung mehrerer Merkmale, wie Sicherheit, Funktionstüchtigkeit, Anforderungserfüllung und Zuverlässigkeit, also Merkmale, die objektiv überprüft werden können, gefragt. Güte beinhaltet insofern den fertigungsbezogenen oder produktbezogenen Aspekt von Qualität.

Ein Gütezeichen kann zur Erhöhung des Qualitätsniveaus einer Branche dann einen wertvollen Beitrag leisten, wenn sich mehrere kleine Unternehmen zur Durchsetzung und Promotion von gemeinsamen Standards zusammentun. Für die wettbewerbsorientierte Positionierung eines einzelnen Unternehmens auf einem bestimmten Markt eignet es sich weniger, weil es keinen Ausschließlichkeitsanspruch beinhaltet. Es ist sehr allgemein gehalten und gibt dem Konsumenten keine Auskunft darüber, welcher Hersteller beispielsweise den besten Kunststoff-Mülleimer anbietet. Auch ist es eindimensional, da es für den

23 Schirmer, W.: Mehr verkaufen mit besserer Qualität – Güte als ultima ratio im Wettbewerb, in Lisson, A.: Qualität – Die Herausforderung, a. a. O., pp. 429–452.

Verbraucher nicht unbedingt darauf ankommt, „Verpackungen aus Vollpappe“ zu verwenden, sondern die für den jeweiligen Zweck beste Verpackung.

3.1.11 Design („Form und Farbe“)

Ausstrahlung, das heißt wie ein Produkt aussieht, sich anfühlt, klingt, schmeckt oder riecht, ist überwiegend eine Frage des persönlichen Geschmacks. Dennoch besitzen diese Charakteristika ungemeine Bedeutung für die Positionierung eines Produktes am Markt, weil sie es sind, die zuerst und am deutlichsten vom Verbraucher wahrgenommen werden. Bei Automobilen wie Ferrari, VW, Volvo oder Porsche wird durch die Form der Anspruch auf Qualität unterstützt und zum Verkaufsargument erhoben. Dutzende Designer beschäftigen sich in diesen Werken mit Fragen des Stylings.

Wie wichtig Design heute genommen wird, zeigt sich daran, daß selbst bei Industrieprodukten, wie Caterpillar-Traktoren, Merlin-Industrierobotern, Lasern für die Chirurgie oder automatischen Blutanalysegeräten, gezielt Designer beauftragt werden, um geeignete Formen für diese Erzeugnisse zu kreieren[24].

Auch das funktionale Design in den Farben schwarz, anthrazit, metallic und oliv bei japanischen Geräten der Unterhaltungselektronik unterstützt die propagierte Produktqualität. Es entstand der Techno-Look, der wesentlich zum Verkaufserfolg dieser Produkte beitrug.

Bei Lebensmittel-, Haushalts- und Kosmetikprodukten läuft das Design und Styling häufig, aber nicht nur, über die Verpackung, denn 50 Prozent der Käufer lassen sich von Aussehen und Größe einer Verpackung beeinflussen[25]. Darüber hinaus wurde festgestellt, daß Verbraucher entweder von einer Teileigenschaft beziehungsweise Teilqualität auf die gesamte Produktqualität, oder von einer vorhandenen

---

24 Smart Design, in: Business Week, April 1988.

25 „test“, die Zeitschrift für den Verbraucher, Sonderheft Kosmetik, August 1987.

Teilqualität auf eine andere schließen[26]. Insbesondere wurden folgende Zusammenhänge ermittelt: Konsumenten schließen von der Art des Verpackungspapiers auf die Frische des Brotes, von der Farbe auf den Wohlgeschmack von Speiseeis und die Streichfähigkeit von Margarine sowie vom Geruch auf die Effizienz eines Reinigungsmittels. In der Zigarettenindustrie ist es ungeschriebenes Gesetz, daß die Packungsgestaltung bis zu 70 Prozent Anmutungen über die Qualität einer Zigarette vermittelt. Insofern stellt Design eine wichtige Komponente dar, die von vielen Unternehmen noch zu wenig im Zusammenhang mit der Produktqualität gesehen wird.

3.1.12 Subjektive Qualität

Es kommt häufig vor, daß der Verbraucher die Qualität eines Produkts anders wahrnimmt als der Hersteller. Der Grund ist das, was man allgemein als „Image", Profil oder Ruf eines Produkts oder einer Unternehmung bezeichnet. Konsumenten bilden sich eine Meinung und geben dem Produkt oder der Unternehmung einen Rang, eine Position in ihrem Bewußtsein. Diese ist das Ergebnis der bisher mit dem Produkt gemachten Erfahrungen, der Mund-zu-Mund-Propaganda[27] oder der Öffentlichkeitsarbeit wie Werbung, Public Relations oder Sales Promotion sowie der Persönlichkeit des Verbrauchers, das heißt seiner kognitiven und emotionalen Dispositionen und Fähigkeiten. Das Image ist also das Ergebnis eines recht komplexen Zusammenwirkens verschiedener Faktoren.

Daraus und aus dem Vergleich mit anderen Produkten entwickelt der Verbraucher bestimmte Erwartungen, die aus einer Mischung technischer Eigenschaften mit emotionalen, intuitiven und deshalb subjektiven Folgerungen bestehen, die er manchmal nicht einmal formulieren kann oder nur nach dem Prinzip: „I know it when I see it"[28].

---

26 Wimmer, F.: Die Produktwahrnehmung und Qualitätsbeurteilung durch den Verbraucher, in Lisson, A.: Qualität – Die Herausforderung, a. a. O., pp. 503–523.

27 Gummesson, E.: Quality – The Ericsson Approach, Stockholm 1987, p. 19.

28 Guaspari, John: I know it when I see it, New York 1985.

Wie wichtig und langlebig ein Image ist, sei am Beispiel des ersten in den USA produzierten VW Golf (Rabbit) verdeutlicht. Aufgrund guter Erfahrungen mit dem „Käfer“ kauften die Amerikaner den Wagen zunächst recht gut, obwohl er viele Mängel hatte. Umgekehrt zögern viele japanische Unternehmen (zum Beispiel Honda oder Sony), ihre in den USA hergestellten Erzeugnisse mit dem Zeichen „Made in USA“ zu versehen, weil sie fürchten, mit dem negativen Beigeschmack dieser Bezeichnung belastet zu werden[29].

Die zwölf Merkmale umfassen somit eine Reihe sehr unterschiedlicher Konzepte. Einige beinhalten meßbare Produkteigenschaften, andere stellen persönliche Vorlieben dar. Einige sind objektiv und zeitlos, andere ändern sich mit den gesellschaftlichen Bedingungen, wiederum andere hängen vom Verbraucherverhalten ab. Jedes dieser Hauptmerkmale kann den anfangs dargestellten Ansätzen zugeordnet werden: Funktionstüchtigkeit, Umweltfreundlichkeit, Ausstattung, Sicherheit und Haltbarkeit dem produktorientierten Ansatz, Design und subjektive Qualität dem anwendungsbezogenen Ansatz und schließlich Zuverlässigkeit, Güte und Anforderungserfüllung dem fertigungsbezogenen Ansatz. Konflikte zwischen diesen Ansätzen entstehen zwangsläufig, weil jeder Ansatz Qualität aufgrund unterschiedlicher Bedürfnisse und von einer anderen Perspektive aus betrachtet.

3.2 Qualitätspolitik

Für eine gezielte Gestaltung dieser Merkmale, das heißt für eine betriebliche Qualitätspolitik, ergeben sich daraus vielfältige Möglichkeiten und Konsequenzen. Sicherlich ist es nicht sinnvoll, ein einziges Merkmal zum Gegenstand einer Politik zu machen oder alle zwölf Merkmale gleichzeitig zu verwenden. Letzteres ist schon aus Kosten- und technologischen Gründen selten möglich. Einige Merkmale können nicht gleichzeitig realisiert werden. So gibt es bislang noch kein Waschmittel, das sowohl weiße Wäsche erzeugt, als auch umweltfreundlich ist, Papierwindeln, die zugleich Wasser aufsaugen und

29 Garvin, D. A.: op. cit., p. 59.

reißfest sind, keine Motoren, die sich zugleich durch Sparsamkeit und Schnelligkeit auszeichnen.

Zudem stellt sich die Frage, ob für Produkte mit diesen Eigenschaften überhaupt ein Markt bestehen würde, beziehungsweise, ob die Wünsche der Verbraucher für diese Dimensionen empfänglich wären.

Entscheidend für eine gezielte Qualitätspolitik ist das richtige Merkmal-Mix, das voraussetzt, daß die wichtigen Qualitätsmerkmale des betreffenden Produkts für den jeweiligen Markt bekannt sind, was wiederum eine sorgfältige Marktforschung impliziert. So haben die Japaner ihre Erfolge zunächst mit der Betonung von Zuverlässigkeit und Anforderungserfüllung errungen, anderen Merkmalen wie Haltbarkeit und Sicherheit indessen nur wenig Bedeutung beigemessen. Die Pannenlisten des ADAC zeigen dies deutlich. So fallen japanische Autos nach drei Jahren in bezug auf Zuverlässigkeit und Anforderungserfüllung deutlich zurück. Die Rostanfälligkeit des Honda Accord war berüchtigt und unter dem Motto „Honda rostet im Akkord" bei Autofahrern verbreitet. Deutsche Produkte haben in der Vergangenheit in erster Linie Funktionstüchtigkeit, Zuverlässigkeit, Anforderungserfüllung und Haltbarkeit betont, während Merkmale wie Ausstattung, Form, Farbe und subjektive Qualität eher vernachlässigt wurden. Form und Farbe sind dagegen die Domäne der Italiener, subjektive Qualität sowie Image und Status die der Franzosen, wie Produkte von Cartier, Vuitton, Hermes und Perrier zeigen.

Ein Beispiel für ein deutsches Unternehmen, das eine neuartige Qualitätsstrategie verfolgt, ist die Firma Boss. Sie betont sowohl die traditionellen deutschen Merkmale wie Funktionstüchtigkeit, Zuverlässigkeit und Haltbarkeit, als auch die beliebten italienischen Merkmale wie Form und Farbe und sogar subjektive Qualität. Damit hat die Firma Boss nicht nur finanziell großen Erfolg, sondern auch einer Reihe ihrer bedeutenden italienischen Konkurrenten das Fürchten gelehrt, denn ihre Anzüge und Sakkos werden heute auch in den besten Geschäften Mailands verkauft.

Die Auswahl eines bestimmten Merkmal-Mixes hat auch Konsequenzen für die Bindung von Ressourcen im Betrieb[30]. Hohe Funktions-

30 Garvin, D. A.: op. cit., p. 67.

tüchtigkeit verlangt eine gute Entwicklungs- und Konstruktionsabteilung, während Haltbarkeit sich auf die Herstellung langlebiger Teile und eine gute Kooperation zwischen Einkauf und Arbeitsvorbereitung stützt. Überdurchschnittliche Anforderungserfüllung wiederum setzt präzise Spezifikationen und damit ein hochentwickeltes Qualitätssicherungs-System voraus.

4. Qualitätsauffassungen von Experten

Obwohl der Qualitätsbegriff durchaus faßbar, handhabbar und gestaltbar gemacht werden kann, bestehen große Unterschiede sowohl von Land zu Land, zum Beispiel zwischen Deutschland und Japan, als auch zwischen den einzelnen Experten wie Juran, Deming, Feigenbaum, Crosby und Ishikawa über Verständnis, Implementation und Anwendung des Begriffes und der daraus sich ergebenden Konsequenzen. Unterschiede und Gemeinsamkeiten herauszuarbeiten und gegenüberzustellen ist Gegenstand dieses Kapitels.

4.1 Das deutsche Verständnis von Qualität

Wichtigster deutscher Experte für Qualität ist die „Deutsche Gesellschaft für Qualität" (DGQ) in Frankfurt/Main. Sie gestaltet in starkem Maße den Rahmen, in dem das Thema „Qualität" behandelt wird. Sie hat auch die DIN-Normen mitgeschaffen, nach denen in Deutschland Qualität „gemacht" wird. Entsprechend der DIN-Norm 55350, Teil 11, wird unter Qualität verstanden:

> „Die Gesamtheit von Eigenschaften und Merkmalen eines Produktes oder einer Tätigkeit, die sich auf deren Eignung zur Erfüllung gegebener Erfordernisse beziehen."[1]

Dazu werden einige Erläuterungen gegeben:

- Qualität steht nie für sich allein, sondern immer in bezug auf Forderungen[2];

---

1 DIN 55350 Teil 11: Begriffe der Qualitätssicherung und Statistik; Begriffe der Qualitätssicherung, Grundbegriffe (Entwurf), Berlin.

2 Marschner, L.: Einführung in die Qaulitätssicherung, in: Fünfter Deutscher Quality Circle Kongreß, Dokumentation, Hrsg.: AGP, DQCG, IMT, RKW, pp. 180–198.

– Qualität ist kein diskreter Begriff (vorhanden/nicht vorhanden), sondern eine kontinuierliche Größe;
– es gibt gute und schlechte Qualität;
– Qualität stellt auch keine einzelne Größe dar, sondern setzt sich aus einer Gesamtheit vieler Merkmale und Eigenschaften zusammen.

Ergänzt wird diese Definition durch „Rahmenbedingungen für die Qualitätssicherungs-Organisation" (DGQ-SAQ-ÖVQ-Schriften Nr. 12–45)[3], in denen festgelegt wird, für welche Aufgaben die einzelnen betrieblichen Funktionen, wie Unternehmensleitung, Marketing, Vertrieb und Entwicklung, Informations-, Mitwirkungs- und Durchführungsverantwortung zu übernehmen haben.

Inzwischen allerdings wurden diese Rahmenbedingungen ersatzlos zurückgenommen. Statt dessen wurden nach einer etwa dreijährigen Vorbereitungszeit, im Mai 1987, die deutschen Normen DIN ISO 9000–9004[4] parallel zu den entsprechenden internationalen Normen veröffentlicht. Die europäische Organisation zur Vereinheitlichung der Normen will die ISO-Normenserie zur Qualitätssicherung sogar bindend für alle EG-Länder vorgeben. Ziel der Normenserie ist, ein für das Unternehmen spezifisches Qualitätssicherungs-System zur kostengünstigen Erreichung der Qualitätsanforderungen zu entwickeln und so die Wettbewerbsfähigkeit unter Einbeziehung aller Geschäftsbereiche zu stärken.

---

3 Gaster, D.; Rommerskirch, W.; Seitschek, V.: Rahmenempfehlungen für die Qualitätssicherungsorganisation, DCQ-SAQ-ÖVR-Schriften Nr. 12–45, 1. Aufl., Berlin 1981.

4 DIN ISO 9000: Leitfaden zur Auswahl und Anwendung der Normen über Qualitätssicherungs-Nachweisführung, Berlin, Juni 1986.
DIN ISO 9001: Qualitätssicherungssysteme. Nachweis über die Eignung der Qualitätssicherung für Entwicklung und Konstruktion, Fertigung, Montage und Kundendienst, Berlin, Juli 1985.
DIN ISO 9002: Qualitätssicherungssysteme. Nachweis über die Eignung der Qualitätssicherung für Fertigung und Montage, Berlin, Juli 1985.
DIN ISO 9003: Qualitätssicherungssysteme. Nachweis über die Eignung der Qualitätssicherung für Endprüfungen, Berlin, Juli 1985.
DIN ISO 9004: Qualitätsmanagement und Elemente eines Qualitätssicherungssystems, Berlin, Mai 1987.

Inhalt und Ziele der einzelnen Normen lauten wie folgt[5]:

- DIN ISO 9000
  Bereitstellen eines Leitfadens zur Auswahl und Anwendung der Normen über Qualitätssicherung und Qualitätssicherungs-Nachweisführung, das heißt Hinweise zur Anwendung der Normenreihe 9001 – 9004
- DIN ISO 9001
  Qualitätssicherungs-Nachweisstufe für Entwicklung und Konstruktion, Produktion, Montage und Kundendienst
- DIN ISO 9002
  Qualitätssicherungs-Nachweisstufe für Produktion und Montage
- DIN ISO 9003
  Qualitätssicherungs-Nachweisstufe für Endprüfungen

Ziel der Normen 9001 – 9003 ist es, Standards oder Kriterien für QS-Systeme festzulegen für den Fall, daß in einem Vertrag zwischen Auftraggeber und Lieferant die Qualitätsfähigkeit (abgestuft nach dem Anteil der Eigenentwicklung) nachgewiesen werden muß.

- DIN ISO 9004
  Beschreibung eines Grundstocks von Elementen der Qualitätssicherung und Bereitstellen eines Leitfadens zur Entwicklung und Einführung von QS-Systemen

Dazu noch einige Anmerkungen: Während die ISO 9000 einige Definitionen, Konzepte sowie eine Zusammenfassung für die Auswahl und Anwendung der Normen gibt, sind die ISO 9001 – 9003 zur Auditierung von Zulieferern gedacht, also zur externen Anwendung. Dabei ist ISO 9003 die am wenigsten umfassende Norm. Sie bezieht sich nur auf Tests und Endprüfungen, während ISO 9001 als Nachweisstufe für Konstruktion, Produktion, Montage und Kundendienst dient.

Damit ist die ISO 9004 die fortschrittlichste Norm von allen. Sie fordert zum Beispiel nicht mehr, daß es eine bestimmte betriebliche Abteilung gibt, die für Qualität zuständig ist. Auf diese Weise trägt sie der

---

5 Ibid.

Tatsache Rechnung, daß viele japanische Unternehmen ihren hohen Stand an Qualität dadurch erreicht haben, indem sie Aktivitäten zur Qualitätssicherung in die verschiedenen betrieblichen Funktionen integriert haben. Sie schreibt auch keine einzuhaltenden Bedingungen mehr vor, sondern formuliert lediglich Vorschläge in bezug auf technische, administrative und menschliche Faktoren, die die Qualität von Produkten und Dienstleistungen beeinflussen. Im Gegensatz zu den ISO 9001 – 9003 ist sie nur für den betriebsinternen Gebrauch gedacht. Die Norm zählt die wesentlichsten Elemente auf, die ein Qualitätssystem ausmachen. Ganze Abschnitte sind den verschiedenen Bausteinen des QS-Systems gewidmet: Marketing, Konstruktion, Sicherheit, statistische Methoden usw. Insofern kann man die Norm auch als einen Gradmesser für den Entwicklungsstand eines TQM-Systems ansehen.

Da, wie erwähnt, alle EG-Staaten sowie die USA und Kanada die ISO-Normen als nationalen Standard übernehmen werden, ist davon auszugehen, daß angesichts der immer intensiver werdenden internationalen Verflechtung, insbesondere durch den im Jahre 1992 in Kraft tretenden EG-Binnenmarkt, das Normenwerk DIN ISO 9000-9004 für internationale Vertragsgestaltungen und Nachweisführungen der Qualitätsfähigkeit große Bedeutung gewinnen. Schon aus diesem Grunde empfiehlt sich für deutsche Unternehmen, dieses Normenwerk als Grundlage für den Aufbau eines internen QS-Systems, zur Gliederung des QS-Handbuchs und/oder im Vertragsfall für die Zusammenarbeit mit Kunden zu verwenden. Ein deutscher Zulieferer kann dann einem englischen oder französischen Kunden dokumentieren, daß er ein QS-System besitzt, das einen gewissen internationalen Standard hat und international vergleichbar ist. Das erfordert jedoch, daß sein System vorher von einer neutralen Stelle auditiert und zertifiziert wird. Er erhält quasi ein Gütesiegel. Zu diesem Zweck wurden in den mit diesen Normen arbeitenden Ländern Institutionen geschaffen, die derartige Prüfungen von Qualitätssicherungs-Systemen vornehmen.

In Deutschland ist dies die DQS (Deutsche Gesellschaft zur Zertifizierung von Qualitätssicherungs-Systemen mbH), eine paritätische Gründung des DIN Deutsches Institut für Normung und der Deutschen

Gesellschaft für Qualität, der inzwischen weitere wichtige Organisationen beigetreten sind. Sie auditiert und zertifiziert zusammen mit dem TÜV Qualitätssicherungs-Systeme in Firmen. Abbildung 5 zeigt das Muster eines derartigen Zertifikats.

Nach Aussagen der DQS Mitte 1990 waren in Deutschland insgesamt 42 Unternehmen zertifiziert und 200 in das Verfahren eingestiegen. Diese geringe Zahl mag zwar überraschen, ist jedoch angesichts der Tatsache, daß viele Unternehmen schon vor Gründung der DQS bis zu 20 Auditierungen mit mindestens gleichwertigen oder sogar höheren Anforderungen von ihren Kunden im Jahr „auszuhalten" hatten, verständlich.

Ein wichtiger Faktor, der die Übernahme der ISO 9000–9004 beschleunigen könnte, ist das bereits erwähnte neue Produkthaftungsgesetz. Danach werden Hersteller zu beweisen haben, daß ihre Produkte im Zweifelsfall fehlerfrei gewesen sind, denn dieses Gesetz bürdet die Beweislast dem Hersteller auf. Produzenten werden aus diesem Grund genau dokumentierte und einwandfrei funktionierende QS-Systeme benötigen, um im Eventualfall eintretenden Haftungsansprüchen von seiten ihrer Kunden zu begegnen.

Ein weiterer Faktor, der diese Entwicklung verstärkt, ist die 1989 von der EG-Kommission vorgeschlagene Direktive über Produktsicherheit. Danach sollen Hersteller und Importeure dazu verpflichtet werden, die Sicherheit ihrer Produkte über die gesamte Lebensdauer zu gewährleisten.

Die Problematik des traditionellen deutschen Qualitätsbegriffes und seiner mit den Rahmenbedingungen verbundenen Philosophie dagegen haben Staudt/Hinterwäller[6] im einzelnen herausgearbeitet:

- Er ist ein statischer Begriff und deshalb innovationsfeindlich, weil er auf die Sicherung einmal festgelegter Anforderungen abzielt;
- er bezieht das Know-how der ausführenden Bereiche nicht ein;

6 Staudt, E.; Hinterwäller, E.: Quality Circles in Deutschland. Perspektiven und Probleme. Berichte aus der angewandten Innovationsforschung, Nr. 18, in Dokumentation, Erster Deutscher Quality Circle Kongreß 1982, Hrsg.: RKW, pp. 13–37.

DQS-ZERTIFIKAT

Die
DQS Deutsche Gesellschaft zur Zertifizierung
von Qualitätssicherungssystemen mbH

bescheinigt in Zusammenarbeit mit der

Vereinigung der Technischen
Überwachungs-Vereine e.V. (VdTÜV)

hiermit, daß das Unternehmen

M U S T E R

ein
Qualitätssicherungssystem
eingeführt hat und anwendet.

Durch ein Qualitätsaudit der DQS wurde der Nachweis erbracht,
daß dieses Qualitätssicherungssystem die Forderungen der folgenden Norm erfüllt:

EN 29001 / DIN ISO 9001
Qualitätssicherungssysteme;
Qualitätssicherungs-Nachweisstufe für Entwicklung und Konstruktion, Produktion,
Montage und Kundendienst

Dieses Zertifikat ist gültig bis

Zertifikat-Registrier-Nr.:

Frankfurt am Main,

DQS Deutsche Gesellschaft zur Zertifizierung
von Qualitätssicherungssystemen mbH, Berlin

PRÄSIDENT

LEITER DER GESCHÄFTSSTELLE FRANKFURT

Geschäftsstellen: 6000 Frankfurt 50, August-Schanz-Straße 21 A · 1000 Berlin 30, Burggrafenstraße 6

Quelle: DQS, Berlin/Frankfurt a. M.

Abbildung 5: Zertifikat-Muster für die Zertifizierung von QS-Systemen nach DIN ISO 9001

– er berücksichtigt kaum Kundenwünsche;
– er ist prüfungsorientiert und deshalb kostenaufwendig;
– er ist vorwiegend technisch orientiert.

Diese Kritik vernachlässigt sogar noch einige Punkte. Wer zum Beispiel als Nichtfachmann den Sinn der Formulierung auf die Definition selbst anwendet, wird feststellen, daß diese die Anforderung, Klarheit über den Begriff Qualität zu vermitteln, kaum erfüllt. Mit anderen Worten, die Definition ist für Mitarbeiter des Verkaufs, des Marketings, des Einkaufs oder der Basis kaum verständlich, viel zu kompliziert und abstrakt, vom Verbraucher ganz zu schweigen.

Bei den Rahmenbedingungen fällt darüber hinaus auf, daß sie zwar QS-Systeme präzise, exakt und umfassend beschreiben, sie jedoch auf diese Art zu bürokratisch-technischen Systemen degenerieren. Verwaltungsaufgaben wie das Prüfen stehen im Vordergrund – zur Vorbeugung anstelle von Management oder Gestaltungsaufgaben. Weiterhin beziehen sie sich vor allem auf Betriebe mit Kleinserien und Serienfertigung und hier hauptsächlich auf Investitionsgüter. Hinweise auf die Massen- oder Prozeßfertigung, insbesondere von Konsumgütern wie Zigaretten, Schokolade und Seife tauchen überhaupt nicht auf. Die Möglichkeit, die Überlegungen auch auf Dienstleistungen auszudehnen, wird nicht in Betracht gezogen. Der Bereich des Marktes, das heißt, der Prozeß der Ermittlung, Präzisierung, Umsetzung und Weiterverarbeitung von Kundenwünschen, ist völlig unterrepräsentiert und hat nur geringes Gewicht. Ähnliches gilt für das soziale System mit seinen Elementen Führungsstil, Kooperation, Kommunikation, Klima und Motivation.

Für eine detaillierte Beurteilung des 1987 eingeführten Normenwerkes scheint es noch zu früh. Bereits jetzt läßt sich jedoch feststellen, daß die DIN-Normen 9000–9004 einen Fortschritt bedeuten, einmal weil sie, da sie international gelten, die übernationale Zusammenarbeit erleichtern werden. Zum anderen sind sie, im Vergleich zu den Rahmenbedingungen, allgemeiner gehalten, da sie nur Begriffe zu Bestandteilen von Qualitätssicherungs-Systemen zusammenstellen. Dennoch beschreiben sie sehr viel präziser und weitreichender die möglichen Qualitätstätigkeiten in den betrieblichen Abteilungen wie Vertrieb, Marketing und anderen. Ebenso wie die Rahmenbedingungen enthalten jedoch auch sie wenig Hilfen zur Gestaltung des sozialen Systems, wie Führungsstil, Motivation, Zusammenarbeit, Kommunikation, Klima und seiner Beziehung zum technischen System. Die Normen beschränken sich weitgehend auf die technischen Abläufe beziehungsweise das technische System. Auch das Normensystem stellt deshalb noch kein Management-System dar. Daß diese neuen Normen den bürokratisch-technischen Stil aus dem deutschen Qualitätswesen herauszwingen und ihm einen neueren, freieren Geist einhauchen, erscheint möglich und wäre zu hoffen. Es ist jedoch, wie gesagt, noch zu früh, um ein abschließendes Urteil abzugeben. Vorläufig bestehen in den Köpfen vieler Mitarbeiter die alten Bedingungen leider noch fort.

Einige Nachteile der ISO-Normen lassen sich jedoch schon jetzt erkennen[7]:

- Die ISO-9000 – 9004-Normen sind statisch
  Juran hat darauf hingewiesen, daß die Normen kontinuierliche Verbesserungen weder erwähnen noch in irgendeiner Form berücksichtigen. Es ist aber eine der wichtigsten Voraussetzungen, die Qualität der Produkte und der Arbeit ständig weiter zu verbessern, da der Markt ja ebenfalls ständig in Bewegung ist.
- Die ISO 9001 – 9003 sind Minimal-Standards
  Es gibt viele Stimmen, die meinen, daß die Normen nicht ausreichend sind, weil man sich bei ihrer Verabschiedung auf den kleinsten gemeinsamen Nenner geeinigt hat. Viele Unternehmen hatten in der Vergangenheit, oder haben jetzt, ihre QS-Systeme nach anderen, zum Teil höheren Standards wie z. B. MIL, AQAP, Deming Preis, Malcolm Baldridge Award oder nach Standards der Automobilindustrie ausgerichtet und zögern jetzt, auf die ISO umzuschwenken.

---

7 Siehe dazu auch: Burr, J. T.: The Future Necessity, Quality Progress, June 1990, pp. 19 – 23, aber auch Nuland van, Y.: ISO 9000, a first step Towards Total Quality, Lecture held at the 3rd European Congress of EFQCA (European Federation of Quality Circles and Quality Management) – London, March 21st – 22nd, 1991.

Wenn alle diese Anforderungen weiter unkoordiniert nebeneinander existieren, so besteht die große Wahrscheinlichkeit, daß die DIN ISO Normen in ihrer Bedeutung beschränkt bleiben.

- Der Inhalt der DIN ISO 9000 ist beschränkt
  Zwar sagen die Normen eindeutig, was Inhalt eines QS-Systems sein soll, doch geben sie auf einige wichtige Fragen keine Auskunft: zum Beispiel wie ein System zu dokumentieren ist, was ein QS-Handbuch ist, was ein Qualitätsplan und was eine vernünftige Qualitätspolitik ist.
- Hoher Einstiegsaufwand
  Die Einführung der DIN-ISO-Normen erfordert einen relativ hohen Zeit- und Arbeitsaufwand. Er kann je nach Firmengröße von sechs Monaten bis zu eineinhalb Jahren und mehr dauern. Dies führt oft zu einem Zurückschrecken vor der Aufgabe. Die Arbeitslast geht jedoch drastisch zurück, wenn das System einmal eingeführt ist. Ganz zu schweigen von den dadurch erzielten Vorteilen wie höhere Effizienz, größere Transparenz und Ausschaltung von Doppelarbeit.

Hier wird noch einige Arbeit zu leisten sein, bis die Normen in die Form gebracht sind, die dem gedachten Zweck entsprechen.

Das bisher geltende Verständnis von Qualität und die daraus resultierende Qualitätspolitik der einzelnen Unternehmen, die trotz gegenteiliger täglicher Erfahrungen in der Realität seit Ende der 60er Jahre beibehalten und propagiert wurde, muß zu einem großen Teil für die Ergebnisse verantwortlich gemacht werden, die wir heute auf den Märkten vorfinden. Auf dem Markt für technische Konsumgüter wie Motorräder, Kleinkrafträder, Unterhaltungselektronik hat die deutsche Industrie den Wettbewerb mit einigen Ausnahmen eindeutig verloren. Die Märkte gingen zum größten Teil an die Japaner oder an Ausländer wie Thompson-Brandt und Philips. Bei näherer Betrachtung zeigt sich, daß es sich stets um Märkte handelt, bei denen es vor allem darauf ankommt,

- die Bedürfnisse der Verbraucher präzise, umfassend und unmittelbar zu erfassen,
- diese gezielt in Anforderungsprofile zu transformieren,

- diese wiederum schnell und flexibel in Produkte mit hoher, subjektiv erlebbarer Qualitätsanmutung (ästhetisches Design, Ausstattung) umzusetzen und sie
- preisgünstig zu vermarkten.

Wenn es also um schnelle, flexible, kundenbezogene Anpassung auf den Märkten ging, hatten die Japaner stets die Nase vorn.

Auf dem Markt für Automobile ist der Kampf – vor allem in der oberen Klasse – noch offen. Allerdings fand in der kleinen und mittleren Klasse die Kapitulation durch die Aufgabe des VW-Werkes in den USA 1988 bereits statt. Dieser in seiner gesamten Tragweite für VW und die deutsche, ja sogar europäische Automobilindustrie vielleicht noch gar nicht ganz erkannte Schritt war zwar nur der Vollzug bereits seit langem eingetretener Ereignisse, doch hat er Symbolcharakter. Die europäische Klein- und Mittelklasse, die jahrelang der Inbegriff des guten Geschmacks für Studenten, Intellektuelle und die Oberschicht in den USA war, ist fast gänzlich vom amerikanischen Markt verschwunden, während die Japaner ein Werk nach dem anderen aufbauen und die Produktion ausdehnen.

Auf Märkten jedoch, wo sich die Erwartungen der Kunden in etwa mit denen der Techniker decken, insbesondere in der Investitionsgüter-Industrie, wo Flexibilität und Schnelligkeit nicht die entscheidende Rolle spielen, konnte die deutsche Industrie ihre Spitzenstellung halten. Zwar haben dynamischere Länder wie Japan, Korea, Taiwan und Singapur aufholen, auf einigen Gebieten sogar gleichziehen können; die deutsche Industrie ist jedoch nicht, wie auf den Märkten der technischen Gebrauchsgüter, abgehängt worden. Sie muß nun die Konsequenzen erkennen und entsprechende Maßnahmen für die Zukunft ergreifen, sie muß aus den Fehlern der Vergangenheit lernen. Gegenwärtige Bemühungen, insbesondere der deutschen Automobilindustrie, sind ein Schritt in die richtige Richtung.

Die Auffassung der anderen europäischen Länder in bezug auf Qualität unterscheidet sich nicht allzu sehr von der deutschen, obwohl die European Organization for Quality Control (EOQC) eine etwas modernere Definition benutzt. Sie versteht unter Qualität: „The totality of features and characteristics of a product or service that bear its ability to satisfy a given need"[8].

Betrachtet man jedoch die in diesen Ländern praktizierte Qualitätspolitik sowie die dortigen Marktgegebenheiten, die sich nur in Details von den unseren unterscheiden, muß man den Schluß ziehen, daß auch hier weitgehend die Technokraten herrschen und der Blick für die Marktverhältnisse getrübt scheint; denn, wo nicht durch gesetzliche Vorschriften, wie zum Beispiel bei den Automobilen, gehindert, dominieren ebenfalls die Japaner.

4.2 Die Auffassung von Philip B. Crosby

Einen Schritt weiter geht Crosby, obwohl auch seine Auffassung noch im traditionellen Rahmen stecken bleibt. In seinem 1980 erschienenen und 1986 ins Deutsche übersetzten Buch „Qualität bringt Gewinn"[9] erläutert er sein Verständnis von Qualität. Es besteht aus vier Geboten:

Conformance to requirements (Erfüllung von Anforderungen)

Nach Crosby muß Qualität immer als Erfüllung von Anforderungen definiert werden. Nur diese Definition versetzt ein Unternehmen in die Lage, nach anderen als persönlichen Meinungen und Motiven zu funktionieren. Jede festgestellte Abweichung vom geforderten Soll ist für ihn identisch mit Mangel an Qualität. Es gibt also nur Erfüllung oder Nichterfüllung von Qualität.

Die Methode zur Erreichung von Qualität ist Vorbeugung, nicht Prüfung

Prüfung ist eine teure und wenig zuverlässige Methode. Aus diesem Grunde ist Vorbeugung erforderlich, denn Fehler, die es nicht gibt,

---

8 EOQC: Glossary of terms used in quality control, 4. Aufl., Deutsche Gesellschaft für Qualität, Frankfurt a. M. 1976.

9 Crosby, Ph. B.: Quality is Free, Mentor Books 1980, derselbe: Qualität bringt Gewinn, Hamburg 1986 und derselbe: Qualität ist machbar, Hamburg 1986.

können auch nicht übersehen werden. Diese Einstellung muß, nach Crosby, unmißverständlicher Bestandteil des Betriebsalltags werden.

Null-Fehler muß Leistungsstandard werden

Erklärtes Ziel des Null-Fehler-Konzeptes ist es, jede Arbeit von vornherein richtig zu machen. Auch dies muß den Mitarbeitern vom Management ständig kommuniziert und vorgemacht werden. Perfekte Qualität ist also nicht nur technisch möglich, sondern auch ökonomisch sinnvoll. Auf diese Weise feiert die Diskussion der 50er Jahre in den USA darüber, welches Ausmaß an Qualität möglich ist, ihre Auferstehung. Crosby gibt sich damit als Vertreter der Zero-Defect-Bewegung aus, die Anfang der 60er Jahre bei der Firma Martin in den USA gegründet wurde, als sie die erste Pershing-Rakete fehlerfrei an die US-Armee lieferte. Crosby war damals bei der Firma Martin beschäftigt.

Crosby[10] erläutert die Philosophie des Null-Fehler-Konzeptes wie folgt: Menschen wird von klein auf beigebracht, daß sie Fehler machen. Auch im Arbeitsleben wird diese Überzeugung von vielen Unternehmen unterstützt, indem sie von vornherein eine gewisse Fehlerquote einplanen. Dieser Führungsstil liefert dann den Mitarbeitern den Beweis, daß dem Management der Wille fehlt, Arbeiten richtig ausführen zu lassen.

Nach Crosby werden Fehler durch zwei Faktoren verursacht: mangelnde Kenntnisse und ungenügende Aufmerksamkeit. Mangelnde Kenntnisse lassen sich beheben. Fehlende Aufmerksamkeit ist dagegen eine Frage der inneren Einstellung, die der Betreffende selbst durch eine bewußte Neubewertung seiner jeweiligen Verhaltens-Maßstäbe korrigieren muß. Wer sich fest vornimmt, jedes Detail zu beachten und sorgfältig Fehler zu vermeiden, macht den entscheidenden Schritt auf dem Weg zu fehlerfreiem Handeln. Für Crosby stellt ein derart eindeutig formulierter Leistungsstandard ein unabdingbares Instrument für ein erfolgreiches Qualitäts-Management dar, weil er unter anderem klarstellt, was vom einzelnen Mitarbeiter zur Funktionsfähigkeit der Unternehmung erwartet wird.

10 Crosby, Ph. B.: Qualität ist machbar, op. cit., pp. 82–91.

Maßstab für Qualität sind die Kosten für Nichterfüllung von Anforderungen

Crosby wendet sich gegen die Auffassung, Qualität sei ein nicht faßbarer und daher auch nicht quantifizierbarer Begriff. Das Gegenteil sei der Fall. Sie sei sehr wohl und zudem genau meßbar – in barer, harter Münze. Damit gibt er das Stichwort für seine Auffassung von Qualitäts-Management. Die Qualitätskosten sind identisch mit den Kosten der Nichterfüllung, das heißt den Aufwendungen für fehlerhafte Produktion. Die Beseitigung dieser Kosten ist ein Kernziel der Qualiätspolitik.

Crosbys Ansatz hebt vor allem in zwei Bereichen positiv vom traditionellen deutschen Modell ab. Einmal postuliert er die starke Bedeutung und Verantwortung des Managements. Zum anderen stellt er die Notwendigkeit einer Einstellungsänderung bei den Beteiligten heraus, die durch verstärkte Kommunikation von seiten des Managements erreicht werden soll. Sein Konzept will in erster Linie Einstellungen verändern, während im technischen Bereich viele Fragen offen beziehungsweise dem Traditionellen verhaftet bleiben. So entpuppt sich Crosbys Wortschöpfung „conformance to requirements" bei genauerem Hinsehen als nichts anderes als das uralte „conformance to specification" aus dem fertigungstechnischen Ansatz, den auch die DGQ verwendet. Jedoch bringt Crosby Entwicklungs- und Konstruktionsthemen ein und fordert, daß Produkte genau nach festgelegten Anforderungen hergestellt oder – falls diese überholt sind – geändert werden.

Die Betonung der Qualitätskosten von Crosby ist ebenfalls nicht neu. Sie wurde bereits im Jahre 1951 von Juran in der ersten Ausgabe des Quality Control Handbook dargelegt, um die Frage nach dem „Wieviel an Qualität" zu beantworten. Keine Hinweise gibt Crosby darauf, wie das technische System mit seinen verschiedenen Elementen, zum Beispiel zur Erzeugung von Null-Fehlern, gestaltet werden soll. Auf statistische Methoden nimmt er nur einmal Bezug, indem er das Pareto-Prinzip erwähnt: „Corrective action is more successful when it operates on the well known Pareto principle"[11].

11 Crosby, Ph. B.: Quality is Free, op. cit., p. 192.

Auch ein systematisches Konzept für die Motivation der Mitarbeiter fehlt. Im großen und ganzen stellt sich Crosby eher als ein Baptistenprediger oder Pastor dar, der seine Gemeinde zu den vier Geboten bekehren will. Allein die Begeisterungsfähigkeit von Führungskräften kann jedoch Einstellungsveränderungen, Engagement, Verbesserung von Qualität oder Null-Fehler auf Dauer nicht erreichen.

Der Schwerpunkt des Crosbyschen Konzepts liegt leider auch immer noch auf der Vorbeugung beziehungsweise Verhütung von Fehlern. Eine strategische Komponente, um den Japanern offensiv zu begegnen, hat er nicht parat. Crosbys Modell ist ein einfaches, traditionelles, in jeder Hinsicht top-down ausgerichtetes Modell, das keine Rücksicht nimmt auf das Know-how in den ausführenden Bereichen – Mitarbeiter stören nur – und das deshalb, außer Einstellungsänderungen beim Management, die sich durch einige Workshops erreichen lassen, kaum organisatorische Änderungen verlangt. Es genügen die amerikanischen Management-Methoden, wie sie aus dem Controlling bekannt sind. Im Vergleich zum herkömmlichen deutschen Modell ist das schon einiges, denn dort wird die Notwendigkeit eines Management-Prozesses noch gar nicht erkannt. Im Vergleich zu den Japanern jedoch, deren Modell später vorgestellt wird, bedeutet es einen Rückschritt. Dennoch ist Crosbys Ansatz besonders in den letzten Jahren sehr populär geworden, vielleicht vor allem deshalb, weil, wie er selbst meint, Führungskräfte einfache und leichte Methoden vorziehen.

4.3 Das Konzept Armand V. Feigenbaums

Feigenbaums Konzept läßt sich nicht in wenige Kernaussagen fassen. Während Crosby die Treppe kräftig von oben nach unten kehrt, damit auch kein Körnchen zurückbleibt, legt Feigenbaum den Schwerpunkt auf Aktivitäten in horizontaler Richtung. Für ihn beginnt Herstellung von Qualität bei der Produktentwicklung und muß durch Aktivitäten in den nachfolgenden betrieblichen Funktionen wie Konstruktion, Fertigung und Vertrieb beim Konsumenten enden. Seine Auffassung, die er als „Total Quality Control" bezeichnet, stellte er 1956 erstmals in einem Artikel in der Harvard Business Review vor:

„The underlying principle of this total quality review ... is that, to provide genuine effectiveness, control must start with the design of the product and end only when the product has been placed in the hands of a customer who remains satisfied ... the first principle to recognize is that quality is everybody's job.“[12]

Im Januar 1961 folgte dann das fast 1000 Seiten umfassende und bis heute unerreichte Standardwerk „Total Quality Control“, in dem er seine Gedanken zu diesem Thema bis in alle Einzelheiten ausführt. Dort erläutert er seinen Qualitätsbegriff, indem er darauf hinweist, daß Produkte oder Dienstleistungen dann hohe Qualität aufweisen, wenn sie die Erwartungen des Verbrauchers erfüllen[13].

Feigenbaum brachte mit seinen Überlegungen drei wichtige und neue Akzente in die Qualitätsdiskussion ein:

- Die Erwartungen des Verbrauchers bestimmen die Qualität.
- Für Qualität ist jedermann verantwortlich, vom Top Management bis zur Basis.
- Qualität wird sowohl in Funktionen wie Marketing, Entwicklung, Konstruktion und Einkauf als auch in der Fertigung „gemacht“.

Feigenbaum war damit einer der ersten Qualitätsexperten, der ausschließlich die Erwartungen der Verbraucher für die Bestimmung von Qualität gelten ließ, seien sie nun bewußt oder nur latent vorhanden, ausdrücklich genannt oder nur empfunden. Vorstellungen von betrieblichen Funktionen oder Abteilungen wie die des Marketing, der Fertigung, der Konstruktion haben für diesen Zweck dagegen nur untergeordnete Bedeutung.

Aufgabe des Top Managements ist es, die durch den Lebenszyklus eines Produktes sich ändernden Erwartungen der Verbraucher stets zu erfüllen. Als Beispiel für die Erläuterung dieser Forderung benutzt Feigenbaum den Fernseher.

---

12 Feigenbaum, A. V.: Total Quality Control, HBR, Nov.-Dec. 1956, pp. 94–98.
13 Feigenbaum, A. V.: Total Quality Control, McGraw Hill 1986, Third Edition, pp. 7–9.

Bei diesem Konsumgut lassen sich mehrere Phasen klar unterscheiden[14]. In der Einführungsphase war die Qualität des Produktes vor allem mit technischer Innovation verbunden. Sie zog zahlungskräftige Kunden an und verkaufte das Produkt. Kinderkrankheiten dieser Erfindung, wie verschwommene Bilder, schreckte die Käufer nicht ab. Sie waren einfach von der neuen Kommunikationsmöglichkeit begeistert. Nach einigen Jahren wurde der Fernseher zu einem Prestigeobjekt breiter Käuferschichten. Qualität bedeutete jetzt die Integration des Fernsehers in ein passendes Möbelstück, das einen bevorzugten Platz in der Wohnungseinrichtung bekam. Dazu kam die Einführung des farbigen Bildes, das dem Konsumgut neue Anziehungskraft verlieh.

Als schließlich der Fernseher allgemeine Verbreitung gefunden hatte, war er zu einem unverzichtbaren Bestandteil der Lebensgewohnheiten der meisten Familien geworden. Dazu gehörten Programme wie die Fernsehnachrichten oder das Sandmännchen für die Kinder. Funktionstüchtigkeit und Servicefreundlichkeit stellten jetzt die Merkmale dar, die Qualität bedeuteten.

In der vierten Stufe, der Marktsättigung, wurde der Fernseher zum Konsumgut. Der Verbraucher ist vom Fernseher in gewisser Weise abhängig. Er verläßt sich auf die täglichen Nachrichten, auf den Wetterbericht oder die Sportschau. Schärfe und Klarheit von Bild und Ton sowie Stereoton wurden wichtige Kriterien für den Konsumenten. Qualität nahm jetzt die Bedeutung von Zuverlässigkeit und Preis-Leistungsverhältnis an.

Erfolgreiches Qualitäts-Management bedeutet in diesem Zusammenhang, die sich verändernden Erwartungen des Verbrauchers bezüglich der Qualität zu erfassen und zu erfüllen.

Gleichzeitig weist Feigenbaum darauf hin, daß viele Unternehmen immer noch nicht bereit sind, die Erwartungen des Kunden als Ausdruck für Qualität zu akzeptieren, und manche Wünsche als Extras hinstellen, die der Kunde zusätzlich bezahlen muß. In den Vorstellun-

14 Ibid.

gen der Konsumenten muß ein Produkt jedoch stets Eigenschaften haben, die in jeder Hinsicht zufriedenstellend sind. Feigenbaum erläutert diesen Zusammenhang: Der Preis eines Kühlaggregats wird von einem Händler mit dem Argument begründet, daß ein gutes Kühlgerät, das gleichzeitig geräuscharm laufe, auch teurer sei. Damit wird der Kunde vor die Scheinwahl gestellt, ein qualitativ gutes, aber teures oder ein billiges, aber schlechtes Produkt zu kaufen. Natürlich möchte er keinen Kühlschrank zu Hause stehen haben, dessen Geräusche ihn nachts aus dem Schlaf holen.

Weitere Schwerpunkte von Feigenbaums Konzept liegen in der interfunktionalen Zusammenarbeit der einzelnen Abteilungen wie Entwicklung, Konstruktion, Einkauf und Fertigung sowie dem Management der QS-Aktivitäten mit Hilfe sorgfältig ermittelter Qualitätskosten. Auch auf statistische Methoden, insbesondere Stichprobenverfahren und Prozeßregelung, legt Feigenbaum besonderen Wert, wobei er auf traditionelle Prüfung und Inspektion keineswegs verzichtet.

Insgesamt betrachtet ist Feigenbaums Auffassung wohl die umfassendste und detaillierteste Darstellung eines Qualitätskonzeptes. Das technische System weist alle erforderlichen und wichtigen Elemente auf, von der Prüfung bis zur Prozeßregelung, von der Qualitätssicherung im Marketing bis zu der in der Fertigung und bei Zulieferern. Es enthält Ausführungen über strategische Elemente, aber auch über deren taktische Umsetzung. Dennoch liegt der Akzent bei Feigenbaum in starkem Maße noch auf Vorbeugung und Verhütung von Fehlern. Gezielter, offensiver Einsatz von Qualitätsmerkmalen als Wettbewerbsparameter ist in seinem Konzept noch nicht vorgesehen.

Im sozialen System legt er großes Gewicht auf die interfunktionale Zusammenarbeit und Beteiligung aller Mitarbeiter und macht auf die Wechselwirkung zwischen technischem und sozialem System aufmerksam. Allerdings hat er dafür kein geschlossenes und systematisches Konzept entwickelt. Das so erfolgreiche und im Westen heute überall kopierte Mitarbeiterbeteiligungsmodell des Quality Circle mußten erst die Japaner erfinden, zu deren Konzept Feigenbaum allerdings entscheidende Impulse beitrug.

4.4 Die Auffassung von Edwards W. Deming

Deming, einer der „Qualitätspäpste", ist sich der Schwierigkeit einer korrekten Formulierung der Definition von Qualität bewußt und zitiert seinen Lehrer W. A. Shewart in bezug auf die mit einem solchen Vorhaben verbundenen Probleme. Shewart meint, das Problem bei der Definition von Qualität liege darin, die zukünftigen Bedürfnisse der Verwender in meßbare Größen umzusetzen, damit ein Produkt entwickelt und hergestellt werden kann, das beim Kunden, der dafür einen bestimmten Preis bezahlt, Zufriedenheit auslöst[15]. Deming verzichtet deshalb auf eine übergreifende Definition und löst in seinem letzten Buch[16] die Vorstellung von Qualität auf, um sie in ein dialektisches Gebilde unterschiedlicher Profile, Skalen, Geschmacksrichtungen, Merkmale und Konsumentengruppen umzuwandeln. Auf diese Weise schärft er das Bewußtsein, in jedem Falle die Qualitätsanforderungen neu, von unterschiedlichen Standpunkten aus, zu erörtern und sich nicht mit einer griffigen Formel zu begnügen. Dabei achtet er streng darauf, daß Aussagen über Qualität präzise definiert sind, indem er fragt, was zum Beispiel „gesund" im Zusammenhang mit der Qualität medizinischer Versorgung bedeutet.

Für Deming bildete die statistische Interpretation von Qualitätsphänomenen das entscheidende Instrument, nicht zuletzt deshalb, weil er ein Schüler des Statistikers W. A. Shewart ist und dessen Ideen 1934 durch eine eigene wichtige Veröffentlichung „On the Statistical Theory of Errors" erweitert hat. Der Inhalt dieser Arbeit war übrigens später (1950) ein wesentlicher Bestandteil von Demings Vorträgen in Japan.

Mit Juran und den Japanern teilt er allerdings gleichzeitig die Abneigung, an ermittelte statistische Größen zu glauben: Zu Demings Qualitätsverzeichnis gehört es, alle zahlenmäßigen Ergebnisse fortwährend zu hinterfragen. Diese methodische Vorgehensweise, ständig die Sichtweise zu revolutionieren, ein Produkt von allen erdenklichen Seiten zu

15 Zitiert nach Deming, W. E.: Out of the Crisis, MIT Center for Advanced Engineering Study, Cambridge, Mass., 1986, p. 169.

16 Deming, W. E.: Out of the Crisis, op. cit.

beleuchten und möglichst viele Merkmale herauszufinden, haben sicherlich zum Ruhm Demings als Mitbegründer des japanischen Qualitätswesens beigetragen. Ein einfaches Beispiel verdeutlicht diese dialektische Betrachtungsweise: Die Qualität eines Produktes oder einer Dienstleistung beinhaltet zahlreiche Wertungen, die subjektiv und schwer zu messen sind. Im Urteil des einen Konsumenten erhält ein Produkt eine hohe Bewertung hinsichtlich eines bestimmten Nutzens, im Urteil eines anderen wird dieser Nutzen als niedrig eingestuft. „Dieses Papier, auf dem ich schreibe", sagt Deming[17], „hat zahlreiche Qualitäten":

- Es enthält eine bestimmte Holz-Sulfat-Mischung und ist 70 Gramm schwer;
- es ist nicht glatt: man kann sowohl mit Füller wie mit Bleistift darauf schreiben;
- wenn man auf der Rückseite schreibt, scheint es nicht durch;
- es hat eine genormte Größe – dadurch kann ich es in mein Notizbuch, das drei Ringe hat, einheften;
- man kann überall Ersatz für dieses Papier kaufen;
- der Preis stimmt.

Jedes dieser Produktmerkmale kann entscheidend für den Erfolg des Papiers auf dem Markt sein. Ausschlaggebend ist jedoch der Verwendungszweck. Demings Philosophie lautet deshalb: Jedes Ding ist einzigartig und hat daher auch eine Chance. Es genügt jedoch nicht, daß ein Produkt auf dem Markt die Aufmerksamkeit der Konsumenten erregt und gekauft wird: Es muß sich auch in seinem Gebrauch langfristig bewähren. Kundenzufriedenheit läßt sich aber erst im nachhinein feststellen. Für manche Produkte, die beim Gebrauch nicht die Erwartungen des Konsumenten erfüllen, kann dies zu spät sein, das Aus auf dem Markt bedeuten.

Deming hat sein Konzept von Qualität in 14 Punkten niedergelegt (siehe S. 78) und versucht, daraus ein Management-Konzept zu formen.

---

17 Ibid. p. 169.

E. W. Demings 14 Punkte

1. Create constancy of purpose for improvement of product and service
2. Adopt the new philosophy of refusing to allow defects
3. Cease reliance on mass inspection and rely only on statistical control
4. Require suppliers to provide statistical evidence of quality
5. Continually and forever improve the system at every stage
6. Improve training and train all employees
7. Improve supervision
8. Remove fear throughout the organization
9. Encourage communication and cooperation
10. Eliminate posters and slogans that do not teach specific improvement methods
11. Use statistical methods to continuously improve quality and productivity
12. Remove barriers by which people can not take pride in their work
13. Establish a system for ongoing retraining
14. Clearly define top management's permanent commitment to quality

Quelle: W. E. Deming: „Productivity, Management and QC Circles“, Vortrag gehalten auf dem 2. Deutschen QC Kongreß, Bonn 1983 (unveröffentlichtes Manuskript)

Deming setzt dabei zwei Akzente. Einmal betont er den umfangreichen Einsatz statistischer Methoden für die Erzeugung von Qualität in der Entwicklung, beim Einkauf, bei Dienstleistungen und in der Fertigung. Dazu plädiert er für eine systematische Methode zum Messen und Reduzieren von Abweichungen, zum Entdecken und Eliminieren der Ursachen, um so den Prozeß ständig zu verbessern.

Der Kern seiner Methode liegt damit eindeutig in der Statistik[18]. Allein in drei seiner 14 Punkte taucht der Begriff „statistical“ auf.

18 Under the Spell of the Quality Gurus, in: Fortune, Aug. 18, 1986, pp. 24–27, und The Curmudgeon Who Talks Tough on Quality, in: Fortune, June 25, 1984, pp. 78–82, und Gabor, A.: „The Man who changed the world of quality“, International Management, March 1988, pp. 42–46.

Zum anderen legt er hohes Gewicht auf das Verhalten der Mitarbeiter in bezug auf Zusammenarbeit, Kommunikation, freie Meinungsäußerung und offenes Klima. Deming könnte, auf eine griffige Formel gebracht, als „der Statistiker mit dem sozialen Gewissen" bezeichnet werden.

Obwohl jedoch die Hälfte seiner 14 Punkte Verhaltensdimensionen ausmachen und er sich deren Bedeutung durchaus bewußt ist, hat Deming kein Konzept für das soziale System entwickelt, das so komplexen Fragen wie Motivation, Führungsstil und Betriebsklima Rechnung trägt. Statt dessen wendet er zum Teil seine statistischen Methoden auf das soziale System an.

Wie Feigenbaum und Crosby fordert auch Deming die Einbeziehung des Top Managements und umfangreiche Trainingsmaßnahmen, um seine Methode einzuführen und zu etablieren. Quality Circles befürwortet Deming erst, wenn sein Modell in einer Unternehmung integriert ist und sich bewiesen hat. Mit anderen Worten: Sie stören sein Konzept. Im Unterschied zu seinen vorher erwähnten Kollegen plädiert er allerdings nicht für die Ermittlung von Qualitätskosten, weil sie Zahlengläubigkeit und eventuell Angst und damit Druck hervorrufen könnten, was Deming unter allen Umständen verhindern will. Das wesentlich Neue an seinem Konzept besteht jedoch darin, ein dynamisches Verständnis von Qualität anstelle des bisher statischen zu setzen, indem er kontinuierliche Verbesserungen fordert.

4.5 Die Auffassung von Joseph M. Juran

Qualität definiert Juran, ein weiterer führender Qualitätsexperte in den USA, der ebenfalls Entscheidendes zum Erfolg des japanischen Qualitätswesens beigetragen hat, als „fitness for use"[19].

Allerdings gibt es seiner Meinung nach viele „User" oder Kunden und viele Möglichkeiten, ein Produkt zu nutzen[20].

19 Juran, J. M. (ed.): Quality Control Handbook, Third Edition, New York, 1974, pp. 2.8–2.11.

20 Juran, J. M.: Juran on Planning for Quality, The Free Press 1988, pp. 5–16.

Üblicherweise wird unter Konsument oder Kunde der Endverbraucher beziehungsweise der Käufer verstanden. Externe Kunden sind jedoch auch, neben Kunden und Betrieben, die Medien, die örtliche Gemeinde, die Regierungs- und Planungsbehörden sowie die Öffentlichkeit.

Juran dehnt den Begriff „Kunde" oder „Konsument" auf alle Personen aus, die von sogenannten Verarbeitungsprozessen zur Erzeugung eines Produkts in den verschiedenen betrieblichen Abteilungen wie Marketing, Entwicklung, Einkauf und Fertigung betroffen sind. Er bezeichnet sie als interne Kunden. Auch für sie spielen Kundenmerkmale eine wichtige Rolle. So sind für die Fertigung hohe Produktivität, niedrige Ausschuß- und Ausbesserungsraten, Produkteigenschaften, Zeichnungen und Testdaten wichtig. Das Marketing dagegen achtet auf die Funktionstüchtigkeit für den Endverbraucher, auf Styling oder Design, auf die Verpackung sowie geringe Reklamationen und Umtausche.

Der Endverbraucher wiederum möchte ein Produkt, das er für den beabsichtigten Zweck nutzen kann. Er will keine Überraschungen erleben, sondern gute Gebrauchsanweisungen und Handhabung erhalten. „Fitness for use" kann deshalb immer nur vom Standpunkt des „Users" oder Konsumenten bestimmt werden und muß die zentrale Botschaft einer Unternehmung darstellen. Juran weist deshalb noch einmal darauf hin, daß Verbraucher und betriebliche Abteilungen jeweils unterschiedliche Anforderungen an das Produkt stellen.

Da die meisten Mitarbeiter einer Unternehmung keinen Zugang zu Informationen über „fitness for use" von externen Kunden haben – diese liegen meist in der Marktforschung –, jedoch mehr oder weniger alle Mitarbeiter einfache und nachvollziehbare Spezifikationen für die Ausführung ihrer Arbeit benötigen, deren Ergebnis „fitness for use" sein soll, ist es Aufgabe des Managements, entsprechende Vorgaben zu liefern, anhand derer die Mitarbeiter überprüfen können, ob ihre Arbeit mit den Anforderungen übereinstimmt („conformance to specification")[21].

21 Juran, J. M.: Upper Management and Quality, New York 1982, B–2.

Juran weist jedoch darauf hin, daß „conformance to specification" nichts über den Zufriedenheitsgrad externer Kunden aussagt. Selbst wenn innerbetrieblich das Ziel „conformance" optimal erreicht wird, kann die externe Kundenzufriedenheit niedrig sein und das Unternehmen an Umsatz verlieren, weil beispielsweise ein konkurrierendes Produkt in den Augen der Verbraucher besser ist und größere Vorteile bietet. Zufriedenheit entsteht zum Beispiel durch Funktionstüchtigkeit, also Merkmale, die die Existenz des Produktes begründen und die der Konsument sich wünscht. Unzufriedenheit durch Produktmängel, wie Fehler oder verspätete Lieferung, beeinflussen den externen Konsumenten ebenfalls, aber nur langfristig. Insofern sind Produktzufriedenheit und -unzufriedenheit keine Gegensätze. Produktzufriedenheit ist der Grund dafür, daß Verbraucher das Erzeugnis kaufen, Unzufriedenheit der Grund, weshalb sie sich beschweren[22].

Nach Juran läuft eine ausschließlich fertigungsbezogene Qualitätsdefinition Gefahr, Veränderungen des Kundenverhaltens zu spät zu registrieren und unter Umständen Konkurrenzeinflüsse zu vernachlässigen. Ein Ingenieur dagegen sieht in der präzisen Einhaltung der Standards in der Produktion die Sicherung der Qualität in seinem Betrieb aufs beste gewährleistet. Für den Kunden wiederum ist dies kein Anlaß, das Produkt auch zu kaufen. Er vergleicht es mit Konkurrenzprodukten und seine Überzeugungen, Werte, Wünsche und Bedürfnisse ändern sich kontinuierlich. Stellt er bei einem Produkt – subjektiv – eine deutliche Verbesserung der Leistung bei gleichem oder niedrigerem Preis fest, wird er dieses kaufen. Die Unternehmung hat nur den beschränkten Bereich der technischen Fertigung betrachtet und muß unter Umständen mit erheblichen Preisnachlässen die Marktposition zu halten versuchen.

Um „fitness for use" zu erreichen, muß ein Unternehmen eine Reihe qualitätsbezogener Aktivitäten einleiten, die Juran mit Hilfe einer sogenannten Qualitätsspirale (dies bezeichnet den Kreislauf von der Marktforschung über Produktentwicklung, Fertigung, Verkauf bis zurück zur Marktforschung) erläutert. Die meisten dieser Aktivitäten

22 Juran, J. M.: Juran on Planning for Quality, op. cit., p. 5.

werden durch Zulieferer oder durch innerbetriebliche Abteilungen ausgeführt, wobei einige ausschließlich (Prüfung), andere nur teilweise qualitätsbezogene Tätigkeiten ausüben. Insofern verlangt die Erreichung von „fitness for use" den aktiven Beitrag vieler Abteilungen innerhalb und außerhalb der Firma. Die Vorstellung, daß eine einzige Abteilung für Qualität verantwortlich sein könnte, hält Juran geradezu für absurd[23].

Wie bei Feigenbaum hat das Top Management bei Juran eine zentrale Bedeutung und Verantwortung für die Initiierung und Umsetzung eines Prozesses zur Verbesserung von Qualität. Juran gibt präzise Hinweise und Vorschläge in bezug auf Planung, Organisation, Aufgaben, Steuerung und Ziele solcher Programme. Wie Feigenbaum meint er, daß die ausschließlich fertigungsbezogene Betrachtungsweise[24] von Qualität unbedingt und schleunigst aufgegeben werden muß zugunsten einer unternehmensumfassenden (Spirale) mit intensiver Zusammenarbeit zwischen den Abteilungen. Besondere Bedeutung kommt auch umfangreichen Trainingsprogrammen für alle Management-Ebenen zur Erreichung und Verbesserung von Qualität zu. Statistische Methoden wie Prozeßregelung, Stichproben, aber auch Prüfungen sind für Juran unabdingbare Bestandteile von Qualitätssicherungs-Systemen. Um im Wettbewerb bestehen zu können, müssen jährlich Verbesserungsprogramme durchgeführt werden, die zu völlig neuen Ufern, sogenannten „Breakthroughs"[25] führen und die Qualität kontinuierlich und auf Dauer steigern.

Im Grunde vermittelt Juran mit seinem Ansatz ein umfassendes Management-Konzept zur Verbesserung von Qualität[26], das sich durch Präzision und Klarheit auszeichnet.

Allerdings bleibt den Mitarbeitern in diesem System wenig Raum für eigene Initiativen und zur Beeinflussung ihrer eigenen Situation. Die Beteiligung der Mitarbeiter ist kein Systembaustein, dem eine besondere Funktion zukommt.

---

23 Juran, J. M.: Upper Management and Quality, op. cit. B – 7.

24 Feigenbaum, A. V.; Juran, J. M.; Crosby, P. C.: Top authorities address questions on the state quality, Quality Progress, Oct. 1984, pp. 33 – 37.

25 Juran, J. M.: Managerial Breakthrough, New York 1964.

26 Under the Spell of the Quality Gurus, op. cit.

Auftauchende Widerstände bei der Einführung oder Implementation seines Konzepts empfiehlt Juran durch die Verwendung der „rules of the *road*", die von den Organisationspsychologen entwickelt wurden[27], zu behandeln. Auf weitere Ausführungen in bezug auf das soziale System verzichtet Juran. Er beschränkt sich voll und ganz auf die Beschreibung des technischen Systems.

4.6 Die japanische Auffassung

Das umfassendste und erfolgreichste Konzept haben die Japaner in den letzten dreißig Jahren entwickelt. Als ihr bedeutendster Protagonist kann *K. Ishikawa* angesehen werden. In seinem Anfang der 80er Jahre erschienenen und 1985 ins Englische übersetzten Buch „What is Total Quality Control"[28] stellte er die japanische Position vor. Sechs Elemente kennzeichnen sie:

Erstens: „Quality first". Eine Unternehmensleitung, die nach dem Grundsatz „quality first" handelt, gewinnt Schritt für Schritt das Vertrauen der Verbraucher, was zu ständigem Wachstum führt. Das Ergebnis sind gute Gewinne, ein stabiles Management (keine Überraschungen) sowie verbesserte Wettbewerbsfähigkeit.

Zweitens: Qualität heißt „conformance to consumer's requirements". Es gehört zur festen Überzeugung der Japaner, daß Qualität nur vom Verbraucher her definiert werden kann und daß dies auch in der Entwicklung, Konstruktion und Fertigung berücksichtigt werden muß. Diese Tatsache mißt der Marktforschung und ihren Techniken enorme Bedeutung zu, was in Japan auch zur Entwicklung neuer Techniken, zum Beispiel des Quality Function Deployment, geführt hat (siehe unter 9.2.1).

Drittens: Die Einbeziehung aller wichtigen betrieblichen Funktionen. Diese Idee haben die Japaner von Feigenbaum übernommen. Sie

27 Juran, J. M.: Juran on Planning for Quality, op. cit., p. 268 f.

28 Ishikawa, K.: What is Total Quality Control, Prentice Hall, Englewood Cliffs, N. J. 1985.

besagt, daß für interfunktionales Management entsprechend interfunktionale Teams unabdingbar sind, wenn die Gesichtspunkte der Verbraucher in bezug auf Qualität in Entwicklung, Konstruktion und Fertigung berücksichtigt werden sollen.

Viertens: Kontinuierliche Verbesserung. Programme zur Verbesserung der Qualität zielen immer auf Perfektion ab. Alle vor diesem Zustand erreichten Stadien sind noch nicht optimal und müssen weiter verbessert werden. „Pursuing the last grain of rice in the corner of the lunchbox"[29] ist im japanischen zwar die Bezeichnung für einen übergenauen Menschen, doch beschreibt sie treffend das Phänomen der kontinuierlichen Verbesserung. Für die Japaner ist jeder Fehler ein „Reiskorn", dem nachgegangen und das eliminiert werden muß.

Fünftens: Die Einbeziehung aller Ebenen (partizipatives Management). Dieses Element ist eine japanische Erfindung und eng mit der Quality-Circles-Bewegung verbunden sowie mit den intensiven Bemühungen der JUSE (Japanese Union for Scientists and Engineers) für die Durchführung umfassender Aus- und Weiterbildungs-Maßnahmen auf allen Ebenen vom Top Management bis zum Mitarbeiter an der Basis. Eines der wesentlichen Motive, die hinter den Quality-Circles-Aktivitäten stehen, ist, ein Arbeitsumfeld zu schaffen nach dem Prinzip „humanity is respected"[30], was unter anderem bedeutet, daß so viel Autorität wie möglich an die Mitarbeiter delegiert wird.

Sechstens: Die Berücksichtigung des sozialen Systems. Laut Ishikawa existieren Unternehmen in der Gesellschaft mit dem Ziel, die Bedürfnisse der Menschen zu erfüllen. Dies ist ihre einzige Existenzberechtigung und sollte nach dem Credo der Japaner auch ihr primäres Ziel sein. Deshalb muß jeder, der mit einem Unternehmen in irgendeiner Art zusammenarbeitet (Verbraucher, Mitarbeiter, Zulieferer, Anteilseigner), sich wohl und glücklich fühlen. Darüber hinaus muß er in der Lage sein, seine Fähigkeiten voll einzubringen und sein Potential zu entwickeln. Es ist deshalb Aufgabe der Firma, durch Gestaltung von

---

29 Hayes, R.: Why Japanese Factories Works, HBR July–Aug. 1981, p. 61.
30 Ishikawa, K.: What is Total Quality Control, op. cit., p. 112.

Führungsstil, Kooperation, Information, Klima und Motivation alle Maßnahmen zu ergreifen, um dem Mitarbeiter dabei zu helfen.

Zusammenfassend läßt sich sagen, daß das japanische Modell den am weitesten entwickelten und geschlossensten Ansatz darstellt. Er enthält:

- traditionelle Elemente der Meß- und Prüftechnik,
- statistische Prozeßregelung,
- massive Aus- und Weiterbildung auf allen Ebenen,
- Einbeziehung aller Ebenen: Basis, Mittelmanagement, Top Management,
- interfunktionale Zusammenarbeit,
- Berücksichtigung des sozialen Systems,
- kontinuierliche Verbesserung.

Das wirklich Neue am japanischen Konzept liegt jedoch einmal im Element der kontinuierlichen Verbesserung mit der gezielten Verwendung von einzelnen Qualitätsmerkmalen als Aktionsparameter im Wettbewerb, zum anderen aber auch in der konsequenten Einbeziehung aller Ebenen, insbesondere der Basis, durch das Instrument der Quality Circles. Letztlich handelt es sich um die starke Berücksichtigung des sozialen beziehungsweise menschlichen Systems, wie sie die amerikanischen Experten der Organisations-Psychologie in den 40er und 50er Jahren forderten und den Japanern 1949/50 in den heute noch berühmten Civil Communications Section (CCS)[31] – Seminaren vermittelt wurde. Während es in den USA meistens bei Forderungen auf dem Papier blieb, setzten die Japaner sie erfolgreich um. Darüber hinaus wird das japanische Modell, im Gegensatz zu vielen anderen diskutierten Management-Modellen, tagtäglich praktiziert und hängt nicht,

---

31 „Civil Communications Section“: ein Beratungsstab für die Zusammenarbeit des amerikanischen Hauptquartiers mit der japanischen Industrie nach dem Kriege. Diese Gruppe führte 1949–1950 achtwöchige Trainings über sog. „Scientific Management“ (Themen: Qualität, non-direktiver Führungsstil, partizipatives Management etc.) für japanische Führungskräfte durch, die heute noch gerühmt und bei Besuchen von Ausländern erwähnt werden.
Siehe dazu: Hopper, K.: Quality, Japan and the US: The First Chapter, Quality Progress, Sept. 1985, pp. 34–41.

wie die Anforderungen der amerikanischen Organisations-Psychologen, als Idealanspruch in der Luft. Zwar gibt es von Firma zu Firma Unterschiede, die wesentlichen Grundzüge sind jedoch dieselben. Darüber hinaus hat es sich als sehr erfolgreich erwiesen.

4.7 Zusammenfassung

Die Qualitätsauffassungen sind äußerst unterschiedlich und umfassen ein weites Feld: der bürokratisch-technische Ansatz der Deutschen, mit seinen ermüdenden Prüfungen und Vorschriften; der sich auf seine Begeisterungsfähigkeit verlassende Crosby mit dem Ansatz, soweit wie möglich alle technischen Elemente außer acht zu lassen; der die Zusammenarbeit betonende und sich beinahe in technischen Einzelheiten verlierende, detaillierte Ansatz von Feigenbaum; die auf Statistik begründete Auffassung Demings mit seinem Engagement und Herzen für die Basis; Jurans präziser, effizienter, kompakter und kraftvoller Management-Ansatz und das alles umfassende, mit zusätzlichen Elementen bestückte Konzept der Japaner. In gewissem Sinn stellen die einzelnen Auffassungen auch Stufen der Entwicklung im Verständnis von Qualität dar, das seinen reifsten Ausdruck im japanischen Konzept gefunden hat. Wie der Westen angesichts dieser Situation reagieren, welche Antwort er in Form eines eigenen Konzepts entwickeln wird, zumal die wesentlichen Bausteine des japanischen Modells Ergebnisse seiner Kultur sind, bleibt abzuwarten.

4.8 Vergleich der Expertenauffassungen

Bei einem Vergleich[32] der Expertenauffassungen zeigt sich deutlich, daß das japanische Konzept das umfassendste, geschlossenste und differenzierteste ist. Es enthält technische Elemente und berücksichtigt

32 Siehe dazu auch: Three of a Kind, compiled by C. Geervliet, C./& C. Q. M. department, Publication of the Corporate Quality Bureau, Nederlandse Philipsbedrijven B. V. – T. E. O. Information Centre, Mai 1984.

gleichzeitig das soziale oder menschliche System (Einbeziehung der Mitarbeiter, Training, Autonomie, Zusammenarbeit, Rotation, intensive persönliche Beziehungen, Sicherheit des Arbeitsplatzes).

Die deutsche und Crosbys Position erwiesen sich als die traditionellsten. Die deutsche, weil sie fast ausschließlich technisch orientiert ist; Crosbys, weil er in bezug auf die einzelnen Elemente des technischen und sozialen Systems keine präzisen Ausführungen macht. Beide erwecken den Eindruck eines noch nicht dynamisierten Konzepts. Beide scheinen auch auf der Ebene der Vorbeugung und Fehlerverhütung stehengeblieben zu sein.

Feigenbaum nimmt eine Art Zwischenposition ein, obwohl er sich, unter den westlichen Experten, am deutlichsten für die Beteiligung der Basis ausspricht[33].

Insgesamt gesehen ist das soziale System mit seinen Elementen bei allen westlichen Experten deutlich unterentwickelt. Ihr Motivationsmodell beruht noch immer auf dem nunmehr über fünfzig Jahre alten monokausalen Ursache- und Wirkungsmodell, der sogenannten „carrot-and-stick“, also der Belohnungs- und Strafphilosophie. Dies gilt auch für die Mitbegründer des japanischen Modells Juran und Deming, deren Menschenbild verständlicherweise aufgrund ihres Alters zudem noch aus einer anderen Welt zu stammen scheint. Für die Japaner hingegen bedeutet die Betonung der Humanität nicht nur schöne Worte. Sie wird tagtäglich in ausgiebiger Form mittels eines Führungsstils, der auf persönlichen Beziehungen zwischen Mitarbeiter und Vorgesetzten basiert, Teamarbeit und differenzierten Motivationsstrategien, die den Menschen als Ganzheit begreifen, praktiziert. Allerdings sind die Aussparung des sozialen Systems und die distanzierte Haltung zur Beteiligung der Basis der einzige Unterschied zwischen Deming/Juran und den Japanern, denn sie haben, genau wie Ishikawa, kontinuierliche Verbesserung zu einem der wichtigsten Bestandteile ihrer Konzepte erhoben.

33 Feigenbaum, A. V.; Juran, J. M.; Crosby, P. C., op. cit. p. 33–37.

Tabelle 1: Vergleich der Qualitätsauffassungen der Experten

Experten Merkmale	DGQ	Crosby	Feigenbaum	Juran	Deming	Japan
traditionelle QS-Techniken	+	–	+	+	+	+
Statistische Methoden incl. SPC*	+	–	+	+	+	+
Verbraucherorientierung	+	+	+	+	+	+
Interfunktionale Zusammenarbeit	+	+	+	+	+	+
Qualitätskosten	+	+	+	+	–	+
Top Management Beteiligung	+	+	+	+	+	+
Beteiligung der Basis	–	–	+	ja/aber	ja/aber	+
Kontinuierliche Verbesserung	–	–	–	+	+	+
Berücksichtigung soziales System	–	–	–	–	–	×

* SPC = Statistical Process Control.

Anmerkungen zu Tabelle 1:

Auffassung der Amerikaner

Für fast alle amerikanischen Auffassungen werden sogenannte Musterbetriebe angegeben, wo die entsprechenden Konzepte angeblich in Reinkultur eingeführt wurden. Für Feigenbaum zum Beispiel die Firma Pirelli, für Juran die Firma Xerox, für Deming die Firma Nashua Kopierer und für Crosby IBM.

Beteiligung der Basis

Die Beteiligung der Basis wurde von Juran und Crosby[34], aber auch von Deming in seinem Vortrag auf dem 2. Deutschen Quality Circle Kongreß als generell wünschenswert angesehen, aber letzten Endes nicht befürwortet. Juran meint: „We need a wider extension of that approach“, Crosby lehnt es mit der Begründung ab, „daß es zuviel Verwirrung stifte“[35], und Deming verschiebt es auf einen unbestimmten Zeitpunkt mit der Begründung, „a good place to start is with the management“[36].

34 Ibid.
35 Ibid.
36 Deming, W. E.: Out of the Crisis, op. cit. p. 137f.

5. Total Quality Management (TQM)

5.1 Das Konzept

Die japanische Auffassung von Qualität gewährleistet sowohl für den Kunden als auch für die Unternehmung eine bessere Bedürfnisbefriedigung und erfordert deshalb ein neues Management-Konzept. Eine so verstandene Qualität führt dazu, daß Qualitätsdenken und Qualitätswesen eine generelle Unternehmensphilosophie verkörpern, die von allen Mitarbeitern getragen werden muß. In Japan hat sich dazu der Begriff des Total Quality Management (TQM) oder auch der Company Wide Quality Control (CWQC) herausgebildet. Dahinter verbirgt sich ein langfristiges, integriertes Konzept, die Qualität von Produkten und Dienstleistungen einer Unternehmung in Entwicklung, Konstruktion, Einkauf, Fertigung und Kundendienst durch die Mitwirkung aller Mitarbeiter termingerecht und zu günstigsten Kosten zu gewährleisten sowie kontinuierlich zu verbessern, um eine optimale Bedürfnisbefriedigung der Konsumenten zu ermöglichen[1].

Im Gegensatz zu herkömmlichen Vorstellungen von Qualität betont dieses Verständnis von Qualität einmal, daß Qualität nur am Markt beziehungsweise am Kunden orientiert sein kann. Nicht die Vorstellungen eines Qualitätssicherungsleiters, einer Fertigungsleitung oder der Unternehmensleitung in bezug auf Qualität, sondern die der Kunden sind allein entscheidend. Es betont weiterhin, daß Aktivitäten der Qualitätssicherung in jeder betrieblichen Abteilung unter Einbeziehung aller Mitarbeiter durchgeführt werden. Qualitätssicherung ist demnach nicht Aufgabe einer Abteilung, wie z. B. des Qualitätswesens, sondern die aller Abteilungen, Ebenen und eines jeden Mitarbeiters. Darüber hinaus besteht das Ziel von Total Quality Management nicht

---

1 Vgl. dazu auch: Oess, A.: Total Quality Management, in: Bungard, W.; Dorr, H.-J.; Lezius, M.; Oess, A.: Achter Deutscher Quality Circle Kongress, Dokumentation 1989, Mannheim 1990, pp. 93–98.

nur, wie eine oberflächliche Auslegung des Begriffes glauben machen könnte, in der Verbesserung der Qualität, sondern auch in der von Kosten und Lieferfähigkeit (Zeit).

Dieses Konzept, das sich in der betrieblichen Praxis in Japan seit den 50er Jahren entwickelte und heute von der Masse der international tätigen japanischen Firmen angewendet wird, hat sich als äußerst erfolgreich erwiesen. Es liegt auf der Hand, daß viele Unternehmungen im Westen ein derartiges Management-Modell übernehmen und bei sich einführen, um die gleichen Resultate zu erzielen wie die Japaner.

Das Ziel kann jedoch nicht sein, das japanische Modell zu kopieren, denn dazu müßte auch die fernöstliche Mentalität übernommen werden. Vielmehr geht es darum, das japanische Modell zu „kapieren", um gemeinsame Kriterien beziehungsweise Elemente herauszufiltern und zu definieren, die für Unternehmen in Japan, Europa und USA, die bereits TQM praktizieren, typisch sind.

5.2 TQM – Management eines Systems

Total Quality Management bedeutet die gezielte Gestaltung und Steuerung eines Systems, und zwar eines sogenannten sozio-technischen Systems, zu dessen Beschreibung, Analyse und besserem Verständnis das in den letzten Jahrzehnten dafür entwickelte Instrumentarium zur Verfügung steht[2]. Sozio-technische Systeme bestehen aus zwei Subsystemen, dem technischen und dem sozialen, sowie aus der Beziehung zwischen beiden.

5.2.1 Das technische System

Das technische Subsystem in TQM besteht aus folgenden Elementen:

- den TQM-Prinzipien
- einer klar formulierten Unternehmens- und Qualitätspolitik

2 Trist, E.: The evolution of socio-technical systems, a conceptual framework and an action research program, Issues in the Quality of Working Life, occasional paper No. 2, June 1981, Ontario Ministry of Labour, Ontario Quality of Working Life Centre.

- klaren organisatorischen Zuständigkeiten für Qualität
- einem optimalen Qualitätssicherungs-System (QS-System)
- der Verwendung von Problemlösungstechniken
- einem umfangreichen und gezielten Trainingskonzept

- *TQM-Prinzipien*

  Zu den TQM-Prinzipien gehören insbesondere:

  - Orientierung am Konsumenten
  - „The next process is your customer"
  - „Quality first"
  - „Speak with Data"
  - PDCA

Auf diese Prinzipien, unter Umständen als Inhalt einer Unternehmens- oder Qualitätspolitik, muß sich eine Unternehmensleitung verpflichten und sie den Mitarbeitern auch modellhaft vorleben. Darüber hinaus müssen alle Mitarbeiter von diesen überzeugt werden, damit sie diese wiederum als Handlungsmaxime für ihr eigenes Verhalten übernehmen.

„Orientierung am Konsumenten" und „The next process is your customer"

Alle TQM-Firmen definieren Qualität ausschließlich vom Verbraucher her und richten Entwicklung, Fertigung sowie ihre weiteren betrieblichen Aktivitäten an dessen Vorstellungen aus.

„We focus on quality as the consumer sees it. The consumer's mind and ours must be as one"[3], heißt es dementsprechend in der Quality-Vision der Firma Mars. Es wird deshalb auch das „Market-In"-Prinzip genannt. Es stellt damit vielleicht eines der wichtigsten Axiome für solche Firmen dar, die möchten, daß ihre von ihnen hergestellten Produkte auch gerne von den Konsumenten gekauft werden. Dabei tauchen oft Schwierigkeiten auf, weil die Verbraucher sich ihrer Vorstellungen nicht immer bewußt sind oder sie nicht ausdrücken können.

3 Mars Inc.: Quality Vision, p. 5.

W. E. Deming vermittelte daher auf seinen ersten Vorträgen von 1950 bis 1952 in Japan den dortigen Führungskräften moderne statistische Methoden zur Erfassung von Verbraucherbedürfnissen. Die Japaner entwickelten dann zusätzlich eigene, inzwischen auch bei uns bekannte Methoden wie das Quality Function Deployment. Dabei werden Verbrauchervorstellungen von Qualität in Produkteigenschaften und Produkteigenschaften in Fabrikations- und Montageanforderungen umgesetzt.

Bezieht man die Eigenschaften der Konkurrenzprodukte in den Vergleich mit ein, so kann das Qualitätsniveau eines gesamten Marktes für die Unternehmung transparent gemacht und bei der Entwicklung neuer und besserer Produkte berücksichtigt werden.

Gerade in den letzen Jahren haben westliche Firmen wie IBM, DuPont, Kodak, Ford, Hewlett-Packard und viele andere mehr dieses kundenorientierte Denken neu entdeckt und sich mit ihren Abnehmern zusammengesetzt, um deren Wünsche und Vorstellungen zum Zweck erhöhter Kundenzufriedenheit noch besser zu erfassen.

Diese Orientierung am Konsumenten hat jedoch auch eine innerbetriebliche Dimension. So kann jede nachfolgende Abteilung als Konsument der vorhergehenden betrachtet werden. Für jeden Mitarbeiter wird damit der nächste Kollege oder die nächste Abteilung zum Konsumenten, sprich zu demjenigen, der die eigene Arbeitsleistung abnehmen wird und für den die eigene Leistung entsprechend gestaltet werden muß. Die Qualität der Arbeit des einzelnen Mitarbeiters wird damit zu einem zentralen Hebel für das gesamte Qualitäts-Management („the next process is your customer").

„Quality first"

Dieses Prinzip drückt die TQM-Philosophie am präzisesten aus. Damit soll das von den Japanern beobachtete und entdeckte Phänomen unterstrichen werden, daß Qualitätsverbesserungen in der Regel zu Umsatz- und Gewinnsteigerungen führen. Zwar mutet dieses Prinzip auf den ersten Blick nicht besonders revolutionär an, doch hat es weitreichende Konsequenzen. So berichtete der Betriebsleiter eines der größten deutschen Automobilwerke, von einem Japanbesuch zurückgekehrt, völlig überrascht, daß auch die Japaner das bei diesem deutschen Autohersteller bekannte und existierende Prinzip nicht nur kennen, sondern es darüber hinaus tatsächlich praktizierten. Es war für ihn neu zu erleben, daß japanische Arbeiter bei auftretenden Fehlern im Fertigungsprozeß das Band selbst mittels Knopfdruck abstellen konnten, dies auch taten, ohne erst den Meister oder den Vorarbeiter fragen zu müssen, und daß dabei auch noch hohe Stückzahlen mit guter Qualität erzielt wurden.

„Speak with Data" (Argumentiere mit Daten)

Eines der wichtigsten Prinzipien für TQM, aber auch für das gesamte Management, besteht in der Berücksichtigung von Fakten und exakten Daten als Entscheidungsgrundlage, anstatt von Intuition und sechstem Sinn. So weist die TQC-Mission der Gummiwerke Fulda ausdrücklich darauf hin, daß gesunde Geschäftsentscheidungen auf solidem Datenmaterial und schlüssigen Analysen basieren müssen und daß TQC-Entscheidungen auf der Grundlage von umfassend erfaßten und ausgewerteten Daten getroffen werden[4]. Verstehen, Nutzung und Analyse von Daten sind in allen Bereichen unerläßlich, um Schuldzuweisungen und damit ein negatives Klima zu vermeiden.

Auch um ein neues Produkt zu entwickeln, werden Daten über die Wünsche der Konsumenten benötigt. Diese Daten müssen dann an die davon betroffenen betrieblichen Abteilungen weitergeleitet und dort verarbeitet werden.

Deming weist ausdrücklich auf die Bedeutung von exakten Daten hin, warnt jedoch gleichzeitig vor allzu großer Datenhörigkeit, weil sie falsch sein können. Alle Daten müssen ständig hinterfragt werden. Selbst dann, wenn genaue Daten vorliegen, sind sie bedeutungslos, wenn sie nicht auch vernünftig benutzt werden.

---

4 Gummiwerke Fulda: TQC Mission.

PDCA (Deming Cycle)

Deming betonte auch die Bedeutung der ständigen Zusammenarbeit von Forschung, Konstruktion, Fertigung und Vertrieb. Um bessere Qualität zu erreichen, sollte dieser Kreislauf permanent durchlaufen werden (Abbildung 6).

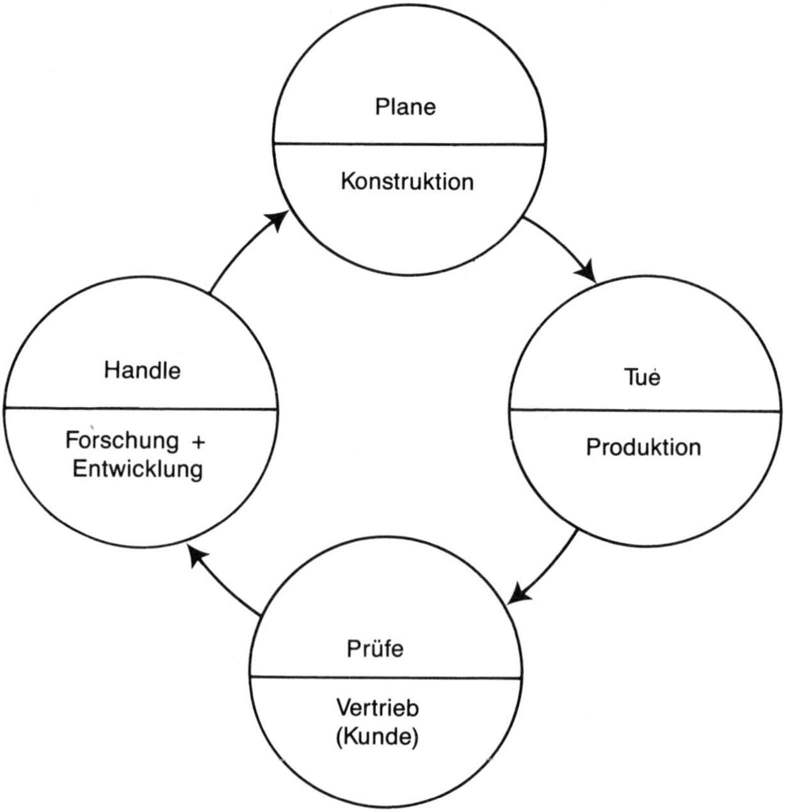

Abbildung 6: Der ursprüngliche Deming-Kreis

Die Japaner übertrugen diese Gedanken auf alle Management-Aktivitäten und tauften diesen Kreislauf den Deming Cycle oder PDCA, wobei sie folgende Beziehungen herstellten (Abbildung 7):

Handle: Bestätigen die Daten das Vorhaben? Wirken andere Ursachen ein? Sind die Risiken für weitere Veränderungsschritte notwendig und nützlich?

Plane: Was könnte zukünftig sein? Welche Veränderungen werden benötigt? Welche Hindernisse müssen überwunden werden? Welches sind die wichtigsten Ergebnisse, die benötigt werden? Sind bereits Daten vorhanden? Welche neuen Informationen werden benötigt?

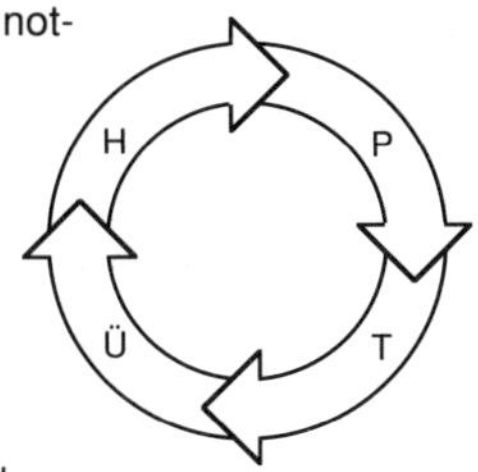

Überprüfe: Messe und beobachte die Auswirkungen der durchgeführten Veränderungsmaßnahme.

Tue: Führe eine Veränderungsmaßnahme oder einen Test durch, um erste Informationen über die Auswirkungen zu erhalten.

Quelle: Deming, W. E.: „Qut of the Crisis“, MIT Center for Advanced Engineering Study, Cambridge, Mass., 1986, p. 88.

Abbildung 7: Der ursprüngliche Deming-Kreis

- **Konstruktion – Plane!**
- **Produktion – Tue!**
- **Vertrieb – Überprüfe!**
- **Forschung – Handle! Ziehe Konsequenzen!**[5]

Der Deming Cycle besteht aus einem Kreislauf von Aktivitäten zur Verbesserung. Er beginnt mit einer Untersuchung der gegenwärtigen Situation. Hierzu werden Daten gesucht, um einen Plan zur Verbesserung zu formulieren. Wenn dieser fertiggestellt ist, wird er eingeführt beziehungsweise umgesetzt. Nach Umsetzung des Plans wird überprüft, ob er die gewünschte Verbesserung auch erzielt hat. Im positiven Falle werden Maßnahmen zur Standardisierung der Lösung ergriffen, um die neue Methode auf Dauer zu etablieren. Dieser etablierte Standard kann dann erneut durch einen neuen Plan in Frage gestellt und verbessert werden.

Auf diese Weise wird PDCA als ein Prozeß verstanden, durch den etablierte Standards immer wieder ad infinitum in Frage gestellt und

5 Miyauchi, I.: TQM Trainingsunterlagen, JUSE, Tokyo 1987.

durch bessere ersetzt werden. Während wir im Westen Standards als feste beziehungsweise Zielgrößen ansehen, erachten die Japaner diese als einen Ausgangspunkt für die stetige Verbesserung ihrer Arbeit und halten somit das Rad permanent am Laufen.

- *Eine klar formulierte Unternehmens- und Qualitätspolitik*

TQM setzt die erklärte Bereitschaft der Unternehmensleitung voraus, Qualität zum Mittelpunkt ihrer Aktivitäten zu machen. Sie muß dazu den Mitarbeitern eine Sichtweise vermitteln, die eine generelle Richtung vorgibt und als Quelle für die Energien der Mitarbeiter dient[6].

Dazu ist die Formulierung von Vision, Mission, Zielen, Grundsätzen und einer Qualitätspolitik erforderlich, die die jeweils speziellen Eigenschaften und Fähigkeiten einer Unternehmung zum Ausdruck bringt und zum Kristallisationspunkt für die Bemühungen aller Mitarbeiter macht.

Die meisten japanischen Firmen, so Sony, Toyota, Honda, Nippon, Steel, besitzen derartige „Statements". Auch erfolgreiche Firmen in Deutschland, wie IBM, Mars („4 Grundsätze"), Avon, Philips (10 Punkte), Continental, Hewlett-Packard oder Hoesch, haben eine derartige Politik und entsprechende Grundsätze formuliert oder sind auf dem Weg dahin.

Auch die Ableitung klarer und für alle Mitarbeiter leicht zu verstehender Ziele gehört dazu, wie zum Beispiel das 1980 von John Young für Hewlett-Packard formulierte Ziel: „Wir wollen innerhalb von 10 Jahren die Zuverlässigkeit unserer Produkte um den Faktor 10 verbessern".

- *Klare, organisatorische Zuständigkeiten für Qualität*

In der Vergangenheit war der Leiter des Qualitätswesens für die Qualität verantwortlich. Inzwischen hat jedoch die Vorstellung immer mehr Raum gewonnen, daß Qualität von allen Mitarbeitern in den einzelnen Funktionen erzeugt werden und das Qualitätswesen Hilfe und Unter-

---

6 Barczak, G.; Smith, Ch.; Wilenon, D.: Managing Large Scale Organizational Change, Organizational Dynamics, Autumn 1987, pp. 23–35, aber auch Sherwood, J. J.: Creating Work Cultures with Competitive Advantage, Organizational Dynamics, Winter 1988, pp. 4–27.

stützung in Form von Maßnahmenplänen zur Verfügung stellen muß. Dieses Phänomen wurde zwar schon Ende der 50er Jahre von Feigenbaum erkannt, gewinnt aber erst jetzt, auch durch die DIN-ISO-Normen, zunehmend an Bedeutung. Feigenbaum stellte damals schon fest, daß, um neue Produkte erfolgreich entwickeln, konstruieren und fertigen zu können, in jeder betrieblichen Funktion bestimmte Aktivitäten zur Qualitätssicherung stattfinden müssen. Nur so wird der elementare Grundsatz erfüllt, daß Qualität nicht in ein Produkt hineingeprüft werden kann, sondern an jeder Stelle der Unternehmung erzeugt und hineingedacht werden muß. Dies erfordert einerseits klare Zuständigkeiten für die damit betrauten Mitarbeiter und Funktionen über das Ausmaß ihrer Verantwortung zur Planung, Diagnose und Sicherung von Qualität, Verhütung von Fehlern, Entwicklung von Produkten, Analyse und Behebung von Qualitätsproblemen usw. sowie präzise Systeme, Verfahren und Arbeitsanweisungen. Andererseits erfordert dieses Konzept eine intensive Kooperation in und zwischen den verschiedenen betrieblichen Abteilungen. Die Bildung eines Systems abteilungsinterner und abteilungsübergreifender Teams wie zum Beispiel ein Qualitäts-Steuerteam, ein abteilungsbezogenes Qualitätsverbesserungs-Team oder ein Team für Marketing, Konstruktion und Fertigung zur ständigen gegenseitigen Abstimmung ist deshalb besonders wichtig und wird auch überall praktiziert, um die verschiedenen Gesichtspunkte der einzelnen Funktionen zu berücksichtigen. „Break departmental barriers down", eine von Demings 14 Forderungen, muß die Devise bei TQM lauten, um eine reibungslose Koordination, gute Kommunikation und einen freien Informationsfluß innerhalb der Unternehmung zwischen den einzelnen Abteilungen zu gewährleisten. Dies ist besonders wichtig bei Firmen, in denen traditionellerweise Rivalitäten zwischen Fertigung und Verkauf, Verkauf und Marketing, QS und Fertigung und so weiter der Alltag sind. Erfolgreiche TQM-Programme werden demzufolge zwar top-down gesteuert, verlaufen jedoch eher horizontal durch die Unternehmung von Marketing über Entwicklung, Einkauf, Fertigung bis zum Vertrieb, wie ein Weberschiffchen durch den Webstuhl.

- *Optimales Qualitätssicherungs-System (QS-System)*

Effiziente QS-Systeme sind unabdingbar für Unternehmen, die Qualität im Wettbewerb gezielt einsetzen wollen. Allerdings sollten sie keine starren Regelwerke sein, sondern unternehmensspezifisch gestaltet und in einem sogenannten Qualitätshandbuch niedergelegt werden. Sie enthalten Elemente wie: genau festgelegte Qualitätsziele, exakte Aufgaben- und Verantwortungsbereiche sowie eine klare Organisation. Darüber hinaus geben sie Hinweise über Rolle und Bedeutung von Dokumentation, Qualitätsprüfung, Audilts, Qualitätskosten, Prüfmittelüberwachung, Tests, Einsatz statistischer Methoden und anderes. Abbildung 8 (S. 100/101) zeigt am Beispiel eines japanischen Unternehmens (Sony) ein QS-System, das von traditionellen Prüfungen bis zu statistischer Prozeßkontrolle, von Quality-Circle-Arbeit bis zum CAD-Einsatz (Computer Aided Design), so ziemlich alles enthält, was ein QS-System benötigt. Dieses QS-System wird in Japan Quality-Assurance- Diagramm genannt; es wird in der Regel auch für einzelne Produkte oder Produktgruppen benutzt. Zu diesem Zweck wird es in der horizontalen Achse weiter ausdifferenziert, indem die zu durchlaufenden betrieblichen Funktionen, Abteilungen oder Personengruppen – angefangen beim Kunden, über Top Management, Marketing, F + E bis zum Prüfwesen oder zur Serviceabteilung – sowie zuständige Gremien und in der letzten Spalte einzuhaltende Standards und Arbeitsanweisungen und sonstiges aufgelistet werden. Auf diese Weise werden die einzelnen Entwicklungsschritte für das Produkt auf der Senkrechten ausgewiesen, während die für jeden Entwicklungsschritt relevanten Verantwortlichen und Aktivitäten auf der Horizontalen erscheinen. Damit wird unmittelbar klar, wer als Abteilung oder Funktion für jede Aktivität verantwortlich ist und welche Arbeitsanweisungen, Methoden, Techniken, Standards (zum Beispiel Lebensdauer des Produkts) zu berücksichtigen sind. Auch werden damit die interfunktionalen Abhängigkeiten und Zuständigkeiten deutlich gemacht. Der Vergleich eines derartigen Diagramms mit der faktischen Situation im Unternehmen wird sehr schnell zeigen, wo die Dinge nicht so laufen, wie sie eigentlich gedacht sind, zum Beispiel an welcher Stelle keine klaren Informationskanäle bestehen, um Feedback zu den Mitarbeitern zu leiten. Allein die Erarbeitung eines derartigen Diagramms, zu dem etwa 6–12 Monate erforderlich sind, führt zu überraschenden Informationen über die Funktionsweise des Qualitätssicherungssystems und zu eindrucksvoller Transparenz über die Schwierigkeiten, Redundanzen, Abweichungen oder Einbahnstraßen im System. Die dadurch gewonnenen Erkenntnisse können gar nicht hoch genug eingeschätzt werden.

- *Verwendung von Problemlösungstechniken*

Bei seinen Seminaren in Japan vermittelte Deming den Teilnehmern auch eine systematische Methode zur Lösung von Problemen. Wer heute in eine japanische Unternehmung kommt, die TQM betreibt, wird bei der Diskussion von Qualitätsthemen auf diese Technik, die als QC-Story (s. Kap. 11) oder QC-Journal bekannt ist, stoßen. Sie wird vielfach angewendet und hat sich bewährt. Sie besteht aus folgenden Schritten:

- Definiere das Problem
  Problembeschreibung mit Hilfe von Daten und Flow-Chart
- Beobachte das Problem
  Untersuchung des Problems von verschiedenen Perspektiven (Zeit, Typ, Symptom)
- Bestimme die Hauptursachen des Problems
- Beseitige die Hauptursachen
- Überprüfe die Maßnahmen
  Datensammlung zur Überprüfung der Wirksamkeit der Maßnahmen
- Standardisiere die Lösung
- Schlußfolgerungen: „Was haben wir gelernt?“

Viele westliche Firmen, wie Philips, Confindustria oder Ericsson, die TQM bei sich eingeführt haben, übernahmen diese Methodik und haben sie mit Erfolg eingesetzt. Andere Firmen haben ihre eigene Methode entwickelt, wie z.B. DuPont mit ihrem Verfahren „Q-Plus“ oder auf dem Markt befindliche einfach übernommen, wie z.B. Ford die „Kepner-Tregoe“-Methode[7].

7 Einige weitere Methoden finden sich bei: Goodmeasure: Solving Quality and Productivity Problems, ASQC Press, Milwaukee 1988.

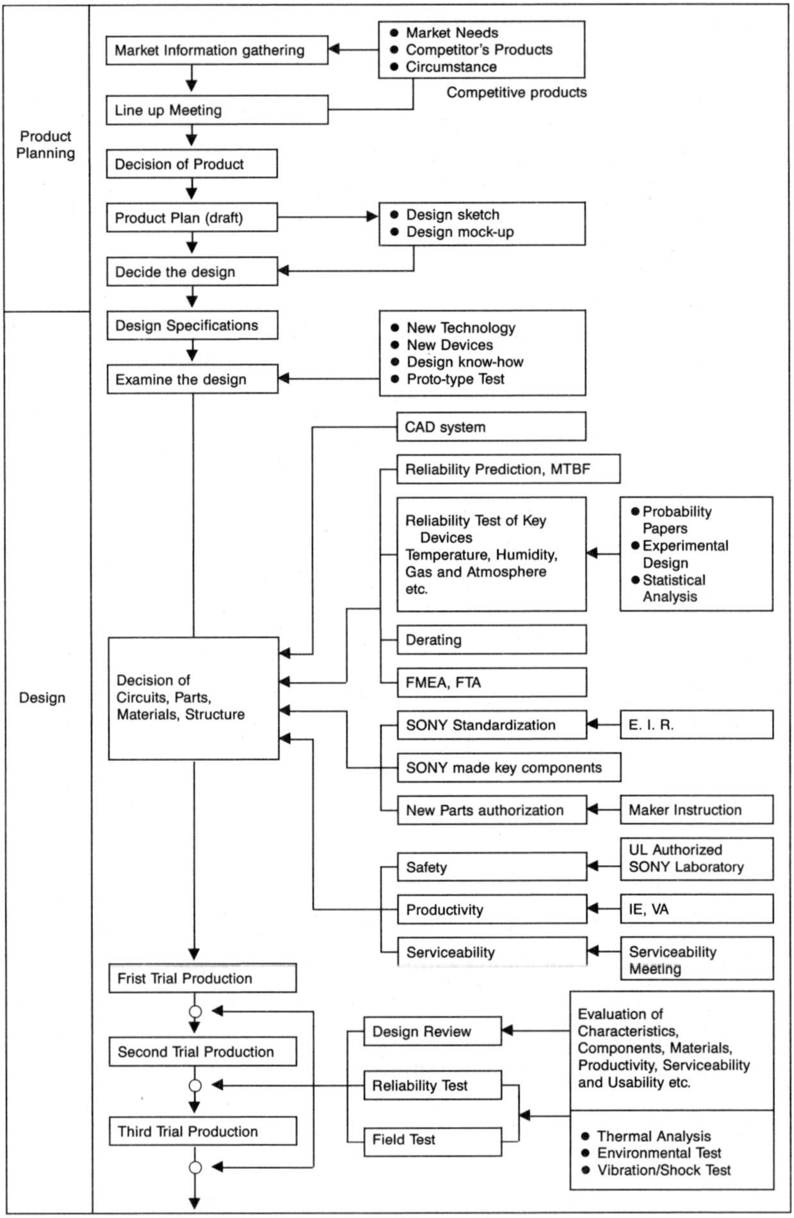
Product Planning
Design
Market Information gathering
Market Needs
Competitor's Products
Circumstance
Competitive products
Line up Meeting
Decision of Product
Product Plan (draft)
Design sketch
Design mock-up
Decide the design
Design Specifications
New Technology
New Devices
Design know-how
Proto-type Test
Examine the design
CAD system
Reliability Prediction, MTBF
Reliability Test of Key Devices Temperature, Humidity, Gas and Atmosphere etc.
Probability Papers
Experimental Design
Statistical Analysis
Derating
FMEA, FTA
Decision of Circuits, Parts, Materials, Structure
SONY Standardization
E. I. R.
SONY made key components
New Parts authorization
Maker Instruction
Safety
UL Authorized SONY Laboratory
Productivity
IE, VA
Serviceability
Serviceability Meeting
Frist Trial Production
Second Trial Production
Third Trial Production
Design Review
Reliability Test
Field Test
Evaluation of Characteristics, Components, Materials, Productivity, Serviceability and Usability etc.
Thermal Analysis
Environmental Test
Vibration/Shock Test

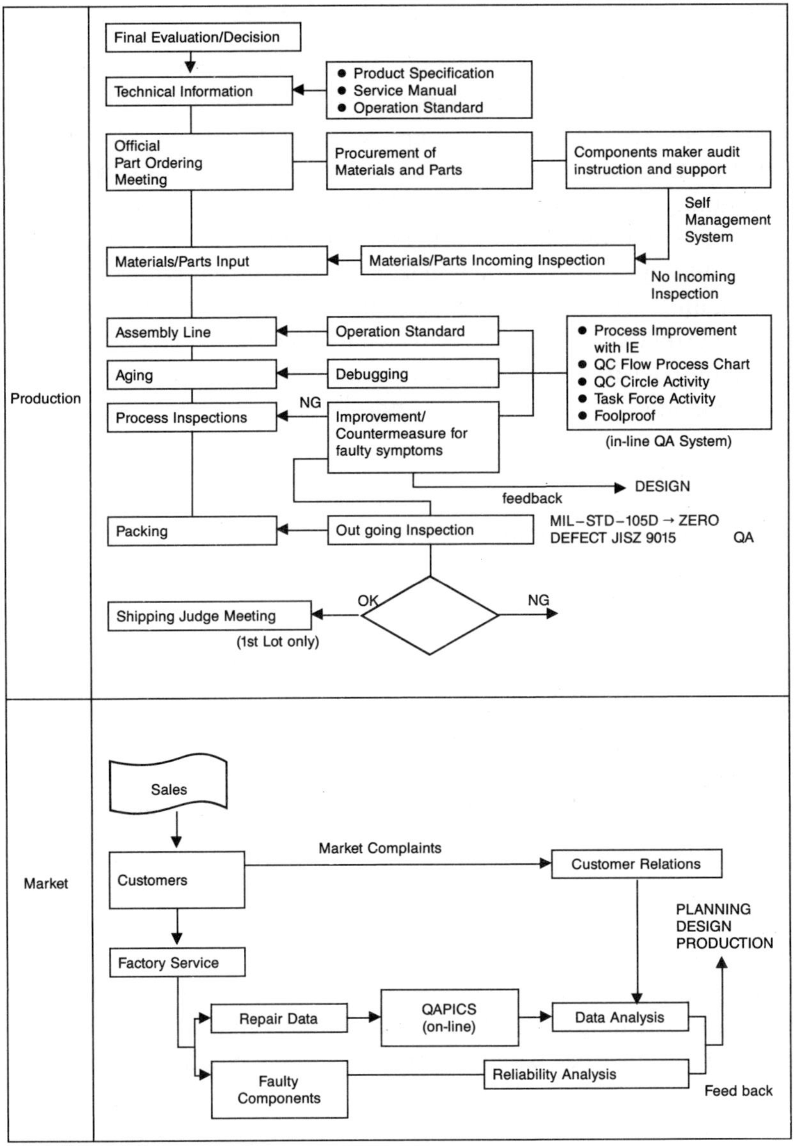

Quelle: Sony Corp., Tokyo

Abbildung 8: Quality and Reliability Assurance System in Sony

● *Umfangreiches und gezieltes Trainingskonzept*

TQM ist immer mit umfangreichen Trainingsmaßnahmen verbunden, es beginnt in der Regel sogar damit, um Mitarbeiter mit neuen Aufgaben, Techniken, Abläufen, Produkten und Prozessen vertraut zu machen. Insbesondere die Japaner stecken viel Zeit und Geld in die Ausbildung aller Mitarbeiter. „TQM starts with training and ends with training" lautet die Handlungsmaxime der Japaner, die sich aus der Forderung ergibt, daß Qualität in jede betriebliche Funktion eingebaut werden muß. Aber auch westliche Firmen erkennen allmählich die Bedeutung von intensiven Mitarbeiterschulungen im Rahmen von TQM. So vermittelt Hewlett-Packard in Zwei-Tages-Seminaren, im Zusammenhang mit ihrem TQM-Programm, folgende Inhalte[8]:

- Kundenzufriedenheit
  (Wer ist unser Kunde; externer/interner Kunde; Kundendienst)
- Einführung in die Qualitätsphilosophie
  (Was ist Qualität, was gehört dazu)
- Ziel/Auswahlprozeß
  (Nennen und Auswählen von Zielen nach Entscheidungskriterien und Prioritäten)
- Prozesse/Prozeß-Ablauf-Diagramme
  (Prozeßanalyse im wissenschaftlichen Sinn)
- Prozeßtechniken
  (Techniken zur Bewertung einer Prozeßanalyse, Prozeßmeßtechnik)
- Ursache-Wirkungs-Analyse
  (Einübung von Ursache-Wirkungs-Diagrammen an Beispielen)

TQM ist demnach ein äußerst trainingsintensives Konzept. Wenn die Anforderungen der Konsumenten an die Qualität eines Produktes sich ständig ändern, gilt dies konsequenterweise auch für die Prozesse, die mit der Herstellung dieses Produkts verbunden sind und die erforderlichen Fähigkeiten der beschäftigten Mitarbeiter. Ständiges systemati-

8 Hoffmann, K.: TQC Training – ein Seminar für Qualität, in: H & P Firmenzeitschrift „Puls", April 1985.

sches Dazulernen wird damit zu einer wichtigen Voraussetzung für die Verbesserung der Qualität, ihrer Anpassung an die Wünsche der Konsumenten sowie für den Erfolg der Mitarbeiter und des Unternehmens.

5.2.2 Das soziale oder menschliche System

Das menschliche oder soziale System besteht aus folgenden Elementen:

- Neue Sichtweise des Managements in bezug auf Mitarbeiter und Arbeit
- Mitarbeiterbezogener Führungsstil
- Einbeziehung der Betroffenen
- Team-Arbeit
- ständiges Lernen und kontinuierliche Verbesserung
- offenes Klima

● *Neue Sichtweise des Managements in bezug auf Mitarbeiter und Arbeit*

Wenn von Qualität die Rede ist, denkt jedermann natürlich zunächst an Produktqualität. Nichts kann bei einem TQM weiter von der Realität entfernt sein als dies. Hier wird die Aufmerksamkeit fast ausschließlich auf die Qualität der Mitarbeiter gerichtet. Qualität muß in die Mitarbeiter „eingebaut" werden. Dies ist der Beginn von TQM. Dafür ist jedoch eine neue Sichtweise des Managements dem Mitarbeiter gegenüber erforderlich. Die Auffassung, daß es zwei Klassen von Mitarbeitern gibt[9], nämlich Führungskräfte und Mitarbeiter oder gewerbliche und nicht gewerbliche, paßt nicht in die Philosophie des TQM. Status- und Hierarchieunterschiede sind daher auf ein Minimum zu begrenzen. So gibt es in Japan keine unterschiedlichen Arbeitskittel mehr – jeder Mitarbeiter trägt die gleiche Farbe. Vorgesetzte haben keine großen, respektheischenden Büros, und die Kantinen sind für alle Mitarbeiter da. Ähnlich ist es bei Firmen, die sich im Westen dieser Philosophie verschrieben haben, wie Dunlop, Sony,

9 Sherwood, J. J.: Creating Works Cultures with Competetive Advantage, Organizational Dynamics, Winter 1988, p. 10.

Wega, NTN. Bei Mars und Hewlett-Packard kommt noch die Anrede mit dem Vornamen und das Duzen dazu.

Soll TQM erfolgreich sein, muß sich beim Management die Einstellung durchsetzen, daß Mitarbeiter, ähnlich wie sie selbst, ihr Bestes geben wollen, wenn sie die Gelegenheit dazu erhalten, denn schließlich geht niemand morgens mit der Einstellung in die Firma: „Heute mache ich bewußt nur Fehler“[10]. Mitarbeiter haben den Wunsch nach Weiterentwicklung und Vertrauen. Sie sind nicht bloß variable Kosten oder „head account“. Es ist daher für das Management eine ständige Herausforderung, nicht nur den Kopf, sprich die Intelligenz des Mitarbeiters, zu gewinnen, sondern auch sein Herz, sprich sein Engagement.

Auch die traditionelle Auffassung des Managements über die Arbeit paßt nicht in die TQM-Philosophie. Arbeit ist nicht nur eine Aufgabe, sondern ein System[11], in dem Mitarbeiter auf eine bestimmte Technologie treffen und bei der beide Teile zur Herstellung eines Produktes so miteinander kombiniert werden, daß sowohl die Technologie ausgenutzt als auch der Beitrag des Mitarbeiters optimiert wird. Die westliche Annahme, daß der Vorsprung der Japaner in Qualität und Produktivität auf dem verstärkten Einsatz von Robotertechnik oder einem höheren Stand in der Fertigungstechnik beruht, erweist sich bei näherer Überprüfung als Schimäre. Die Fertigungslinien bei Subaru oder Toshiba sehen auch nicht anders aus als bei uns. Eher ist der Automationsgrad geringer als in Europa, was daran liegt, daß nach Meinung vieler japanischer Firmen die Einführung von mehr Automation und Technik stets erhöhte Ausschußraten verursacht, da die Mitarbeiter zunächst den Prozeß beherrschen müssen, bevor mit verstärktem Automationsgrad begonnen werden kann[12]. Der Vorsprung der Japaner beruht deshalb nicht auf höherer Technologie, sondern in erster Linie auf der besonderen Bedeutung, die die Japaner dem Menschen und seiner Beziehung zur Maschine beimessen. Dieser Sachverhalt wird aus dem Ausspruch eines japanischen Arbeitsexperten deutlich:

10 Ibid.

11 Ibid.

12 Hinson, R.: Robots Provide Improved Quality in Manufacturing, in: Industrial Engineering, Jan. 1984, pp. 45–46, aber auch Whitney, D. E.: Real Robots Do Need Jigs, HBR, May-June 1986, p. 115.

„Nur Menschen können Maschinen mit Weisheit versehen“.[13] Wir in Deutschland neigen im Qualitätswesen dagegen eher zum „Overpowering with Engineering“. Oftmals „hochgradig technisiert“ flüchten wir uns in Verwaltungsaufgaben wie Prüfung und Inspektion.

Auch wird im traditionellen westlichen System die Gestaltung der Arbeit durch die Arbeitsvorbereitung vorgenommen. Die Vorgesetzten achten darauf, daß Mitarbeiter die festgelegten Tätigkeiten auch richtig ausführen. Im TQM wird die Organisation der Arbeit zu einer Kooperation zwischen Führungskraft, Arbeitsvorbereitung und Mitarbeiter, was dem Mitarbeiter die Chance gibt, Einfluß auf das System auszuüben und damit Motivation aufzubauen.

- *Mitarbeiterbezogener Führungsstil*

TQM hat für den Mitarbeiter zwei Konsequenzen: Aufgrund der sich stets verändernden und komplexer werdenden Aufgaben muß er ständig weiterqualifiziert werden. Dadurch wird zwangsläufig auch mehr Verantwortung auf ihn übertragen. Dem muß auch der Führungsstil Rechnung tragen. Daraus ergibt sich, daß die Führungskraft ihre Aufmerksamkeit immer weniger dem Arbeitsprozeß widmet. Dies ist Aufgabe der Mitarbeiter, die in mehr oder weniger selbständigen Teams die Arbeit ausüben. Statt dessen achten die Führungskräfte darauf, daß die Mitarbeiter in der Lage sind, ihre Arbeit zu erledigen, das heißt, sie richten ihr Augenmerk auf das Management des Inputs, des Outputs und der äußeren Bedingungen der Arbeitsprozesse. Ihre Rolle wird zu der eines Helfers und Unterstützers.

Betreuende Führung (Coaching) wird zur zentralen Aufgabe. Greifen sie dennoch einmal in den Prozeß ein, so nur in der Form eines Moderators, der den Mitarbeitern mit Rat und Tat zur Seite steht, um einerseits neue Erkenntnisse oder Problemlösungen und andererseits Sicherheit und Selbstwertgefühl zu vermitteln.

Das japanische Beispiel zeigt in aller Deutlichkeit, daß mehr Verantwortung bei den Mitarbeitern, also mehr Selbstkontrolle, auch zu einer

---

13 Zitiert nach Sherwood, J. J.: Creating Works Cultures with Competetive Advantage, op. cit., p. 9.

besseren Systemkontrolle führt[14]. Das japanische Beispiel zeigt aber auch, daß dies nur in einer Atmosphäre der Offenheit und des Vertrauens stattfinden kann. Dies wiederum setzt das Bestehen von echten persönlichen Beziehungen zwischen den Beteiligten, das heißt Mitarbeitern und Vorgesetzten voraus. Ein „Sich-Verstecken" hinter bürokratischen Regeln oder irgendwelchen fragwürdigen Management-Techniken stellt in diesem Zusammenhang eines der größten Hindernisse dar. Erst Vertrauen ermöglicht Delegation von Verantwortung, die wiederum Voraussetzung für Eigeninitiative, Selbständigkeit, Teamarbeit und gemeinsam getragene Entscheidungen der Mitarbeiter und damit für das Funktionieren von TQM ist. Diese neuen Umgangsformen müssen allerdings durch ständiges Training eingeübt und erworben werden. TQM-Firmen verfügen deshalb über umfassende Trainingsprogramme, in denen sie die Führungskräfte auf die neuen Anforderungen in Sachen Führungsstil bei TQM vorbereiten.

- *Einbeziehung der Betroffenen*

Die Idee, zusätzliche betriebliche Funktionen in QS-Aktivitäten einzubeziehen, stammt von A. V. Feigenbaum. Die Integration aller Mitarbeiter jedoch ist eine Weiterentwicklung der Feigenbaumschen Ideen durch die Japaner. Sie erkannten sehr schnell, daß die abteilungs- oder funktionsübergreifende Kooperation in Teams nicht auf der Management-Ebene stehen bleiben kann, sondern in die einzelnen Bereiche getragen werden muß, um auch ihr Potential und Engagement zu nutzen. Dies führte zur Gründung des Quality-Circle-Konzepts, um auch jeden Mitarbeiter bis zur Basis hinunter in den Verbesserungsprozeß miteinzubeziehen. Dabei machten sich die Japaner die einfache Regel zunutze – und lösten damit zugleich auch einen großen Teil des Motivationsproblems –, daß sich Menschen stets für das am meisten engagieren, was sie aktiv mitgestalten können und woran sie sich beteiligt

14 Ibid. p. 12, aber auch Persico, J. Jr.: Leadership and empowerment in a total quality organization, in: Total Quality Management, Vol. 2, No. 1, 1991, pp. 57–68, aber auch: Imai, M.: KAIZEN, op. cit., p. 17.

fühlen. Durch das Hinzufügen der sogenannten „7 tools“[15] gaben sie ihrem Modell Gestalt und Struktur. Damit war die aktive Beteiligung aller Mitarbeiter bei der Suche nach Lösungen für die ermittelten Qualitätsprobleme erreicht, mit dem Ziel, ein von allen getragenes Qualitätsbewußtsein auf allen betrieblichen Ebenen zu schaffen. Jeder Mitarbeiter soll die Verantwortung für die Qualität seiner Arbeit übernehmen und diese weiter verbessern. Umgekehrt ist es wichtig, daß jeder Mitarbeiter ständig vom Management darüber unterrichtet wird, welche Auswirkungen seine Arbeit auf die Qualität der Endprodukte hat. Dieses Feedback vermittelt ihm nicht nur wertvolle Erkenntnisse und beschleunigt den Lernprozeß, sondern baut auch Motivation auf und erhält sie.

- *Team-Arbeit*

TQM setzt voraus, daß zahlreiche Tätigkeiten nicht mehr durch Individuen, sondern im Team verrichtet werden. Das japanische Prinzip der Arbeitsstrukturierung nach der Mengenteilung[16] – der Verteilung eines Gesamtarbeitsumfanges auf mehrere Personen derart, daß jeder alle Teilvorgänge an seinem Arbeitsplatz ausführt – erleichtert im Gegensatz zu unserer Artenteilung[17] – der Unterteilung eines Arbeitsumfanges in inhaltlich unterschiedliche Teilaufgaben mit in sich abgeschlossenen Arbeitsvorgängen – die Bildung von Arbeitsgruppen ungemein, weil es ein Bereichsdenken verhindert.

In Japan wird nicht nur die Arbeit in Teams ausgeführt, sondern auch Restaurant- und Theaterbesuche finden in Teams statt. Es kann deshalb nicht verwundern, daß Quality Circles eine japanische Erfindung sind. Wie auf vielen anderen Gebieten griffen auch hier die Japaner auf westliche Erkenntnisse zurück und machten sie sich zunutze. Die in den 20er und 30er Jahren in den USA durchgeführten Forschungen auf dem Gebiet der Gruppenpsychologie, bei uns nur von wenigen

---

15 Als „7 tools“ werden im allgemeinen folgende Techniken bezeichnet: Pareto-Diagramm, Ishikawa-(Ursache-Wirkungs-)Diagramm, Histogramme, Regelkarten, Strichlisten, Streuungsdiagramm, Stratifikation siehe auch Kap. 2.

16 Panskus, G.; Schäpers, H.: Betriebliche Ablauforganisation, Essen 1976, p. 54.

17 Ibid.

Außenseitern aufgegriffen, wurden von den Japanern Ende der 40er, Anfang der 50er Jahre entdeckt und in praktische Konzepte umgesetzt. Diese Methoden der Arbeitsorganisation setzten sich bei uns nur sehr langsam durch. Als Beispiele seien in diesem Zusammenhang die Gemeinschaftsgründung von Toyota und General Motors NUMMI (New United Motor Manufacturing Inc.) in Kalifornien, Nissan in England, Hoesch und VW-Emden in Deutschland genannt. Erste Versuche wurden jedoch auch hier schon während der Humanisierungsbewegung in den 70er Jahren eingeleitet.

Während jedoch in Japan bereits circa 80 Prozent der Mitarbeiter in Quality Circles organisiert sind, reicht ihre Verbreitung in Europa und USA noch lange nicht an diese Größe heran. Dennoch berichten Firmen, die diese Konzepte einsetzen, von Ergebnissen, die nicht nur in höherer Motivation und Arbeitszufriedenheit, sondern auch in besserer Produktivität und Qualität bestehen[18].

- *Ständiges Lernen und kontinuierliche Verbesserung*

Die Philosophie des TQM zielt auf Vollkommenheit. Da es eine Produktion ohne qualitative Abweichungen in der Praxis nicht gibt, kann jedes Stadium vor dieser Vollkommenheit nur als vorübergehend angesehen werden.

Dieses von den Japanern als „KAIZEN“[19] bezeichnete Konzept bedeutet fortwährende Verbesserung unter Einbeziehung aller Mitarbeiter von der Basis bis zum Top Management. Kaizen geht davon aus, daß unser gesamtes Leben – Arbeit und Privatleben – ständig verbessert werden kann und muß. Eine der wichtigsten Konsequenzen dieses Konzeptes ist, daß es ein prozeßorientiertes Vorgehen verlangt, wie es schon die Gruppendynamik und die Organisations-Entwicklung propagiert und angewendet haben. Dies bedeutet aber auch, daß die Erzielung besserer Ergebnisse nur durch die Optimierung der Arbeitsprozesse und diese wiederum nur durch Bemühungen zur Verbesserung

18 The Revolt against Working Smarter, in: Fortune, July 21, 1986, pp. 44–47.
19 Imai, Masaaki: KAIZEN, Random House, New York 1986.

der sozialen Fertigkeiten und technischen Fähigkeiten der Mitarbeiter erreicht werden kann. Für westliche Manager, die TQM einführen wollen, erfordert dies ein beträchtliches Maß an Umdenken, da diese Philosophie in krassem Gegensatz zu ihrem herkömmlichen, rein ergebnisorientierten Denken steht.

In bezug auf die Fertigung bedeutet kontinuierliche Verbesserung, daß die Variabilität der Produkte und Dienstleistungen ständig reduziert werden muß, um höchste Qualität zu niedrigsten Preisen zu erlangen. Scherkenbach, ein Deming-Schüler, gibt dafür ein Beispiel. Bei der Produktion eines automatischen Getriebes für ein Auto mit Frontantrieb in Japan und USA wurden folgende Unterschiede und Gemeinsamkeiten festgestellt[20]:

- Beide Betriebe hielten die Spezifizierung der Arbeitsvorbereitung ein. Die Japaner nahmen jedoch nur 30 Prozent der Toleranz, die Amerikaner 70 Prozent in Anspruch.
- Die Japaner hatten Garantiekosten, die um ein Drittel unter denen der Amerikaner lagen und Stückkosten, die ebenfalls deutlich geringer waren.

Die Botschaft ist klar: Ständige Verbesserung vermindert die Stückkosten, erhöht die Qualität und steigert den Gewinn. Sie bedeutet jedoch für die Mitarbeiter fortdauernde Veränderung, was wiederum permanente Entwicklung und kontinuierliches Wachstum voraussetzt. Die Bereitschaft, stets dazu zu lernen, ist deshalb eine der wichtigsten Voraussetzungen für die Verbesserung der Qualität.

- *Ein offenes Klima*

In einem TQM-System kommt einem offenen Klima besondere Bedeutung zu. Wenn jeder Mitarbeiter, jede Abteilung und jede Funktion verantwortlich ist, muß auch jeder Vorschläge und Kritik einbringen. Das bedeutet, daß alle Mitarbeiter die Möglichkeit erhalten müssen,

20 Scherkenbach, W. W.: The Deming Route to Quality and Productivity, Mercury Press 1986, p. 41.

frei und offen ihre Meinung zu sagen. Angst vor Repressionen ist oft das größte Hindernis für eine gelöste Atmosphäre. Neue, kreative Lösungen und Verbesserungen brauchen jedoch die offene Kommunikation und Konfrontation.

Aufbau von Vertrauen beziehungsweise Abbau von Mißtrauen ist aus diesem Grunde eine der Hauptaufgaben bei der Einführung von TQM in eine Unternehmung. Übrigens gilt das nicht nur für TQM, sondern für jede moderne und gesunde Unternehmung, wie das Beispiel erfolgreicher Firmen wie Mars, Fiat, Peugeot, Ericsson, Istel, Intel, die dazu umfangreiche Maßnahmen eingeleitet haben, zeigt.

- *Zusammenfassung*

Damit wird deutlich, daß TQM Elemente aller in Kapitel 4 behandelten und in der Praxis angewandten Qualitätskonzepte aufweist.

Es besitzt

- Kontrollen und Inspektionen,
- statistische Prozeßregelung,
- die Mitwirkung aller Funktionen,
- Top-Management-Beteiligung und Unterstützung,
- die Beteiligung der Mitarbeiter aller Ebenen,
- die Motivation der Mitarbeiter,
- einen konsumentenorientierten Qualitätsbegriff,
- ein dynamisches Konzept und permanente Verbesserung,
- intensives Training.

Vom gesellschaftlichen Standpunkt her betrachtet stellt sich das TQM-Modell auch als eine mögliche Antwort der Unternehmungen auf die in Kapitel 1 erwähnten Trends dar: steigende Konsumentenansprüche, Forderung nach Qualität der Arbeit und veränderte Qualität des Wettbewerbs. Womöglich erklärt das Modell zum Teil das ungehemmte japanische Wachstum, die niedrige Arbeitslosenquote, die hohe Innovationsrate und den relativ langen Arbeitsfrieden in Japan. Auf jeden Fall haben Entwicklung und Anwendung des Modells dazu geführt, daß die Maßstäbe für Qualität heute in Tokio gesetzt werden.

5.3 Funktionsweise des TQM-Systems

Aus der obigen Ausführung wird auch deutlich, daß für die Optimierung des Gesamtsystems die erfolgreiche Gestaltung des einen Subsystems nicht genügt. Vielmehr liegt die Herausforderung darin, beide Subsysteme so zu verknüpfen, daß zugleich das Potential des sozialen und des technischen Systems auf beste Weise genutzt wird. Es gilt also, die beste Balance zu finden, die natürlich für jede Firma in einer eigenen Kombination besteht.

Wird nur das technische System optimiert, so erhält man Ergebnisse wie in Deutschland. Es wird zwar ein relativ hohes Maß an Qualität erreicht, Motivation, stetige Weiterentwicklung des Systems und Dynamik fehlen aber. Wird ausschließlich die Begeisterungs- oder Motivationsfähigkeit, also das menschliche System betont, wie Crosby vorschlägt, dann „fehlt Substanz", und Ingenieure sowie Techniker stehen ohne praktische Hilfe da[21]. Um Qualitätsprobleme zu lösen, ist eine optimale Verschränkung beider Systeme erforderlich. Es bedarf im Bereich des technischen Systems nicht nur einer exakten Datenerfassung, sondern auch bestimmter Problemlösungstechniken. Wenn diese auf dem Gebiet des sozialen Systems nicht von einem Mitarbeiter allein im stillen Kämmerlein angegangen werden, sondern von einem Team, werden gleichzeitig, wenn ein offenes Klima herrscht, Knowhow und Kreativität der Mitarbeiter eingebracht und durch die Einbeziehung der Mitarbeiter das Motivationsproblem gelöst. Bei einer Problemlösung durch das Individuum müßte auf diese positiven Konsequenzen verzichtet werden. So zeigt sich die zentrale Bedeutung des sozialen Systems, des „Wie", denn es entscheidet über die Effizienz des technischen Systems, des „Was".

Ein Beispiel aus dem Sport. Bis vor zehn Jahren war die ehemalige DDR auf dem Gebiet des Bobsports kaum wettbewerbsfähig, während die Bundesrepublik immer zu den Besten in dieser Sportart gehörte. Heute ist das Verhältnis genau umgekehrt. Die ehemalige DDR fährt voraus, die Westdeutschen weit hinterher. Alles versucht nun, das technische Geheimnis der Bobs der ehemaligen DDR zu lüften, obwohl

21 Under the Spell of the Quality Gurus, op. cit., p. 26.

nach allgemeiner, und sogar nach Meinung der dortigen Trainer, die im Westen gebauten Bobs mindestens gleichwertig, in einzelnen Fällen sogar besser, allerdings auch komplexer und damit schwieriger zu fahren sind. Nach Meinung der ehemaligen DDR-Trainer spielt in diesem Leistungsbereich die seelische Einstellung oder Verfassung die entscheidende Rolle. Die Lösung liegt also nicht in der Technik, sondern in der besseren Balance, die die Trainer der ehemaligen DDR zwischen technischem System, also Bobschlitten, und dem sozialen System, also dem Menschen, gefunden haben.

Kurz gesagt: Die Fahrer der ehemaligen DDR beherrschen ihre Schlitten besser und fahren deswegen präziser und schneller als die westdeutschen Fahrer, da wir zwar sehr auf die Technik schauen, den Fahrer beziehungsweise den Menschen im Verhältnis dazu jedoch eher vernachlässigen.

Die gezielte Gestaltung dieser beiden Systeme und ihre Beziehung zueinander können Ursache vieler Mißverständnisse, Schwierigkeiten, Spannungen und Blockierungen sein. Beide Systeme funktionieren nach unterschiedlichen Gesetzmäßigkeiten. Das technische nach mechanistischen beziehungsweise nach Gesetzen der zweckrationalen Erledigung der Arbeit oder Logik. Dagegen folgt das soziale System der „Psycho-Logik" der zwischenmenschlichen Beziehungen. Dieser Sachverhalt ist leider vielen Führungskräften nicht bewußt, wenn sie versuchen, die Menschen nach den Gesetzmäßigkeiten des technischen Systems anzugehen. Das Ergebnis kann natürlich nur Sand im Getriebe oder Kurzschluß sein. Wenn Mitarbeiter in die mechanistischen Gesetzmäßigkeiten des technischen Systems hineingezwungen werden, fühlen sie sich vergewaltigt und abgelehnt, sie wehren sich, lehnen sich auf oder resignieren. Die Folgen sind mangelnde Motivation, Technologie-Feindlichkeit, Widerstand, hoher Ausschuß, geringe Qualität. Die Japaner scheinen dieses Phänomen schon sehr früh erkannt zu haben. Sie sind sogar der Meinung, daß eine entsprechende Kultur wichtiger ist als alle Techniken zusammen[22]. In allen ihren unterneh-

22 Vergleiche dazu auch: Reddy, N. Y.: Some Observations on Policy Management Keynote Address Delivered at ASI 1988 CEO Conference Featuring Policy Management in American Industry, 29. 11. 1988, Ford Motor Company, 1988 sowie Imai, M.: KAIZEN, op. cit.

merischen Zielsetzungen, Strategien und Konzepten sind immer zugleich auch umfangreiche und nachhaltige Hinweise auf die Bedeutung des menschlichen Systems, bezeichnet mit „Wa“ (Harmonie) oder Humanität, enthalten. Für Ishikawa bedeutet Humanität Autonomie und Spontaneität. Ein Managementstil muß seiner Meinung nach darauf basieren, weil er sonst nicht die Voraussetzungen schaffen kann, die zur Nutzung des Potentials der Mitarbeiter unabdinglich sind. Im Westen stößt die Verwendung dieses Begriffes in diesem Zusammenhang häufig auf Unverständnis, weil der Gesamtzusammenhang nicht klar ist. Betrachtet man ihn jedoch vor dem Hintergrund des Systemkonzepts, dann wird seine Logik sehr schnell klar und einleuchtend. Auch der sonst nur an Zahlen orientierte W. E. Deming scheint diesen Zusammenhang schon sehr früh erkannt zu haben, denn er weist in seinen 14 Punkten auf die Bedeutung des sozialen Systems für die Funktion des technischen Systems hin. Allein sechs seiner 14 Punkte haben Elemente des sozialen Systems zum Gegenstand. Die Effizienz des TQM-Systems, ja überhaupt die Verbesserung der Qualität, hat also sehr viel mit persönlichen Einstellungen, Engagement, Fleiß, Zusammenarbeit, Kommunikation aller Mitarbeiter zu tun und nicht nur mit der Optimierung eines komplizierten technischen Systems.

Auch westliche Firmen erkennen diese Zusammenhänge in zunehmendem Maße. So fragt die Firma Ford seit einiger Zeit, wie das Potential Mensch qualitativ und sinnvoll sowohl für die Unternehmung als auch für den Mitarbeiter selbst genutzt werden kann. Sie fand die Antwort in einer neuen Kultur, der sogenannten „Umsetzungskultur“[23], in der sich Teammitglieder trotz hierarchischer und erfahrungsmäßiger Unterschiede als gleichwertige, erwachsene Partner begegnen und verhalten. Hier wird die Entscheidungsqualität und die Zielerreichung durch gemeinsame Lösungsfindung wesentlich erhöht, indem die Betroffenen aktiv beteiligt werden. Demgegenüber soll die traditionelle „Durchsetzungskultur“, die auf einer machtorientierten Struktur von oben nach unten mit Hilfe überrollender Anordnungen und Weisungen beruht, so schnell wie möglich abgelöst werden.

---

23 Ellbracht, W.: Prozessmanagement im Dienstleistungsbereich, in: Bungard, W.; Dorr, H.-J.; Lezius, M.; Oess, A.: 8. Deutscher Quality Circle Kongress, Dokumentation, Mannheim 1990, pp. 77–92.

5.4 Der TQM-Führungsstil – prozeßorientiertes Vorgehen

Die besondere Funktionsweise des soziotechnischen Systems hat Auswirkungen auf die Art der Beeinflussung beziehungsweise auf den erforderlichen Managementstil. Um mit Hilfe von Total Quality Management bessere Ergebnisse zu erzielen, müssen zunächst die Arbeitsprozesse verbessert werden. Erst durch die optimale Gestaltung der einzelnen Prozesse kann die Optimierung des Gesamtprozesses erreicht werden. Unter Prozeß wird dabei eine logische Abfolge von Aktivitäten zur Erreichung eines bestimmten Zieles verstanden. TQM erzeugt also ein prozeßorientiertes Denken und Vorgehen. Aus diesem Grunde muß TQM auch auf die Kenntnisse, Einstellungen, Verhaltensweisen und Fertigkeiten der Mitarbeiter gerichtet, also mitarbeiterbezogen sein, denn erst durch die Verbesserung ihrer Tätigkeiten werden wiederum die Prozesse verbessert. Diese Betrachtungsweise steht im Gegensatz zum westlichen, rein erfolgs- oder ergebnisorientierten Denken und Handeln. Die westliche Industrie ist vorwiegend an der Verbesserung von Ergebnissen orientiert – Verkaufszahlen, Gewinn, Kapazitätsauslastung usw. Während zum Beispiel westliche Manager fast ausschließlich bestrebt sind, die Erfolge ihrer Mitarbeiter zu verbessern, beachten die japanischen Manager stärker Verhaltenseigenschaften und Einstellungen ihrer Mitarbeiter.

Wenn ein japanischer Manager die Verkaufsergebnisse eines Außendienstmitarbeiters beurteilt, schließt er dabei prozeßorientierte Kriterien ein, wie zum Beispiel die Zeit, die der Verkäufer für das Gespräch mit den neuen Kunden aufwandte, das Verhältnis der Zeit für Telefonkontakte mit Kunden von außerhalb gegenüber der reinen Bürotätigkeit und schließlich auch, wie viele neue Verträge erfolgreich abgeschlossen wurden. Die Japaner gehen davon aus, daß die erhöhte Aufmerksamkeit für solche Faktoren den Verkäufer anspornt, früher oder später bessere Ergebnisse zu erzielen. Mit anderen Worten: der Prozeß wird in diesem Management-Konzept für genauso wichtig angesehen wie der Erfolg – der Abschluß im Verkaufsgespräch[24]. Der Unter-

24 Imai, M.: KAIZEN, op. cit., 1986, p. 17.

schied zwischen ergebnis- und prozeßorientiertem Managementstil läßt sich am besten mit einer von Masaaki Imai entwickelten Darstellung (Abbildung 9) erläutern.

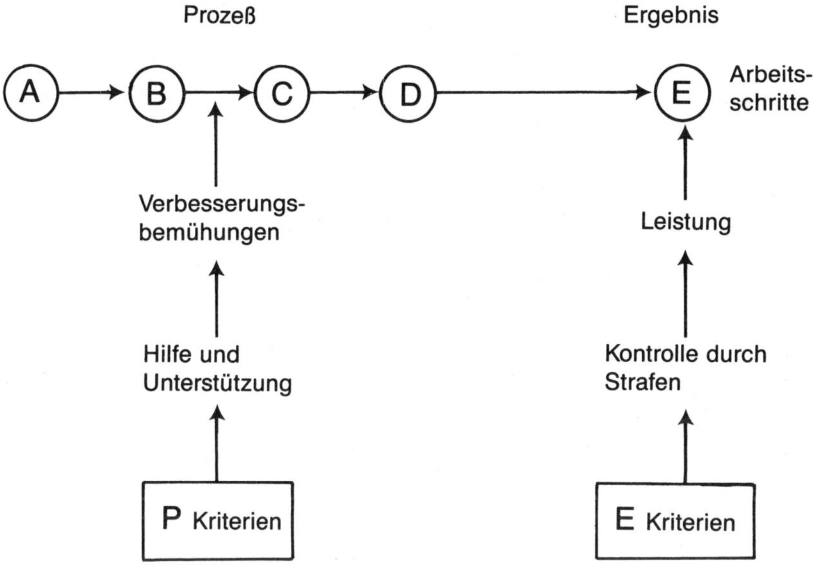

Quelle: Imai, M.: KAIZEN, New York 1986, p. 18.

Abbildung 9: Prozeß-Kriterien (P) und Ergebnis-Kriterien (E)

Es wird sicherlich deutlich, daß Prozeßkriterien eine langfristige Perspektive betonen, da sie auf Anstrengungen und Bemühungen gerichtet sind und in der Regel Verhaltensänderungen beinhalten, während Ergebniskriterien direkter und deshalb kurzfristiger sind. Aufgabe des Managers muß deshalb sein, die Verbesserung von Prozessen anzuregen und zu unterstützen, jedoch nicht selbst in den Prozeß einzugreifen. TQM legt die Betonung vor allem auf die stimulierende und helfende Rolle des Managements für die Bemühungen der Mitarbeiter zur Verbesserung der Arbeitsprozesse. Dies bedeutet nicht, daß Ergebnisse völlig außer acht gelassen werden. Sie sind jedoch nur ein Kriterium der Beurteilung von Arbeitsprozessen. Zusätzlich müssen prozeßorientierte Kriterien definiert werden.

Dies soll am Beispiel der Quality-Circle-Arbeit erläutert werden. Quality-Circle-Aktivitäten sind auf die Verbesserung des Arbeitsplatzes gerichtet. Die westliche Betrachtungsweise des Erfolges der Quality Circles bezieht sich in erster Linie auf die durch die Aktivitäten eingesparten Geldbeträge. In Japan werden demgegenüber auch Kriterien wie beispielsweise Anzahl der Meetings pro Monat, Beteiligungsrate, Anzahl der gelösten Probleme, Art (Sicherheit, Qualität, Kosten etc.) der gelösten Probleme und anderes in die Betrachtung mit einbezogen.

Auf diese Weise wird bereits die Bemühung der Mitarbeiter vom Management belohnt beziehungsweise gewürdigt und somit das Instrument Quality Circles in Gang gehalten. Im Westen wird in der Regel kaum Wert darauf gelegt. Es kann deshalb auch nicht verwundern, wenn dann viele Quality-Circle-Projekte im Westen aus vermeintlich unerklärlichen Gründen scheitern. Die Japaner legen dagegen sehr viel Wert darauf, das System der Quality Circles selbst in Gang zu halten, weil sie die Erfahrung gemacht haben, daß oft schon durch das Zusammenkommen im Quality Circle die Mitarbeiter den Wunsch entwickeln, Lösungen zu produzieren, ohne dazu vom Vorgesetzten oder Management gesondert oder bewußt aufgefordert zu werden. Demgegenüber besteht im Westen häufig Mißtrauen gegenüber derartigen Treffen der Mitarbeiter, weil das Management befürchtet, daß diese Treffen zu einer „Quasselbude" ausarten oder die Mitarbeiter gar den Aufstand proben würden. Aus diesem Grunde muß nach ihrer Meinung auch genauestens auf die Erzielung von Ergebnissen geachtet werden. Dies führt allerdings häufig zu folgenden Phänomen: je mehr auf Ergebnisse geachtet wird, um so weniger werden letztlich erzielt, und die Mitarbeiter gewinnen durch ein solches Verhalten den Eindruck, als unmündig angesehen zu werden. Die Konsequenz besteht dann in der Tat in dem, was die Manager vorausgesagt haben, nämlich in mangelnden Ergebnissen, jedoch nicht a priori aufgrund mangelndem guten Willen der Mitarbeiter, sondern wegen des autoritären Führungsstils der Vorgesetzten. Dieser Sachverhalt ist auch unter dem Namen der „self-fulfilling prophecy" bekannt.

Selbstverständlich ist es primäre Aufgabe jeder Führungskraft, (bessere) Ergebnisse zu erzielen. Analysiert man jedoch die Tätigkeit erfolgreicher Führungskräfte in angesehenen westlichen Unternehmen etwas genauer, so läßt sich feststellen, daß diese Führungskräfte ebenfalls prozeßorientiert denken und handeln. Sie stellen prozeßorientierte Fragen und treffen Entscheidungen sowohl bezüglich prozeßorientierter wie ergebnisorientierter Kriterien. Sie tun das jedoch oft unbewußt und ohne diese Unterschiede zu thematisieren.

Eine prozeßorientierte Führungskraft achtet in diesem Zusammenhang auf Kriterien wie Disziplin, Zeitplanung, Aus- und Weiterbildung, Pünktlichkeit, Entwicklung der Fähigkeiten der Mitarbeiter, Beteiligung der Mitarbeiter, Einbeziehung in Entscheidungen, Klima und Kommunikation[25], also auf Elemente des sozialen Systems, und ist damit personenorientiert.

Dies hat allerdings auch zur Folge, daß Führungskräfte ihre Mitarbeiter nicht mehr nur nach Leistung beurteilen können. Statt dessen müssen sie auch darauf achten, welche Art und Folge von Aktivitäten vom Mitarbeiter zur Erledigung seiner Arbeit ergriffen werden und wie gemeinsam Kriterien für ihre Verbesserung erarbeitet werden können. Dieses gemeinsame Vorgehen wiederum schafft automatisch mehr Kommunikation, Interaktion und Feedback zwischen Mitarbeiter und Führungskraft und stellt damit einen nicht unwesentlichen Beitrag zur Verbesserung des Arbeitsklimas dar. TQM bedeutet also für die Führungskräfte eine deutliche Abkehr vom traditionellen technokratischen und ausschließlich ergebnisorientierten Führungsstil hin zu einem Stil, der die Elemente des sozialen Systems stärker berücksichtigt und beim täglichen Handeln miteinbezieht, um mit dieser sozialen Kompetenz dem Mitarbeiter nicht als Produktionsfaktor, sondern ganz einfach als Menschen zu begegnen.

25 Ibid, p. 21.

5.5 Die Einführung von TQM

Die Einführung von TQM ist ein umfangreiches und weitreichendes Unterfangen, das zu einer völlig neuen Unternehmenskultur führt. Zunächst geht es darum, eine Qualitätspolitik, die vom Management getragen und umgesetzt wird, zu formulieren, eine Methodologie der Qualitätsarbeit zu entwickeln und eine Kampagne zur Information und Einbindung der Mitarbeiter durchzusetzen. Das Projekt zieht Aktivitäten in allen Bereichen nach sich, die zu erhöhter Kundenzufriedenheit, niedrigeren Ausschußraten, besserer Termineinhaltung und niedrigeren Kosten für Reparaturen, Nacharbeit und Prüfung führen sollen. Freilich entsteht die neue Qualitätskultur nicht durch das Projekt selbst, sondern durch die tägliche Arbeit und bei der Durchführung von neuen Konzepten, Methoden und Ideen. Es ist ein nie endender Prozeß, der aus elf Schritten besteht:

(1) Verpflichtung des Managements auf die TQM Prinzipien

- Quality first
- Orientierung am Konsumenten
- „The next process is your customer"
- „Speak with data"
- PDCA (Plan, Do Check, Act)

Die Verpflichtung des Managements ist wichtig, damit diese Forderungen keine bloßen Lippenbekenntnisse bleiben, sondern tatsächlich gelebt werden.

(2) Bildung eines Qualitäts-Teams

Bei der Institutionalisierung dieses Teams ist darauf zu achten, daß alle wichtigen Unternehmensfunktionen vertreten sind.

(3) Formulierung von Qualitätsgrundsätzen, einer Qualitätspolitik und einer Vision

- Formulierung der Vision, der Ziele und Grundsätze
- Überprüfung der Unternehmensziele beziehungsweise Philosophie
- gegebenenfalls Abstimmung mit Zentrale

(4) Information und Verpflichtung der Funktionsgruppen und Mitarbeiter auf Politik und Grundsätze

- Was bedeuten die Grundsätze für unsere Funktion?
- Welche Konsequenzen ergeben sich daraus?

Bei diesem Schritt werden die Mitarbeiter aller Funktionen über die Grundsätze informiert, mit ihnen vertraut gemacht und auf die Konsequenzen für die Arbeit in der betreffenden organisatorischen Einheit hingewiesen.

(5) Diagnose

Durchführung einer Bestandsaufnahme in bezug auf

- Organisation,
- System und
- Qualität von Produkten, Dienstleistungen und Prozessen.

Zusammenfassung in einem Bericht.

(6) Ermittlung der Qualitätskosten

(7) Aufstellen eines Ziel- und Maßnahmenkataloges zur Behebung der festgestellten Schwachstellen und Durchführung von korrektiven Maßnahmen.

Inhalt und Aufgabe dieser Phase ist die Anpassung der Organisation und des QS-Systems an die formulierte Strategie, die Formulierung präziser Qualitätsziele in bezug auf Produkte, Dienstleistungen oder Prozesse sowie die Durchführung korrektiver Maßnahmen.

(8) Training der Mitarbeiter

(9) Etablierung eines Qualitäts-Informationssystems mit Feedback

(10) Anerkennung der Mitarbeiter: Ergebnisse veröffentlichen

(11) Etablierung von Quality Circles

5.6 Schwierigkeiten bei der Einführung von TQM

In zahlreichen Unternehmen erweist sich Qualitäts-Management als äußerst erfolgreich. Manche Firmen klagen jedoch darüber, daß sie keinerlei Erfolge sehen und das Gefühl haben, gegen eine Mauer zu laufen. Sie kommen einfach nicht voran. Worin liegen die Gründe für solche Mißerfolge? Erfahrungen in zahlreichen Projekten haben folgende Hauptursachen zu Tage gefördert:

- Geringes Engagement des Managements
  Eine genauere Betrachtung zeigt, daß sich Probleme des TQM sehr schnell als Schwierigkeiten erweisen, die im Top Management angesiedelt sind. Geschäftsleitungen sind sehr schnell davon begeistert, TQM in ihren Unternehmen einzuführen und auch den finanziellen sowie zeitmäßigen Aufwand für Qualitätsseminare, Workshops, Qualitäts-Zirkel zu tragen, weil sie der Meinung sind, daß es sich wieder um ein neues Programm handelt, das an irgendwelche Stellen weiter unten in der Hierarchie delegiert werden kann. Entscheidend für TQM ist jedoch die Vorbildfunktion des Managements. Wenn sich die Leitung selbst ausklammert, sowohl aktiv an den Maßnahmen und Aktivitäten des TQM, z. B zur Entwicklung einer Qualitätspolitik teilzunehmen als auch diese zu initiieren, dann braucht sie sich nicht zu wundern, daß die Mitarbeiter kein großes Interesse und Engagement zeigen. Auch hier gilt das deutsche Sprichwort: „wie der Herr, so das Gscherr“. Es ist einfach unmöglich von der Basis Qualität zu fordern, wenn Qualität nicht „Topdown“ von oben nach unten vorgelebt wird.
- Unklare TQM-Ziele
  Für ein TQM-Projekt muß die Unternehmensleitung klare Ziele vorgeben und vor allem sicherstellen, daß die Voraussetzungen für die Entstehung und Förderung von Qualität, Informationsfluß und Kommunikation zum Anliegen jedes Firmenangehörigen werden, denn die Fähigkeiten und Stärken jedes Mitarbeiters bestimmen das Niveau der Qualität in einem Unternehmen[26]. Oftmals sind die

26 Wöhr, U.: Qualität – nicht nur in der Fabrik, Controller magazine 5/90, p. 22.

Ziele für die Einführung von TQM äußerst vage. Zielsetzungen wie z. B. „Steigerung unseres Gewinns“ oder: „wir führen TQM ein, weil dies allgemein üblich geworden ist“, tragen eher zur Verwirrung als zur Klärung bei. Die Einführung eines Qualitäts-Managements kann nur im Zusammenhang mit einer umfassenden Bestandsaufnahme im Unternehmen erfolgen, d. h. mit der Ermittlung der Stärken und Schwächen des Unternehmens in bezug auf Qualität und einer daraus resultierenden eindeutigen Zielsetzung. Jeder Mitarbeiter in der Unternehmung muß wissen, verstehen und akzeptieren, was die Notwendigkeit für die Teilnahme gerade seiner Unternehmung, ja seiner Person und was sein spezielles Ziel dabei ist. Erst dann werden bei ihm Motivation und Bereitschaft zur Übernahme von Verantwortung für das Konzept entstehen.

- Auffassung, daß TQM durch Qualitäts-Zirkel abgedeckt wird.
  Eine weitere Illusion vieler Unternehmen besteht darin, die Einführung von Qualitäts-Zirkeln mit TQM zu verwechseln. Qualitäts-Management ist kein Job, der an Qualitäts-Zirkel delegiert werden kann, sondern betrifft alle: jede Abteilung, jede Hierarchieebene, jede Führungskraft und jeden Mitarbeiter. Zweifellos müssen die Mitarbeiter in der Fertigung mehr auf die direkte Produktqualität achten als andere. Das Top Management muß jedoch erhöhte Aufmerksamkeit dafür entwickeln, daß gerade auch Abteilungen wie F + E, Produktplanung, Service und andere Bereiche beim TQM-Konzept aktiv mitwirken.
- Unklarheiten über die Reichweite von TQM
  TQM umfaßt Aktivitäten, die in allen betrieblichen Abteilungen durchgeführt werden. Das bedeutet jedoch nicht, daß, wie in einem Unternehmen gerade beobachtet, die Einführung von TQM beschlossen wird und jede Funktion nun unabhängig von den anderen beginnt, die von ihr als wichtig erachteten Probleme anzugehen. Das Ergebnis kann nur Verwirrung, Ratlosigkeit und Frustration sein. TQM heißt dagegen, daß alle Funktionen, Abteilungen und Mitarbeiter ein gemeinsames Ziel anstreben und jeder zum Erfolg des anderen, der sein Kunde ist, beiträgt.

- Mangel eines klaren Konzeptes
  Die Einführung von TQM muß auf der Basis eines klaren, nicht zu komplexen Programmes erfolgen, das die einzelnen Schritte genau festlegt und die notwendigen Verbesserungen realisiert und überprüft, bevor der nächste Schritt unternommen wird. Nicht der Umfang und das Ausmaß der Papierflut, ritualisierende Aktivitäten ohne Inhalt oder auch hochintellektuelle Theorien und Konzepte sind wichtig, sondern ein aktives Schritt-für-Schritt-Vorgehen, bei dem die Erfahrungen der vorhergehenden Phasen genutzt werden.

- Falsches Selbstverständnis des Steuerungsgremiums
  Zur Einführung von TQM wird in der Regel ein Steuerungs-Team eingerichtet. Häufig versteht sich dieses Gremium lediglich als Kontrollinstrument, Befehlsgeber oder Kritiker von Maßnahmen statt als Helfer, Unterstützer, Ratgeber und/oder Katalysator. Es ist jedoch unmöglich, von Mitarbeitern mit Hilfe von Befehlen zusätzliches Engagement und Interesse für Tätigkeiten zu erlangen, die neben der täglichen Arbeit zu erfüllen sind. Beides muß vielmehr, wie eine Blume, sorgfältig und mühsam gehegt und gepflegt werden.

- Irreale Zeitvorstellungen
  Einige Firmen sind von der Idee des TQM so begeistert, daß sie sofort mit der Einführung beginnen. Natürlich erwarten sie die ersten Ergebnisse sofort nach Anlauf der ersten Maßnahmen ca. 4–6 Monate später. Diese Erwartung kann nur zu Enttäuschungen und Frustrationen führen. Da Veränderungen von Einstellungen und Verhaltensweisen Zeit benötigen, ist nach einer Vorbereitungsphase von 6–12 Monaten mit sichtbaren Ergebnissen nicht vor 15–24 Monaten zu rechnen, während wahrnehmbare Kulturveränderungen in den Unternehmen noch länger dauern. Westliche Unternehmen wollen das japanische Qualitätsniveau, wozu die Japaner selbst 30 Jahre, viel Mühe und noch mehr Mißerfolge benötigten, in 2–3 Jahren einholen. Ein kaum realistisches Unterfangen. Es ist wichtig, die Einführung von TQM auch unter diesem Aspekt zu sehen. Alles andere erscheint illusorisch.

- „Noch'n Programm"
  In vielen Firmen lächeln die Mitarbeiter und reagieren passiv, wenn sie von der Einführung von TQM erfahren. „Noch'n Programm", ist eine viel gehörte Reaktion, die verständlich wird, wenn der Hintergrund klar wird. Über die letzten Jahre hinweg haben die meisten Mitarbeiter eine Vielzahl der verschiedensten Programme wie z. B. MbO, OE oder OVA (GWA) kommen und gehen sehen, die mit viel Lärm und Versprechungen angekündigt wurden, aber für die Mitarbeiter oft nicht mehr gebracht haben als eine zusätzliche Menge Arbeit. Warum sollte also TQM etwas anderes sein als die bisherigen Kampagnen. Auch aus dieser Perspektive wird deutlich, wie wichtig gerade die Verpflichtung des Top Managements für das Projekt ist, denn nur auf diese Weise wird der Unterschied zur Vergangenheit unterstrichen und die Bedeutung hervorgehoben.

5.7 Fallbeispiele

Ziel der folgenden Fallbeispiele für Modelle von TQM ist nicht, die Vollständigkeit oder Perfektion der Konzepte darzustellen, sondern ihren gegenwärtigen Stand. TQM Modelle werden nie perfekt sein und müssen sich im Zeitablauf permanent entwickeln. Wichtiger erscheint es, darauf hinzuweisen, daß es Firmen gibt, die diese Initiativen in Angriff nehmen, weil sie die Zeichen der Zeit erkannt haben. Es ist klar, daß für westliche Firmen der Weg zunächst sehr hart und steinig ist, weil sie im Vergleich zu den Japanern erst vor wenigen Jahren damit begonnen haben. Die Anfänge, so unterschiedlich sie auch erscheinen mögen, sind jedoch in vielerlei Hinsicht äußerst ermutigend und stecken hoffentlich andere zur Nachahmung an.

5.7.1 Eternit AG

Im Rahmen der strategischen Planung wurde bei der Eternit AG vor circa zwei Jahren die Erstellung eines neuen Qualitätskonzeptes beschlossen. Dabei galt es, einerseits den geänderten Ansprüchen der

Kunden Rechnung zu tragen, andererseits von der traditionellen Prüfung, Selektion und Korrektur zu vorbeugenden, kostenmindernden Maßnahmen überzugehen. Dies war vor dem Hintergrund eines schrumpfenden Baumarktes, der mit der Bundesregierung in einem Branchenabkommen vereinbarten Schritte, weg vom Asbest bis 1990 und der damit verbundenen Umstellung der Produkte in bezug auf Rohstoffe und Technologie notwendig geworden.

Die Strategie war daher auf eine möglichst kurzfristige Wirkung auszurichten, gleichzeitig mußten aber im Sinne der neueren Qualitätsphilosophie auch Prozesse eingeleitet werden, die erst im Laufe der folgenden Jahre Beiträge zur Qualitätsverbesserung leisten werden. Zu berücksichtigen war weiterhin, daß an fünf Werkstandorten die Maßnahmen koordiniert ablaufen müssen.

Im letzten Jahr wurden daher zusätzlich zum vorhandenen Qualitätssystem mit den üblichen Qualitätskontrollberichten, Statistiken, Schwachstellenanalysen und Institutionen folgende Instrumente installiert (Abbildung 10):

Der Qualitätslenkungskreis

Leitung: Vorstand Finanzen

Teilnehmer: Vorstände, Technik und Vertrieb, Bereichs- und Hauptabteilungsleiter aus Vertrieb, Marketing, Controlling, Forschung und Entwicklung, Konstruktion, Produktion, Steuerung und Qualitätswesen.

Damit gehören die zwölf für Qualität verantwortlichen Personen der wesentlichen Bereiche des Unternehmens diesem Gremium an.

Aufgaben des Lenkungskreises:

- im Sinne der strategischen Planung Schwachstellen im gesamten Unternehmen sowohl in den Bereichen als auch bereichsübergreifend,
- Aufzeigen von Prioritäten,

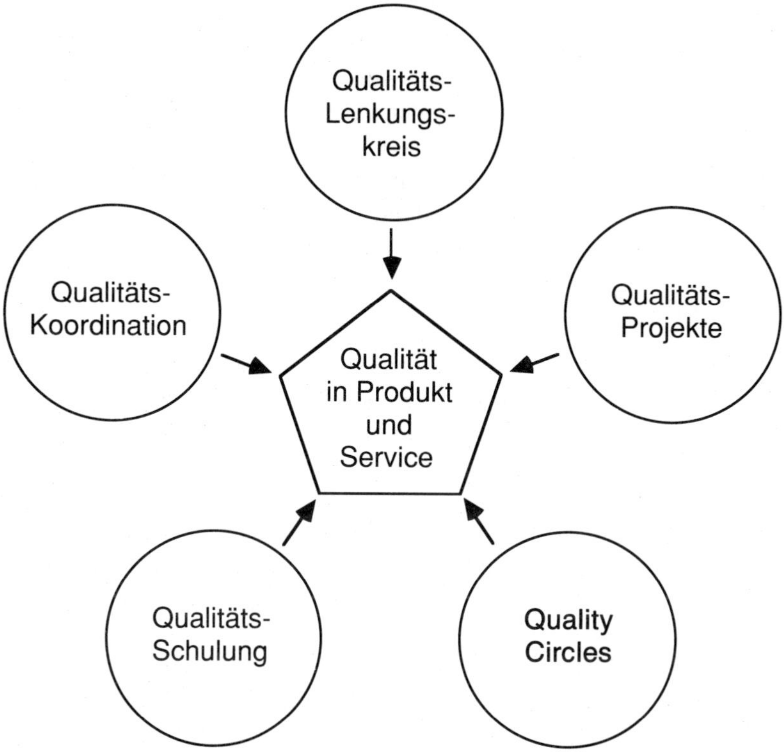

Abbildung 10: Instrumente des TQM-Systems

- Aufgabenverteilung: Qualitätsprojekte, Werke, Forschung und Entwicklung, Marketing/Vertrieb,
- Ergebniskontrolle

Qualitätskoordination

Im Unternehmen existierten bereits mehrere Arbeitskreise und routinemäßige Sitzungen zur regionalen Abstimmung von Absatz und Produktion und zur Erfassung und gemeinsamen Behebung von vorwiegend produktspezifischen Qualitätsproblemen am Markt. Diese

Besprechungen wurden unter der Zielrichtung Qualitätsverbesserung im Sinne des Qualitätsmanagements neu formiert. Vor allem die einseitige Ausrichtung auf die Behebung von Produktmängeln, wurde durch einen erweiterten Themenkreis auch auf die Lösung anderer, gravierender Schwachstellen wie Lieferzeiten, Kalkulationen, Restlieferungen, Verpackung und Kennzeichnung in der Zusammenarbeit untereinander und mit den Kunden ausgedehnt.

Qualitätsprojekte

Von Fall zu Fall waren in der Vergangenheit Ad-hoc-Gruppen gebildet worden, die gezielt ein Projekt angingen und lösten. Im Sinne der Qualitätsphilosophie werden jetzt bei diesen Projekten vor allem Qualitätsprobleme in den Vordergrund gestellt.

- Zur Lösung klar definierter Probleme werden Qualitätsgruppen gebildet. Teilnehmer sind dabei sachkundige Mitarbeiter verschiedener betroffener Bereiche oder Abteilungen unter Leitung einer Führungskraft.
- Nach Beendigung der Projektarbeit werden die Gruppen wieder aufgelöst, wobei die Umsetzung der erarbeiteten Lösungen zum Projekt gehören kann.

Qualitätsschulung

Schulungen sind bei der Eternit AG im Rahmen der Aktivitäten von Fort- und Weiterbildung üblich, allerdings gingen in der Hierarchie die Zielgruppen nicht über den Meisterbetrieb hinaus. Das neu installierte Moderatorentraining erfaßt hingegen auch Vorarbeiter und angelernte Arbeitskräfte.

Themen der Schulungen:

- Qualitätsmanagement
  - Einflußmöglichkeiten auf die Einstellungen zur Qualität, Veränderungsprozesse

  - Grundsätze und Vorgehensweise bei der Einführung von Qualitätsprogrammen ins Unternehmen
- Moderatoren-Training
  Ausbildung von Leitern für Quality Circles und Qualitätsprojekte
- Qualitätswerkzeuge
  - Analysen-, Bewertungs- und Entscheidungstechniken
  - Statistik, Q-Regelkarten
  - Meßbarmachung von Qualitätsaspekten
  - Vereinbaren von Qualitätszielen

Quality Circles

Beim Eternit-Qualitätskonzept fällt den Quality Circles die Aufgabe zu, im Sinne der Breitenwirkung die neue Qualitätsphilosophie möglichst vielen Mitarbeitern nahezubringen; sei es durch aktive Mitarbeit in den Gruppen oder durch Ergebnispräsentationen und Berichte von Arbeitskollegen, die bereits bei QC-Arbeit mitgemacht haben.

Ziel der Quality Circles ist es daher weniger, möglichst gesteuert Qualitätsprobleme im engeren Sinne am Arbeitsplatz aufzugreifen und zu lösen, sondern vor allem die Mitarbeiter zu kreativem Mitdenken und Mitgestalten der eigenen Arbeit und des Arbeitsumfeldes anzuleiten.

Erfahrungen und Hinweise zum effektiven Qualitätsmanagement:

- Betriebsrat immer über alle Aktivitäten informieren! Inwieweit der Betriebsrat zu Entscheidungen und bei Auswahlverfahren hinzugezogen werden kann, ist firmenabhängig.
- Prioritäten bei der Themenbearbeitung setzen! „Weniger ist mehr“! Wenige gelöste Probleme überzeugen mehr als der Nachweis zeitaufwendiger Bearbeitung von vielen Themen.
- Perfektionismus vermeiden! Details müssen nur durchgearbeitet werden, wenn sie das Grundproblem sind, es also nicht „abrunden“.
- Erfolge präsentieren!
  Aber: Selbstdarstellungen vermeiden.
  Merke: Der Erfolg aller Beteiligten im Sinne des Unternehmens ist auch der eigene Erfolg, nicht umgekehrt!

– Unermüdlich sein! „Predigen“ und „gärtnern“ im Sinne des Qualitätsmanagements; denn wer nicht überzeugt ist, macht nicht wirklich mit!

5.7.2 Uniroyal

Ausgangspunkt für das Uniroyal-Konzept ist der Druck des wirtschaftlichen Umfeldes: durch höhere Rohstoffpreise, steigende Qualitätsanforderungen und stärkeres Eingehen auf Kundenwünsche bis hin zu Gesetzesänderungen.

Diese äußeren Gegebenheiten bewirken eine ständige Veränderung der Unternehmensaufgabe.

Zur Sicherung der Wettbewerbsfähigkeit ist es deshalb erforderlich, daß eine flexible, interne Organisation den äußeren Druck verarbeitet.

Damit sich die interne Organisation schnell und reibungslos auf die äußeren Veränderungen einstellen kann, sind permanent technische, organisatorische und menschliche Verbesserungen erforderlich, wobei das Verbesserungspotential in bezug auf den menschlichen Aspekt auf 40 Prozent geschätzt wird.

Die Erschließung dieses Potentials erfordert eine planvolle Strategie. Diese sollte auf den neuesten Arbeitsmotivationstheorien basieren, die besagen, daß Arbeit selbstbelohnend sein muß. Die Arbeitsinhalte sollten also durch Verantwortung, Anerkennung und die Möglichkeit zur Selbstverwirklichung attraktiv gestaltet werden. Zudem kann das Ergebnis mit Hilfe eines oder mehrerer ausgedehnter Gruppensysteme gesteigert werden.

Im einzelnen besteht das Uniroyal-Konzept aus folgenden Bausteinen:

Das Projekt Selbstkontrolle

Der Grundgedanke war und ist: Qualität muß produziert und kann nicht „kontrolliert“ werden.

Die Zielvorstellung lautet:

- Steigerung von Produktivität und Qualität
- Steigerung des Selbstwertgefühls und der Arbeitsattraktivität für die Mitarbeiter des Produktionsbereiches
- Verbesserung des Betriebsklimas

Die Projektdurchführung umfaßte folgende Aktivitäten:

Als Hauptpunkte sind zu nennen:

- Veränderung der Aufsichtsstruktur und Bildung von kleinen Aufsichtsbereichen mit acht bis zehn Personen
- Individuelle Schulung aller Aufsichten in puncto Prüfverfahren, Arbeitsmethoden, Lohnverrechnung und allgemeiner Aufsichtsarbeiten
- Verlagerung bestimmter Qualitätsaufgaben von der Qualitätskontrolle zur Produktion und entsprechende Änderung aller Prüfvorschriften
- Einführung von regelmäßigen Fehler-, Abfall- und Problembesprechungen im dreiwöchigen Turnus und Sonderseminare mit dem Titel:
  „Wie kann ich mich und meine Gruppe zum Erfolg führen?"

Als Verbesserungen, teils spürbar, teils durch Zahlen belegt, ergaben sich:

- Anstieg des Qualitätsbewußtseins
- Verbessertes Betriebsklima durch Präsenz und Hilfe der Aufseher sowie bessere Kooperation zwischen Produktion und Qualitätskontrolle
- Abwechslungsreichere Tätigkeit der Gruppenaufseher
- Weniger Nacharbeit, bessere Qualität und Effektivität
- Die errechenbaren Einsparungen lagen weit über einer Million DM im Jahr

Rüstzeitminimierung

Hier war der Grundgedanke: Der Markt fordert mehr Produktvarianten. Deshalb ist zur Wahrung der Produktionskapazität eine Reduzierung der Rüstzeiten in allen Produktionsabteilungen erforderlich.

Die Zielvorstellung wurde wie folgt definiert:

- Reduzierung der Maschinenstillstandzeiten durch schnelleres und effektiveres Rüsten
- Verbesserung der Kooperation zwischen den Produktionsaufsehern und den Handwerkern

Wie beim Projekt „Selbstkontrolle“ wurde die Durchführung mit einer organisatorischen Veränderung eingeleitet. Zuerst erfolgte die Übernahme der Maschineneinrichter aus dem Handwerker- in den Produktionsbereich und dann eine Änderung der Einsatzorganisation.

In Arbeitsgruppen mit Mitgliedern aus der I.E.-Abteilung, der Produktion und dem Handwerkerbereich wurden die Rüstteile und Methoden standardisiert. Diese Gruppen arbeiten auch heute noch permanent Verbesserungen aus.

Für alle Rüstvorgänge wurden Richtwerte erstellt und dann eine Prämienentlohnung eingeführt. Schulungen in puncto Qualität und Arbeitsmethode wurden während der Umstellungsphase ebenfalls abgehalten.

Die erzielten Verbesserungen waren:

- Wesentliche Reduzierung der Maschinenstillstandzeit
- Personaleinsparungen
- Anstieg der Qualität des Rüstens
- Permanente Überlegung zur Optimierung und Teilreduzierung in der Gruppe
- Bessere Kooperation zwischen Produktion und Handwerkern

Zielgruppen

Die Zielgruppen werden in die Fach- und Serviceabteilungen verstärkt miteinbezogen.

Die Grundgedanken des Konzeptes lassen sich wie folgt zusammenfassen:

Zur Verbesserung der wirtschaftlichen Lage des Unternehmens ist eine permanente Senkung der Schrott-, Abfall- und Aufbereitungskosten erforderlich. Eine fachlich heterogene Gruppe bietet die beste Gewähr, die nötige Kreativität zu entwickeln.

Die Zielvorstellung lautet:

- Die im Budget verankerten Abfallprozentsätze beziehungsweise Kosten sind im Jahresmittel einzuhalten.
- Motivation der Fachabteilungen zu mehr Identifikation mit den Produktionsbelangen.
- Verbesserung der Kooperation zwischen den Produktions- und Fachabteilungen.
- Gegenseitige Wissensvermittlung in den Gruppendiskussionen.

Durchführung und Arbeitsweise weisen folgende Eigenschaften auf:

- Die Gründung von neuen Zielgruppen
- Die Koordination wird durch den Material Yield Engineer, der auch Leiter oder Mitglied in einigen Gruppen ist, vorgenommen.
- Mindestens einmal pro Quartal bespricht jede Gruppe ihre Ergebnisse und Probleme mit dem technischen Direktor.

Die Arbeitsweise der Gruppe ist völlig selbständig und umfaßt: Problemauflistung und -auswahl, Analyse, Lösungsausarbeitung und Bewertung sowie Lösungseinführung.

Das Fazit der permanenten Gruppenarbeit ist eine deutliche Reduzierung der Abfallkosten und eine wesentliche Verbesserung der Kooperation zwischen den Fach- und Produktionsabteilungen.

Zusammenfassung

Die Verbesserungen lassen sich wie folgt zusammenfassen:

- Hoher betriebswirtschaftlicher Nutzen, der sich auf mehr als drei Millionen DM im Jahr schätzen läßt.
- Die Kooperation zwischen den technischen Fachabteilungen und dem Produktionsbereich wurde wesentlich verbessert.
- Geringer zu bewerten ist die Erhöhung der Arbeitsattraktivität, denn nur ein begrenzter Personenkreis kam in den Genuß von mehr Selbstverantwortung und erhielt mehr Freiraum zur Kreativitätsentfaltung.

Probleme ergaben sich auf folgendem Gebiet:

- Widerstände bei einigen Mitarbeitern durch Fremdbestimmung
- Widerstände bei einigen Mitarbeitern gegen mehr Verantwortung

Die Einführung von Quality Circles

Im Rahmen dieses Bausteins wurden folgende Maßnahmen eingeleitet:

- Gründung eines Qualitätsausschusses
  Im Ausschuß sind alle wichtigen betrieblichen Funktionen vertreten. Vorsitzender ist der Personaldirektor, der als Mitglied der Geschäftsleitung die QC-Idee nach innen und außen vertritt.
- Aufstellung einer doppelten Zielsetzung für das Projekt:
  - Verbesserung der betrieblichen Leistungsfähigkeit
  - Verbesserung der Arbeitszufriedenheit und Arbeitsmotivation
- Abschluß einer Betriebsvereinbarung mit dem Betriebsrat mit folgendem Inhalt:
  - Freiwillige Teilnahme
  - Freie Themenwahl
  - Bearbeitung durch den Zirkel von der Problemsammlung bis zur Erfolgskontrolle

- Q-Ausschußmitglieder (Bereichsbeauftragte) gründen Steuerteams, und diese arbeiten Bereichsregularien aus.
  - Der Leitfaden bedarf der Zustimmung des Betriebsrats.
- Einführung der Quality Circles
  - Jedem QC gehören zwei Moderatoren an.
    Ein Moderator leitet, der andere unterstützt ihn dabei. Dadurch können die Sitzungen auch stattfinden, wenn ein Moderator fehlt.
  - Moderator kann jeder Mitarbeiter werden.
  - Die Zirkelmitglieder kommen aus einem gemeinsamen Arbeitsbereich.
  - Für Nichtmitglieder ist die Teilnahme an Zirkelsitzungen nur mit Einladung möglich.
- Ergebnisse des Projektes
  Die Ergebnisse des Projektes lassen sich vorsichtig wie folgt zusammenfassen:
  - Erzieltes Kosten-Nutzen-Verhältnis: 1 zu 1,5
  - Allgemeine Verbesserung des Führungs- und Betriebsklimas

6. „Made in Germany“ – das erste TQM-Konzept

6.1 Aufstieg des „Made in Germany“

Der Begriff „Made in Germany“ ist mittlerweile über einhundert Jahre alt. Die zum weltweiten Gütebegriff entwickelte Herkunftsbezeichnung war eine englische Erfindung. Im sogenannten Merchandise Marks Act[1] verfügte das britische Parlament am 22. August 1887, daß ausländische Produkte mit einem Hinweis auf ihr Ursprungsland zu versehen seien. Den Hintergrund dieser Entscheidung bildete die zunehmende Handelsrivalität zwischen den Nationen.

Das britische Empire war ein Jahrhundert lang unangefochten die führende Wirtschaftsmacht der Welt. Zu spät erkannte es nun, daß ihm mit Deutschland ein ernst zu nehmender Konkurrent erwachsen war, selbst in den klassischen englischen Industrien wie Kohle und Stahl. Die Deutschen unterboten die Engländer, da die Löhne niedriger und die Arbeitszeiten länger waren. Vielfach ließ die Qualität der Produkte allerdings zu wünschen übrig. Deutsche Waren galten als billig und schlecht. Auch vor unlauterem Wettbewerb scheuten deutsche Fabrikanten nicht zurück. Auf Messer und Scheren stanzten sie das Wort „Sheffield“ – das Synonym für hochwertige britische Stahlwaren. Nicht zuletzt unter dem Druck Sheffielder Fabrikanten kam dann der Merchandise Marks Act zustande.

Die als Diskriminierung gedachte, protektionistische Maßnahme verfehlte ihren Zweck und schlug auf den Verursacher zurück. Die Kennzeichnungspflicht deutscher Waren kam zu einem Zeitpunkt, als es der deutschen Industrie gelang, durch schnelle Umsetzung einer großen Fülle von naturwissenschaftlichen Entdeckungen in industrielle Produkte die ältere Industrienation England zu übertreffen. 1891 auf der

1 Wölke, G.: Zum Image des „Made in Germany“, Köln 1985, p. 13.

ersten Weltindustrieausstellung in London waren es deutsche und amerikanische Aussteller, die die höchsten Auszeichnungen erhielten. Branchen wie die Elektrotechnik oder Teerfarben-Industrie und zunehmend auch die Pharma-Industrie reagierten in der jungen Industrienation Deutschland flexibler und sicherten sich so einen Innovationsvorsprung auf dem Weltmarkt. So stiegen die Ausfuhren von Deutschland nach England im Zeitraum von 1889 bis 1893 um rund 30 Prozent. Im Osthandel, insbesondere mit Japan, ging es noch rascher. Dort kletterte der Wert der deutschen Einfuhren, der 1888 noch 4,5 Millionen betragen hatte, auf 26,5 Millionen DM im Jahre 1895[2].

Deutsche Waren erkämpften sich schnell einen guten Ruf. Markeninstrumente, Werkzeugmaschinen sowie pharmazeutische Produkte waren begehrt.

Der britische Journalist Williams beschrieb das Verhalten der Deutschen im Vergleich zu den Engländern 1896 so[3]: „Besuchen ... die Vertreter englischer Häuser fremde Städte, dann bringen sie ihren Provinzialismus mit und zeigen ihn in einer höchst unangenehmen Weise. Wie ich schon mehrmals hervorgehoben habe, ist das Letzte, um das sich ein englisches Haus, wenn es Aufträge erhalten will, kümmert, der Geschmack seiner Kunden. ‚Das sind unsere Waren, nehmt sie, oder nehmt sie nicht‘, ist der gewöhnliche Bescheid, den unsere Handelsvertreter geben. Die Deutschen dagegen sind immer bereit, auf jede Anspielung ihrer Kunden über ein neues Muster oder über eine Änderung in Form und der Güte der Waren einzugehen." Die Deutschen lernten die Sprache des Landes, sie rechneten in der Landeswährung ab und verpackten ihre Waren besser. Williams: „Bestellungen gehen ihnen reichlich zu, während der starrköpfige Engländer seinen Koffer voll von Mustern und sein Bestellbuch leer wieder heimbringt[4]." Diese Äußerungen von seiten eines Engländers über deutsche Hersteller könnten heute in einer deutschen Zeitung über japanische Geschäftsleute stehen.

---

2 Ibid.

3 Williams, E. E.: „Made in Germany": Der Konkurrenzkampf der deutschen Industrie gegen die englische, Leipzig 1896, p. 182.

4 Ibid.

Noch vor dem Ersten Weltkrieg war Deutschland das führende Industrieland Europas. Deutsche Erzeugnisse erlangten einen so guten Ruf, daß manche Hersteller die Aufprägung „Warranted" (garantiert) „Made in Germany" anbringen ließen. Die ursprünglich als Makel vorgesehene Zwangskennzeichnung kehrte sich so in ein Gütesiegel für deutsche Waren um.

Zwischen den beiden Weltkriegen, in den 20er Jahren, angesichts der Weltwirtschaftskrise, vor allem aber aufgrund des Aufstiegs der Nationalsozialisten, gerieten deutsche Produkte trotz guter Qualität zusehens auf ein Abstellgleis auf dem Weltmarkt.

Nach dem Zweiten Weltkrieg setzte eine Rehabilitierung des Begriffes „Made in Germany" durch den industriellen Aufschwung ein. Zusätzlich breiteten sich in den 40er und 50er Jahren die in den USA während des Krieges entwickelten statistischen Verfahren zur Qualitätskontrolle auch in Deutschland aus. Die aufwendige Vollkontrolle wurde abgelöst, das Stichprobenverfahren stellte damals den höchsten ökonomischen Fortschritt in der Qualitätssicherung dar. Eingangs- und Endkontrollen der Fertigung sicherten einen hohen Standard der Produkte. Der Begriff „Made in Germany" wurde so zum Synonym für das Wirtschaftswunder, für Solidität und Gediegenheit nach dem Krieg.

Gleichzeitig setzte die Institutionalisierung der Qualitätssicherung ein. Aus dem 1952 ins Leben gerufenen „Ausschuß für technische Statistik" (AWF) ging 1957 die „Deutsche Arbeitsgemeinschaft für statistische Qualitätskontrolle" (ASQ) hervor. Hieraus entwickelte sich 1972 die „Deutsche Gesellschaft für Qualität e. V." (DGQ)[5].

Von diesem Zeitpunkt an bestimmte und beeinflußte diese Institution in sehr starkem Maße die Maßstäbe und Normen in Deutschland und gab den Ton für die Qualitätspolitik der Unternehmen an. Sie lieferte den deutschen Qualitätsprüfern das entsprechende methodische Wissen und die Optimierung der Kontrollverfahren. Die zuständigen Führungskräfte, wie Ingenieure und Techniker, wurden in Seminaren dieses Institutes geschult.

---

5 Masing, W. Hrsg.: Handbuch der Qualitätssicherung, München/Wien 1980, Anhang, p. 953.

Die hervorragende Leistung deutscher Konstrukteure, Ingenieure und Facharbeiter, verbunden mit einem nahezu perfekten System der Qualitätssicherung, verhalfen der deutschen Industrie nach 1945 zu internationaler Anerkennung und ließen Deutschland zu einer der größten Handelsnationen der Welt aufsteigen. Auch die schwierigen Jahre der Ölkrise überstanden die deutschen Unternehmen relativ unbeschadet, da die zu Kapital gekommenen OPEC-Länder ihr wirtschaftliches Wachstum zu einem guten Teil mit Investititonsgütern „Made in Germany" vollzogen.

Der weltweite Absatzerfolg deutscher Erzeugnisse wurde als Bestätigung dafür empfunden, daß man mit dem deutschen Qualitätsbegriff richtig lag. Deutschland galt als technologischer Spitzenreiter. Es gab wenige Konkurrenten und der Absatzmacht stellte sich zunächst als reiner Verkäufermarkt dar. Angesichts der Zuverlässigkeit und der hohen technischen Funktionalität waren die Abnehmer deutscher Spitzenprodukte auch bereit, die entsprechend hohen Preise zu zahlen.

Auch als asiatische Konkurrenten mit kurzlebigen Konsumgütern den Weltmarkt überschwemmten, kam in Deutschland kein Zweifel an der bisherigen Form der Qualitäts-Sicherungspolitik auf. Im Gegenteil, in den 60er Jahren glaubten die Hersteller fototechnischer Geräte noch, mit dem Hinweis „Made in Japan" dem Käufer hinreichend signalisieren zu können, daß es sich hier um Billig-Importe handelte, die mit deutschen Qualitätsprodukten nicht vergleichbar waren. Der Konsument ließ sich jedoch nicht beirren und kaufte. Eine Fotofirma nach der anderen kam in Schwierigkeiten und wurde veräußert. Ähnlich bei der zweiten Welle japanischer Produkte, den Erzeugnissen der Unterhaltungs-Elektronik: Auch hier fanden die fernöstlichen Qualitätsprodukte rasch eine große Zahl von Käufern. Wiederum geriet eine Firma nach der anderen in Schwierigkeiten und mußte verkauft werden. Heute gibt es kaum noch eine deutsche Kamera- oder Hi-Fi-Firma. Als dann in den 80er Jahren japanische Automobil- und Maschinenbau-Hersteller schnell ansteigende Marktanteilsraten auf dem angestammten Weltmarkt europäischer und amerikanischer Produzenten erzielten, geriet der deutsche Qualitätsbegriff erneut in die Krise. Die japanischen Produkte wurden zu konkurrenzlosen Preisen und zum Teil mit höheren technischen Qualitäten angeboten. Der weltweite Preiswettbewerb erweiterte sich zum Qualitätswettbewerb. „Made in Japan“ droht heute auf dem Weltmarkt das „Made in West-Germany“ als Kennzeichen technologischer Spitzenqualität zu ersetzen.

Bei genauerem Hinsehen ergeben sich erstaunliche Parallelen zwischen Deutschland 1850 und Japan 1950. Japan befand sich nach dem Krieg in einer ähnlichen Wettbewerbssituation wie Deutschland zu Beginn der industriellen Revolution. Die japanische Industrie hat im Eiltempo wiederholt, was die deutsche hundert Jahre früher vorgemacht hatte. Durch kluge Imitationen und Verbesserungen ausländischer Spitzenprodukte sowie innovative Technikbegeisterung, überrundete das anfangs milde belächelte Japan innerhalb weniger Jahrzehnte die alteingesessenen Industrienationen. Japaner erreichten dies auf die gleiche Weise wie hundert Jahre vor ihnen die Deutschen: vor allem mit besserer Qualität und erheblichen Preisvorteilen.

6.2 „Made in Germany“ im Zwiespalt der heutigen Situation

Der Beginn eines teilweisen Niedergangs von „Made in Germany“ setzte bereits in den 60er Jahren ein. Dafür sind vorwiegend zwei Entwicklungen verantwortlich: der gesellschaftliche Wertewandel und die Einführung des Total-Quality-Management-Konzeptes in Japan.

Der gesellschaftliche Wertewandel

Bis Mitte der 60er Jahre ging es mit der deutschen Wirtschaft ständig bergauf. Absatzrückgänge gab es so gut wie nicht. Der Arbeitsmarkt war leergefegt. Ausländische Arbeitnehmer wurden in ganz Europa, in Italien, Spanien, Portugal, Griechenland, Jugoslawien, für deutsche Firmen rekrutiert. Auch die Löhne stiegen ständig. Es bestand eine implizite Abmachung, ein ungeschriebener Vertrag, zwischen Arbeitgebern und Arbeitnehmern: Was gut ist für die Unternehmer, ist auch gut für die Arbeitnehmer. Jeder profitierte: Die Unternehmer zahlten hohe Löhne, räumten Mitbestimmungsrechte ein, erhöhten die sozialen Leistungen, gewährten Arbeitsplatzsicherheit. Die Mitarbeiter revanchierten sich mit Engagement, Verantwortung, Pünktlichkeit, Zuverlässigkeit, Tüchtigkeit. Insofern war „Made in Germany" zu dieser Zeit das erste Total-Quality-Management-Konzept, da es sowohl das technische als auch das menschliche beziehungsweise soziale System – allerdings unausgesprochen – berücksichtigte.

In dieser Zeit traten drei wichtige Erscheinungen auf:

- Der zunehmende Wohlstand entfachte bei den Arbeitnehmern neue Motivationen, die sich nicht mehr nur auf das Arbeitsleben richteten; die Reisewelle begann.
- Die Studentenrevolution stellte traditionelle deutsche Werte wie Fleiß, Zuverlässigkeit, Tüchtigkeit in Frage und als antiquiert dar. Befreiung vom Zwang der Arbeit, Selbstverwirklichung waren die neuen Schlagworte.
- Die ausländischen Arbeiter brachten ihre unterschiedlichen Kulturen mit, die zu Konflikten innerhalb der Betriebe und der Gesellschaft führten. Die deutsche Öffentlichkeit stellte fest, daß sie „Arbeitskräfte gerufen hatte, aber Menschen kamen".

Seither ist die Welt in deutschen Unternehmen nicht mehr das, was sie einmal war. Der ungeschriebene Vertrag wurde von seiten der Mitarbeiter aufgelöst, das Motivationsproblem wurde deutlich. Die Unternehmungen reagierten mit verstärktem Technologieeinsatz, was die Mitarbeiter noch mehr in die innere Kündigung trieb, weil sie sich als Menschen übergangen fühlten. Zu spät, wenn überhaupt, erkannte man, daß die Grundlagen der deutschen Qualitätsprodukte, die pflichtbewußten und einsatzfreudigen deutschen Arbeiter und Techniker, durch verstärkte Automatisierung und Rationalisierung in den Hintergrund gedrängt und ersetzt wurden, häufig durch eine Kombination von modernster Technologie und Gastarbeitern beziehungsweise angelernten Arbeitern. Der Ausbau von Kontrollinstanzen ergänzte diese Entwicklung. Es entstand eine paradoxe Situation: Während die technische funktionale Qualitätssicherung sich verfeinerte, wurde das, was eigentlich gemessen werden sollte, nämlich die Qualitätsarbeit des deutschen Facharbeiters, wegrationalisiert. Bis heute ist es den deutschen, aber auch den europäischen Unternehmungen nicht gelungen, ein Motivationskonzept zu entwickeln, das diesen Faktoren Rechnung trägt.

Die Einführung des Total-Quality-Management-Konzeptes in Japan

1968, gerade als die deutsche ASQ in „Deutsche Gesellschaft für Qualität" umbenannt wurde, führten die Japaner einen neuen Begriff ein, den der „Company Wide Quality Control" oder auch „Total Quality Control" (TQC) genannt. Ursprünglich waren Name und Konzept auf Feigenbaum zurückzuführen, der diese Gedanken Ende der 50er Jahre in mehreren Artikeln und schließlich in seinem Buch „Total Quality Control" niedergelegt hatte. Nachdem das Werk von den Japanern übersetzt worden war, griffen sie die darin propagierten Ideen, insbesondere die der Einbeziehung verschiedener betrieblicher Funktionen in den Qualitätsprozeß, begeistert auf, veränderten sie jedoch im Laufe der Jahre durch eigene Erfahrungen und Ideen wie zum Beispiel die Einbeziehung aller Ebenen durch Quality Circles oder permanente Verbesserung.

Durch die Einführung dieses Begriffes wurde offiziell verkündet, daß Qualität nunmehr noch umfassender als bisher verstanden werden sollte. Konsequente Orientierung am Verbraucher, Einbeziehung aller Mitarbeiter in den verschiedenen betrieblichen Funktionen und ständige Verbesserung sollten die ganze Firma auf Qualität ausrichten.

Dieser dynamischen und geballten Bewegung standen die Deutschen und die gesamte industrialisierte westliche Welt mit einem Konzept der Qualität gegenüber, das nach wie vor auf von Technikern vorgegebenen Spezifikationen, Kontrollen, Inspektionen und Prüfstrategien beruhte. Qualität war zum damaligen Zeitpunkt für den Westen immer noch eine technische Aufgabe.

Wie bereits erwähnt, war dies ein hoffnungsloses Unterfangen, zumindest wenn es um den Markt der technischen Konsumgüter ging. Dort indessen, wo die Vorgaben der Techniker sich mit den Erwartungen der Kunden einigermaßen deckten, wie in der Produktion von Investitionsgütern, blieb die deutsche Industrie an der Spitze. Den Markt für Konsumgüter hingegen hat die deutsche Industrie innerhalb von nur 15 Jahren verloren und fast kampflos abgegeben. Auch heute sieht die Situation nicht viel anders aus; in vielen Unternehmungen hat man das Problem in seiner vollen Tragweite, geschweige denn seine Ursache noch gar nicht richtig erkannt. Dieses Phänomen läßt sich sogar empirisch belegen: Im Januar 1983 veröffentlichte das Handelsblatt das Ergebnis einer von der Nürnberger Wirtschaftsforschung Doeblin[6] durchgeführten Untersuchung zum Image des „Made in Germany" in den USA (siehe Tabelle 2). In einem erweiterten Sinn läßt sich dieses auch als Ergebnis des Wettbewerbes zwischen Japanern und Deutschen auf dem amerikanischen Markt intern auslegen.

Tabelle 2: Ergebnisse einer Befragung über „Made in Germany" in den USA

	Deutschland	Japan
Verläßlichkeit/Haltbarkeit	58%	32%
Preis/Qualität	47%	42%
Billig im Preis	71%	78%
Leicht erkennbar, ziemlich bekannt	32%	67%
gute Farbe/Design	31%	54%
Zuverlässigkeit des Kundendienstes	37%	41%
Produkte aus diesem Land sind in vielen Geschäften erhältlich	25%	32%

Quelle: Doeblin, J. und R.: „Das Image deutscher Produkte in den USA", Markenartikel 4/83, p. 159–160.

Die Ergebnisse zeigen ein für Deutschland noch recht schmeichelhaftes Bild, das heute, nach dem Rückzug von VW aus den USA, der Ablösung des Mercedes als beliebtestem Wagen durch den Honda Legend und dem weiteren Vordringen der Japaner im Konsumgüterbe-

6 „Der Bekanntheitsgrad deutscher Produkte läßt in den Staaten noch zu wünschen übrig", Handelsblatt vom 5. 1. 1983, und Doeblin, J. und R.: Das Image deutscher Produkte in den USA, Markenartikel 4/83, pp. 159–160.

reich (mit Fernsehern, CD Spielern, Videorecordern etc.), kaum noch der Realität entsprechend dürfte. So bescheinigen die Amerikaner deutschen Produkten zwar Verläßlichkeit und Haltbarkeit (vor allem ältere Amerikaner sind hiervon überzeugt), angesichts der Tatsache, daß selbst die deutschen Autofahrer 1987 die Japaner auf den ersten Platz setzten[7], scheint dieses Ergebnis allerdings etwas fragwürdig.

Man kann davon ausgehen, daß die inzwischen eingetretene Verschiebung der Altersstruktur und das weitere Vordringen der Japaner das Verhältnis dieser Zahlen weiter zu ihren Gunsten verändert haben.

Realistisch erscheint hingegen die hohe Einstufung der Deutschen bei der Relation Preis/Qualität.

Schwer tut sich die deutsche Exportwirtschaft in den marketing-relevanten Sektoren[8]. So erklären 78 Prozent der befragten Amerikaner, daß Produkte aus Japan normalerweise ziemlich billig im Vergleich zu ähnlichen Erzeugnissen aus anderen Ländern sind, während lediglich sieben Prozent dieser Aussage für Deutschland zustimmen.

Schmerzlich ist auch die Erkenntnis, daß die Amerikaner den Reparatur- und Kundendienst für japanische Produkte höher einstufen als den für deutsche, und nachgerade diskriminierend ist der hohe Bekanntheitsgrad japanischer Erzeugnisse auf dem amerikanischen Markt: 67 Prozent der Befragten sind der Ansicht, daß japanische Marken „leicht erkennbar" und ziemlich bekannt sind – nur 32 Prozent verleihen dieses Prädikat deutschen Artikeln.

Auch bei „Farbe und Design" gelingt deutschen Herstellern offensichtlich nicht, die ungeschmälerte Zustimmung des amerikanischen Verbrauchers zu finden. Nur 31 Prozent sprechen deutschen Erzeugnissen gute Farbgebung und gutes Design zu, im Vergleich zu 44 Prozent bei japanischen Produkten. Nachdenklich muß auch die Tatsache stimmen, daß 82 Prozent der Befragten japanische Produkte „in vielen Geschäften" vorfinden, aber nur 25 Prozent deutsche Erzeugnisse für überall erhältlich erklärten.

7 „Die Japaner liegen vorn", Leserumfrage Autozuverlässigkeit, in: „test", die Zeitschrift für den Verbraucher, op. cit. 10/87, pp. 44–57.

8 Siehe auch Abschnitte 3.1.11 und 3.1.12.

Den Japanern ist es demnach innerhalb von knapp 15 Jahren gelungen, in den USA auf wichtigen Märkten vom Image des Billiganbieters von Massenartikeln zu einem Anbieter von Gütern aufzusteigen, die in ihrer Qualität auf jeden Fall über denen von England und Frankreich stehen. Dies weist die deutschen Hersteller drastisch auf die Mängel und Unterlassungen in bezug auf ihre Qualitätspolitik hin. Es zeigt auch deutlich, was den deutschen Produkten im Vergleich fehlt.

Technisch vorgegebene Kriterien reichen eben nicht aus, um langfristig die Marktführerschaft zu sichern. Genauso wichtig sind Formgebung, Preis und Farbe und vor allem auch der Kundendienst. Mit anderen Worten, ein ganzheitliches Qualitätsverständnis, wie es die Japaner verfolgen. Ob, wie und wie schnell die deutsche Industrie hier Boden wettmachen kann und will, wird die Zukunft zeigen.

7. Aufgabenverteilung bei TQM (Quality Deployment)

Es wurde bereits darauf hingewiesen, daß bei TQM jeder für Qualität verantwortlich ist, vom Pförtner bis zum Vorstandsvorsitzenden, vom Marktforscher bis zum Lagerist. Die dafür erforderlichen Management-Aktivitäten werden von den Japanern ganz generell in drei verschiedene Kategorien eingeteilt[1]:

Die Sicherung bzw. Einhaltung von Qualität

Zur Sicherung einer bestimmten Qualität ist zunächst eine Festlegung der herzustellenden und einzuhaltenden Qualität erforderlich, die sogenannte Standard-Qualität. Im Anschluß daran müssen die dazu notwendigen Arbeitsstandards zur Erreichung dieser Qualität aufgestellt, die Mitarbeiter unterwiesen und darauf verpflichtet sowie Systeme zu ihrer Überprüfung entwickelt werden. Dem Management obliegt die Verantwortung dafür, daß Standard-Qualität und Standards aufgestellt werden, während die Basis und das Mittelmanagement diese Maßnahmen durchführen oder darauf achten, daß sie in der gewünschten Weise ausgeführt werden. Zielsetzung ist in jedem Fall die Aufrechterhaltung des Status quo.

Die Verbesserung der Qualität

Zielsetzung dieser Kategorie von Aktivitäten ist die Verbesserung der Standards, also die Veränderung des Status quo. Dazu werden die Arbeitsprozesse und -anweisungen überprüft, um Problemkreise aufzudecken und sie dann zu lösen. Die dafür notwendigen Techniken sind äußerst simpel, und die finanziellen Aufwendungen gering. Es genügen die bereits erwähnten „7 Tools" und als Investition ein Flip-chart. Die auf diese Weise erzielten Ergebnisse sind meistens auf den ersten

1 Miyauchi, I.: op. cit.; Mizuno, S.: op. cit., p. 157; Imai, M.: op. cit., p. 5–7.

Blick kaum sichtbar, wenig dramatisch und oft klein, ja winzig, obwohl sich am Ende kumuliert ganz beträchtliche und spektakuläre Ergebnisse einstellen. Es handelt sich dabei jedoch um ein langsames, inkrementales, d.h. Schritt-für-Schritt-Vorgehen, bei dem fast jeder Mitarbeiter teilnehmen kann. Dazu müssen allerdings die persönlichen Bemühungen der Mitarbeiter ständig unterstützt und angespornt werden. Diese Management-Aktivitäten sind also in erster Linie mitarbeiterorientiert, deshalb langfristig, und betonen insbesondere den Prozeß. Aus diesem Grunde verlangt diese Art des Vorgehens auch ein ständiges „Dranbleiben" und Bemühen nach dem Motto: „Steter Tropfen höhlt den Stein". Dies ist vor allem Aufgabe des Managements, von dem ständige Motivation und Anregung für diese Aktivitäten ausgehen muß. Am besten geschieht dieses Vorgehen gemeinsam in Teams wie zum Beispiel Qualitäts-Zirkel oder Qualitätsverbesserungs-Teams, an denen alle Mitarbeiter teilnehmen und etwas beitragen können.

Die Entwicklung neuer Produkte und Verfahren

Maßnahmen dieser Kategorie sind auf die Erzielung von „Breakthrough", also dramatischen Neuerungen oder Innovationen in bezug auf Produkte und Verfahren gerichtet. Sie verlaufen nach der Methode des „revolutionären Sprungs". Aufgrund ihrer eminenten Bedeutung werden sie in speziellen Abteilungen wie zum Beispiel Forschung und Entwicklung initiiert und von wenigen Menschen an der Spitze der Hierarchie entschieden. Sie sind mit hohen Investitionen und komplexer Technologie verbunden und deshalb vor allen Dingen ergebnisorientiert. Für hohe finanzielle Aufwendungen will das Top Management schließlich auch Ergebnisse sehen.

Obgleich Management-Aktivitäten dieser drei Kategorien recht unterschiedlich sind, weisen sie doch alle eine gemeinsame Basis auf. So gilt für alle Kategorien die Sicherung und Einhaltung von Qualität als unabdingbare Voraussetzung, weil ohne Sicherung keine Verbesserung und ohne Kenntnis der bestehenden Prozesse, Produkte und Standards auch Innovationen kaum möglich sind.

Das japanische Selbstverständnis in bezug auf Ausübung dieser verschiedenen Management-Aktivitäten wird von den meisten Unternehmen und Instituten wie zum Beispiel der JUSE (Japanese Union for Scientists and Engineers) oder JMA (Japanese Management Association) oft in folgendem Bild dargestellt (Abbildung 11).

Nach ihrer Auffassung ist es Aufgabe des Managements, Standards aufrechtzuerhalten und zu verbessern. Je höher ein Manager in der betrieblichen Hierarchie steht, um so mehr muß er sich mit Verbesserungen und Neuerungen beschäftigen. Hauptaufgabe eines Werkers an der Maschine ist es dagegen, bevor er überhaupt neue Ideen entwickeln kann, zunächst zu lernen, seine Arbeit und Verfahrensanweisungen so zuverlässig wie möglich auszuführen. Je eher und besser er seinen Job beherrscht, um so mehr wird er in der Lage sein, über Verbesserungen nachzudenken. Aufgabe des Managements ist es, ihn dabei durch geeignete organisatorische Maßnahmen zu unterstützen. Aufgabe des Managements ist es weiterhin, nach Erreichung eines festgelegten Standards immer wieder einen höheren anzuvisieren, so daß kontinuierliche Verbesserungen erreicht werden können. Demzufolge ist Hauptaufgabe und Selbstverständis des japanischen Managements ständige Verbesserung oder auf japanisch „KAIZEN".

Unsere westliche Auffassung sehen die Japaner dazu in einem gewissen Gegensatz stehen. Ihrer Meinung nach verfolgen westliche Manager zuviel Sicherung von Qualität statt Verbesserung und Innovation. Sie denken und handeln zu statisch. Imai geht sogar soweit zu behaupten, daß eine der größen Schwächen des westlichen Managements im Fehlen einer differenzierten Philosophie der Verbessserung besteht[2]. In der Tat zeigt sich bei eingehender Betrachtung, daß die westliche Managementlehre außer dem betrieblichen Vorschlagswesen mit all seinen Problemen und Schwierigkeiten bis heute keine Theorie, kein System oder Konzept, keine Methoden und Techniken für kontinuierliche Verbesserung entwickelt hat. Nach Imais Meinung gibt es deshalb im Westen auch kein System, die Bemühungen der Mitarbeiter vernünftig, vor allen Dingen immateriell, zu honorieren. Aus diesem Grunde wird der westliche Managementstil von den Japanern wie folgt gesehen (Abbildung 12).

2 Imai, M.: op. cit., p. 29.

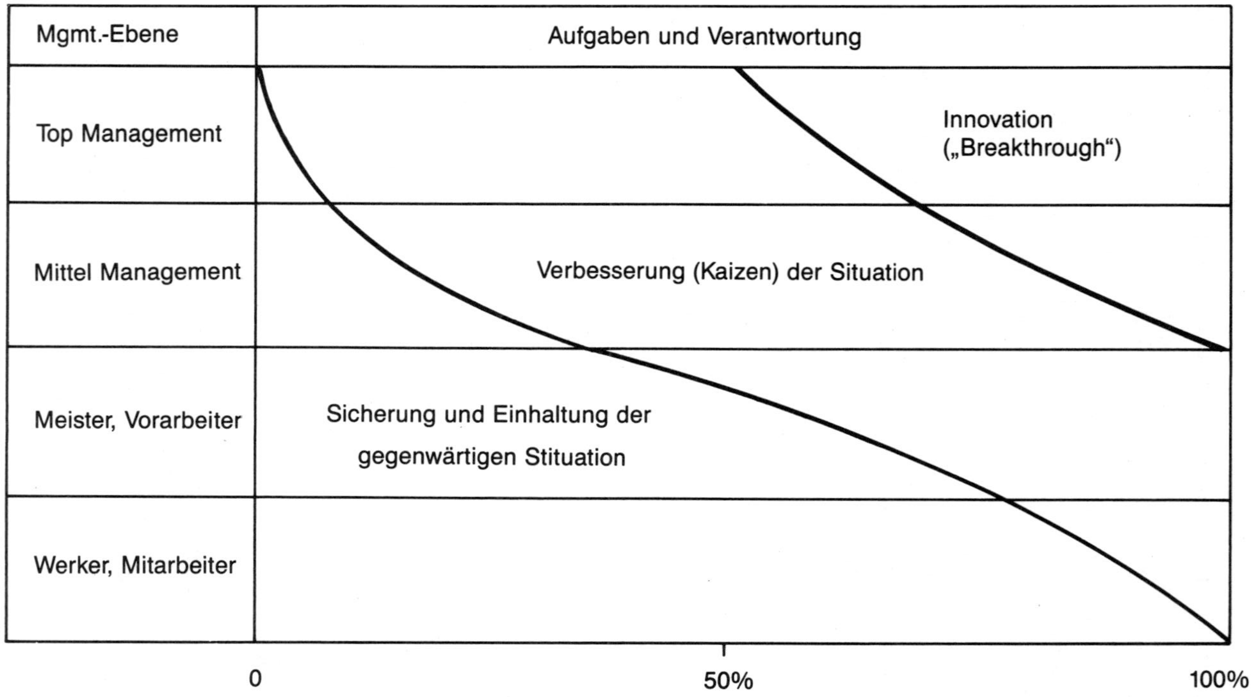

Quelle: Vgl. dazu: Miyauchi, S.: op. cit., Mizuno, S.: op. cit. p. 157; Imai, M.: op. cit., p. 5–7

Abbildung 11: Japanisches Verständnis von Management-Aufgaben

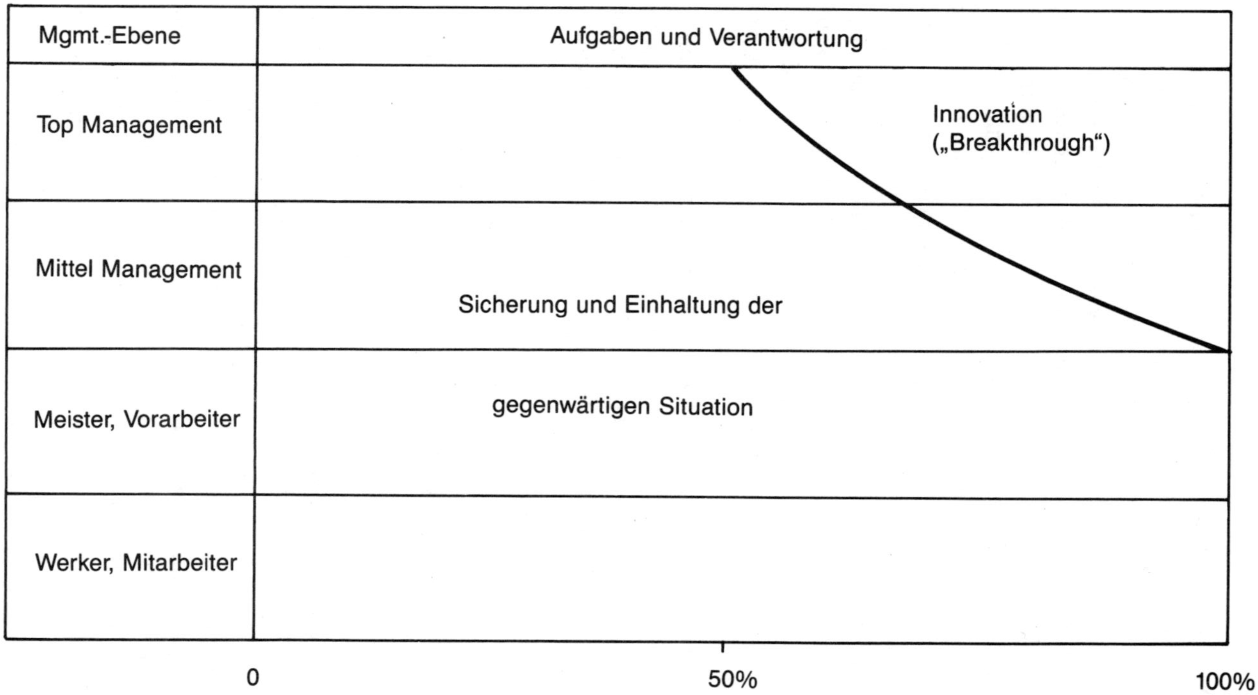

Quelle: Vgl. dazu: Miyauchi, S.: op. cit., Mizuno, S.: op. cit. p. 157; Imai, M.: op. cit., p. 5–7

Abbildung 12: Japanische Auffassung in bezug auf das westliche Verständnis von Management-Aufgaben

Da der Faktor „kontinuierliche Verbesserung“ im Westen fehlt, beschränken sich die Aktivitäten des Managements auf Aufrechterhaltung des Statuts quo einerseits und Innovationen andererseits, während in Japan der Faktor Verbesserung eine zentrale Bedeutung, insbesondere in den Jahren nach der Ölkrise, also ab 1975, gewonnen hat. Die großen Erfolge auf den Weltmärkten haben die Japaner zwar bekanntlich mit westlichen Innovationen (Transistor, Kamera, Computer etc.) erzielt, sie haben diese jedoch durch viele kleine technische und kundenorientierte Verbesserungen ständig weiterentwickelt. Ähnliches gilt für die Qualität ihrer Produkte und Fertigungsverfahren, die sich in ihren Auswirkungen gegenseitig ergänzten und verstärkten. Die Japaner haben alle diese Elemente durch ständige Verbesserungen auf einen immer höheren Standard gebracht. Aber auch dieser wird wiederum nicht als Konstante angesehen, sondern muß ebenfalls weiterentwickelt werden. Der Westen läuft diesen Bemühungen stets hinterher, wie der Hase hinter dem Igel, und will nicht erkennen, daß es nicht um das Erreichen eines einmal gesetzten Zieles oder Standards geht, sondern um ständige Verbesserung, die sich, wie bereits erwähnt, in der Zukunft aufgrund des ständig intensiver werdenden Wettbewerbs noch beschleunigen wird.

Unter Berücksichtiung der eben erwähnten Gegebenheiten müssen die einzelnen Aufgaben und Aktivitäten beim TQM deshalb auch in vertikaler Richtung auf die verschiedenen Management-Ebenen verteilt werden (Tabelle 3).

Die Tabelle unterscheidet u. a. zwischen den verschiedenen hierarchischen Ebenen einer Organisation. Die oberste Ebene ist die der Philosophie, der Unternehmenspolitik, der Ziele, Strategien und der organisatorischen Zuständigkeiten. Gegenstand dieser Aktivitäten ist nach außen die Gestaltung des Images und nach innen die der Qualität der Firma sowie des Managements. Ihren Ausdruck finden diese Maßnahmen in Dingen wie Zielen, Strategien, Visionen, organisatorischen Strukturen und Abläufen, Verantwortung, Firmenkultur. Die besondere Eingenschaft diesbezüglicher Maßnahmen besteht darin, daß sie stets alle Ebenen, also die gesamte Hierarchie nicht nur betreffen, sondern auch in starkem Maße beeinflussen.

Tabelle 3: Aufgabenverteilung bei TQM („Quality Deployment")

Hierarchische Ebenen	Art der Qualität	Art des Problems	Parameter	Arbeitstechniken
Top Management Geschäftsleitung	Qualität der Firma des Managements Image	Plan Organisation Koordination	Strategie Mission Vision Ziele Organisation Firmenkultur Policy Deployment Überfunktionale Zusammenarbeit	Strategische Planung Organisationsanalyse
Mittelmanagement	Qualität der Produkte und Dienstleistungen	Funktion System	Funktionstüchtigkeit Sicherheit Zuverlässigkeit Preis, Kosten Lieferfähigkeit Führungsstil Teamarbeit Motivation	Aktivitätsanalyse Prozeßanalyse Verhaltenstraining Qualitätsverbesserungs-Teams
Meister Vorarbeiter Werker Einrichter etc.	Qualität des Arbeitsplatzes Qualität der täglichen Arbeit	Aufgabe Output Arbeitsanweisung	Sicherheit Sauberkeit Soziale Einrichtung Gesundheit Angenehmer Arbeitsplatz Disziplin	Quality Circle QiDW – Quality in daily work BVW 7 Tools Verhaltenstraining

Auf der Mittelmanagement-Ebene geht es um die Qualität der Produkte und Dienstleistungen der Firma. Sie können mit Hilfe der Gestaltung von Systemen, Arbeitsprozessen, der Konzentration auf die eigentlichen Tätigkeiten und insbesondere Verhaltenstrainings in den betreffenden Funktionen beeinflußt werden. Als Parameter können dazu Faktoren wie bestimmte Qualitätsmerkmale (Funktionstüchtigkeit, Sicherheit etc.), Preis, Teamarbeit und Führungsstil dienen.

Gegenstand der Tätigkeiten der Basis stellt die Qualtität des Arbeitsplatzes und der täglichen Arbeit dar. Auf dieser Ebene ist das am häufigsten verwendete Instrument Quality Circle, die versuchen, die Werker, Meister, Einrichter, Vorarbeiter einzubeziehen. Themen und Kriterien sind hier Dinge wie Sicherheit, Sauberkeit, Funktionsfähigkeit sozialer Einrichtungen, angenehmer Arbeitsplatz etc. Allerdings müssen auch hier die Tätigkeiten der einzelnen Mitarbeiter an den Tätigkeiten der internen Kunden ausgerichtet werden, so daß eine Verbesserung der Qualität der täglichen Arbeit erreicht werden kann.

Die Aufgaben dieser einzelnen hierarchischen Ebenen sollen in den folgenden Kapiteln einer eingehenden Betrachtung unterzogen werden.

8. Aufgaben des Top Managements

Die Aufgaben des Top Managements im Rahmen eines TQM-Programmes liegen vor allem in der strategischen Ausrichtung der Unternehmung mit der Formulierung von Vision, Mission, Zweck, Zielen und Grundsätzen, in der Formulierung der Unternehmens- bzw. Qualitätspolitik und der Verpflichtung der Mitarbeiter darauf (Policy Deployment), der Gestaltung einer entsprechenden Organisation sowie der inter- oder überfunktionalen Zusammenarbeit.

8.1 Die vier strategischen Grundfragen

Ein zentraler Punkt unter den Aufgaben des Top Managements ist die strategische Ausrichtung der Unternehmung in bezug auf Qualität. Eine Firma, die sich entschließt, in den Qualitätswettbewerb einzusteigen, kann dies auf verschiedene Art und Weise tun. Markt und Technik bieten eine breite Palette unterschiedlicher Möglichkeiten dazu, die lediglich durch Kostenüberlegungen begrenzt werden. R. Mecklinger, ehemals Vorstandsmitglied bei SEL in Stuttgart, heute Geschäftsführer bei Mannesmann Kienzle in Villingen/Schwenningen, hat auf dem 2. Deutschen Quality Circle Kongreß 1983 in Bonn, vier Bereiche hervorgehoben, die Gegenstand strategischer Überlegungen sind[1] und deren Antworten in der Regel ihren Ausdruck in der Qualitätspolitik einer Firma finden.

8.1.1 Auswahl des Marktes

Die verschiedenen industriellen Märkte haben ein unterschiedliches Ansehen, bestimmt von den Erwartungen der Verbraucher, aber auch

1 Mecklinger, R.: Qualität als Instrument der Unternehmenspolitik, Vortrag, gehalten auf dem 2. Deutschen Quality Circle Kongreß, Bonn, 1983, unveröffentlichtes Manuskript.

aus dem Nutzen für die Gesellschaft. Wegwerfartikel des täglichen Gebrauches mögen zwar von guter Qualität sein, haben aber keineswegs ein besonderes Image. Technisch hochentwickelte Güter, wie ein Videorecorder oder ein Motorrad, genießen deshalb einen wesentlich höheren Stellenwert als zum Beispiel Zahnpasta, Schokolade oder eine Taschenlampe. Für das Unternehmen ergibt sich aus dieser Rangfolge, daß es, je nach Ansehen der Produkte, einen Platz in der Erwartungshaltung der Verbraucher einnimmt, die ihm bei seinen Bemühungen, eine erfolgreiche Stellung auf dem Markt zu erringen, dienlich sein kann. Die für eine Unternehmung wichtigste Frage lautet: Auf welchen Markt oder in welche Marktnische muß ich gehen, um ein möglichst hohes Image in bezug auf Qualität zu erhalten?

Die Japaner antworteten, indem sie sich zunächst auf einige Märkte wie die der technischen Konsumgüter konzentrierten, dort mit hervorragenden Produkten wie Kameras, Videorecordern, Fernsehern erste Erfolge erzielten, um dann allmählich die Konkurrenten aus anderen Ländern, wie zum Beispiel Deutschland, zu überholen. Daß dies mit Kühlschränken, Elektroherden oder Staubsaugern gelungen wäre, scheint eher unwahrscheinlich. Die Japaner haben auch nicht auf dem europäischen oder asiatischen Markt eingegriffen, sondern auf dem der USA. Erfolge auf dem amerikanischen Markt erhalten vom Konsumenten die Aura eines weltweiten Erfolgs, mit dem sie sich gerne identifizieren und an dem teilzuhaben für sie lohnenswert erscheint, wenn sie das Produkt dann in ihrem Heimatort kaufen können.

Die Antwort von BMW auf die eingangs gestellte Frage, bestand in der Einführung des Zwölfzylindermodells 750. Die Firma BMW ging damit in einen Markt, der von keinem inländischen Anbieter besetzt war, und setzte so neue Akzente. Alle Wagen der oberen Klasse werden nun am Modell 750 gemessen. Damit wird Konsumenten suggeriert, daß BMW mit diesem Typ die bessere Qualität und das bessere Auto besitzt. Mit der Einführung der Modelle 730 beziehungsweise 735 wäre dieser Coup nie gelungen. Diese wären nur neue Modelle einer großen Familie gewesen.

Ähnliches gilt für den Eintritt von McDonald's auf dem Fastfood-Markt. Dieser Markt war in Deutschland bisher von Fritten- und

Würstchenbuden besetzt, die schon durch ihre Aufmachung nicht gerade zum Verweilen einluden, geschweige denn durch ihre Produkte: Dunkelbraune Pommes frites, „verbrutzelte" Würstchen, Frikadellen aus undefinierbaren Rohstoffen und dazu noch leicht verbrannt ... McDonald's setzte in seinem Konzept Qualität in bezug auf Produkt und Service an erste Stelle. Die Hamburger sind einzeln verpackt, immer richtig temperiert, gleichmäßig durchgebraten und von – durch Tests bestätigt – bestem Fleisch. Das Management von McDonald's achtet penibel darauf, daß Zulieferer und Mitarbeiter die festgelegten Anforderungen an die Qualität der Produkte, so schwierig dies bei Erzeugnissen dieser Art auch erscheinen mag, konsequent auf einem gleich hohen Niveau halten. Jeder Kunde wird zudem mit einem Lächeln bedient und muß nicht lange warten[2]. Dazu kommt die peinliche Sauberkeit der Restaurants. Der Kunde kann den gesamten Produktionsprozeß durch Scheiben einsehen. Auf diese Weise setzte McDonald's völlig neue Maßstäbe auf dem Fast-food-Markt und eroberte als Qualitätsanbieter die erste Stelle.

Auch die derzeitige Akquisitionsstrategie von Daimler-Benz kann unter diesem Aspekt betrachtet werden. Durch den Zukauf von High-Tech-Firmen wie Dornier und MBB scheint die Firma ihr durch verschiedene Ereignisse – wie den verstärkten Auftritt von Mängeln bei der 124er-Einführung oder den Zwölfzylinder von BMW – lädiertes Image aufpolieren zu wollen.

Der Entscheidung über die Positionierung des Produkt-Portfolios kommt demnach grundsätzliche Bedeutung zu, weil sie die Möglichkeiten der Firma in vielerlei Hinsicht, zum Beispiel Kapital, Ausrüstung, Mitarbeiter, für einen langen Zeitraum festlegt. Sie stellt eine zentrale Weichenstellung dar, die eine langfristige Richtung vorgibt, etwa wie die Festlegung eines jungen Menschen durch die Wahl seines Berufs oder Studiums.

Eine vordergründige Konzentration auf sogenannte Wachstumsmärkte und ein Übergehen der Erwartungen der Konsumenten können

2 Bei der Fast-food-Kette „Pizza-Hut" gilt die 3-Minuten-Regel. Die Bestellung eines jeden Kunden muß innerhalb von 3 Minuten, nachdem der Kunde am Tisch Platz genommen hat, von der Bedienung aufgenommen werden.

demgegenüber oft der Anfang vom Ende sein. Die bekannte Geschichte des Ford Edsel, für den sogar eine eigene Fabrik gebaut wurde, kann auch unter diesem Aspekt gesehen werden.

8.1.2 Umsetzung der Qualität

Nach der Fixierung des Produkt-Portfolios beginnt die Stufe der Umsetzung. Dabei kommt der Produktentwicklung die größte Bedeutung zu. Aufgabe der Ingenieure ist es, neue Technologien innovativ zu nutzen und gleichzeitig zusätzliche Anwendungen aufzuspüren. Die Entscheidung darüber, ob eine Firma zusätzliche Entwicklungen kauft und wieviel, ist ebenfalls eine Frage mit weitreichenden Konsequenzen. Auch ist hiermit eine langfristige Bindung betrieblicher Ressourcen verbunden. So hat die Firma Grundig – als sie noch selbständig war – jahrelang auf eigene Entwicklungen auf dem Gebiet der Unterhaltungselektronik verzichtet und dafür Know-how bei Philips in Eindhoven eingekauft. Zwar sparte Grundig auf diese Weise aufwendige Entwicklungskosten, doch hatte dies den Nachteil, daß Grundig von bestimmten technischen Entwicklungen abgeschnitten war, weil sie selbst alle Entwicklungstätigkeiten einstellte.

Auch die Produktion des Toyota Pick-up Trucks ab 1989 im Werk Hannover durch VW zeigt, daß VW auf eine Entwicklung eines eigenen Pick-up-Modells verzichtet und statt dessen eine fertige, auf dem Weltmarkt sich als sehr gut bewährte Konzeption bei den Japanern einkauft.

Eine ähnliche Situation besteht auf dem Halbleitermarkt. Hier halten die Japaner die Marktführerschaft bei den IC's (integrated circuits – integrierte Schaltungen). US-Firmen und deutsche Unternehmen beschränkten sich lange darauf, Chips aus Asien zu importieren. Siemens hat erst spät mit der Halbleiterproduktion begonnen und ist noch nicht soweit, die neuen Ein-Megachips auf Massenbasis herzustellen. Der Grund für diese zögernde Entscheidung dürfte in den immensen Entwicklungskosten für die Chip-Produktion gelegen haben. Auch hat man sich auf die Billiganbieter aus Asien verlassen, deren

Chip-Preise kaum unterboten werden konnten. Nach dem Anti-Dumping-Gesetz in den USA, das den Import japanischer Chips unterbinden soll, um die heimische Produktion zu stärken, droht jetzt weltweit eine Verteuerung hochwertiger Computer. Darüber hinaus haben die Amerikaner inzwischen erkannt, daß sie, wenn bestimmte Produkte nur in Asien produziert werden, sich in eine intensive technische Abhängigkeit begeben, die verheerende Folgen haben kann: Die Entwicklung ganzer Technologiebereiche läuft an ihnen vorbei.

Diese Befürchtung der Amerikaner ist berechtigt, wenn man weiß, daß bisher noch kein einziger Videorecorder in den USA gebaut wurde. Auch die wichtigsten Hi-Tech-Komponenten für Laserdrucker und die Bestandteile von 80 Prozent aller in den USA verkauften Kopierern kommen von jenseits des Pazifiks.

Ein besonderes Problem stellt dabei die Lebensdauer eines Produktes dar. Der rasche technologische Wandel bewirkt derart kurze Innovationszyklen, daß technisch ausgereifte Produkte in immer kürzeren Abständen von nachwachsenden, leistungsfähigeren Technologien vom Markt gedrängt werden. Ein mögliches Beispiel sind Computerchips. Während bei Personalcomputern noch vor wenigen Jahren 64 KB Arbeitsspeicher die Regel waren, erschienen in rascher Folge 256 KB, 512 KB, 640 KB mit entsprechend höherer Leistungsfähigkeit für anspruchsvollere Programme auf dem Markt. Heute steht der Ein-Megabyte (eine Million KB) Arbeitsspeicher vor der Tür. Er wird die gerade erst auf 640 KB nachgerüsteten Computer deklassieren.

Der Entwicklungsabteilung kommt die schwierige Aufgabe zu, sinnvolle Lebensdauern einigermaßen verläßlich abzuschätzen. Mecklinger beschreibt daher Qualität auf der Stufe der Umsetzung als Funktion, den Grenzbereich zwischen „zu kurz“ und „zu lang“ von Lebensdauern richtig einzuschätzen, eine Gratwanderung zwischen der Verdrängung von dem Markt einerseits und der Wegwerfphilosophie andererseits – in Zukunft ein wesentliches Moment des Qualitätswettbewerbs, denn der technische Wandel, speziell in der Mikroelektronik, wird sich eher beschleunigen als verlangsamen.

Eine Lösung, die bei SEL erfolgreich praktiziert wird, ist die der sogenannten „Midlife Conversion[3]“, das ist das Bemühen, den natürlichen Lebenszyklus von Produkten und Systemen künstlich zu verlängern, indem sie nach und nach mit neuer Technologie ausgestattet werden. Dabei lassen sich Zwischenlösungen erzielen, die den erreichten Qualitätsstandard aufrechterhalten, oder sogar zusätzliche Merkmale einbringen, ohne deshalb gleich eine ganze Systemfamilie über Bord werfen zu müssen.

8.1.3 Qualität in der Produktion

Die größte Aufmerksamkeit bei der Qualitätssicherung galt in der Vergangenheit der Produktion. Verbesserte Fertigungsverfahren, Nullfehlerprogramme, Fertigungs- und Endkontrollen sollten eine möglichst hohe Qualität gewährleisten. Zweifellos handelte es sich hierbei um wichtige und nach wie vor unerläßliche Methoden der Qualitätssicherung. Der Fehler bestand darin, Qualität ausschließlich in der Fertigung zu suchen. Mecklinger bemerkte zu Recht, daß ein Qualitätsbewußtsein, das erst auf dieser Stufe einsetzt, mit Sicherheit zu spät kommt. In der Fertigung läßt sich nur noch das Symptom kurieren. Die Ursachen liegen meistens woanders.

Kein Punkt kann besser sein als die Qualifikation der Mitarbeiter. Das strategische Ziel der Verbesserung der Qualität in der Produktion ist daher nicht denkbar ohne Schulung und Weiterbildung der Mitarbeiter. Gezielte Job-Rotation und sich selbst steuernde Teams wie Qualitäts-Zirkel können Fehler in der Produktion und den vorgelagerten Abteilungen aufspüren und abstellen. Eine Unternehmung muß prüfen, ob sie, um ein hohes Maß an Qualität zu erreichen oder aufrechtzuerhalten, ihre Mittel in die Optimierung der Fertigung und in die Ausbildung stecken will oder nicht. Es ist die Frage, wie schnell eine Firma sich gezielt hochqualitatives Fertigungs-Know-how besorgen kann. Ein in den letzten Jahren in Europa und den USA in Mode gekommenes Verfahren, um an das Fertigungs-Know-how der Japaner

---

3 Mecklinger, R.: Qualität als Instrument der Unternehmenspolitik, op. cit., p. 14.

heranzukommen, ist die Gründung von sogenannten Joint Ventures zwischen einheimischen und japanischen Firmen. Dazu gehören Firmengründungen wie die MB Video GmbH in Osterode, eine gemeinsame Tochter von Matsushita und Bosch, zur Produktion von Videorecordern, dazu gehört aber auch NUMMI, die Gemeinschaftsfirma von Toyota und General Motors in Fremont, Kalifornien[4].

Einen anderen Weg geht Sony, die in ihrer schriftlich niedergelegten Qualitätspolitik explizit betonen, daß „the key components that affect product quality, reliability and cost must be manufactured by Sony“[5]. Sony's Qualitätspolitik besteht also darin, die für ihre Produkte benötigten Teile und Komponenten aus Gründen der Gewährleistung einer hohen Qualität ausschließlich selbst zu entwickeln und auch zu produzieren.

8.1.4 Qualität im Markt

Qualitätspolitik endet nicht mit dem Übergang des Produktes in die Hände des Konsumenten. Im Gegenteil, die Erfahrungen die Kunden am Markt mit einem Unternehmen machen, beeinflussen die weiteren Kaufentscheidungen erheblich. Der Kunde bildet sich über das Marktverhalten des Unternehmens, im Vergleich zu seinen Konkurrenten sowie gegenüber seinen eigenen Wünschen und Erfahrungen mit dem Produkt, ein Urteil. Diese Beurteilung geht weit über die eigentliche Produktqualität hinaus. Sie formiert sich zu einem Image oder auch einer „Corporate Identity“.

Die Mittel, mit denen die Unternehmen die Urteilsbildung beeinflussen können, sind die Art der Öffentlichkeitsarbeit, die Qualität der

---

4 Auch der umgekehrte Fall, daß japanische Firmen Joint Ventures mit westlichen Firmen eingehen, kommt vor, ja, war sogar häufig durch Gesetz in Japan vorgeschrieben. In den meisten dieser Fälle war allerdings nicht das Ziel, Fertigungs-Know-how zu beziehen, sondern am Innovationspotential teilzuhaben, wie z. B. bei der gemeinsamen Firma von HP und den Yokogawa Electric Works der Firma Yokogawa Hewlett-Packard (YHP).

5 Sony, Tokyo: „What makes Sony quality?“.

Marketingmaßnahmen, Garantien, kundenfreundliche Wartungs- und Ersatzteilkonzepte, Umtauschangebote, Rücknahmen und weitere.

Jede Unternehmung muß für sich festlegen, ob und wie sie diese Parameter einsetzen will.

Welche Bedeutung diese Maßnahmen haben können, mag die Kundendienst- und Ersatzteilpolitik von VW für den Käfer zeigen. Das Qualitätsimage des Käfers hatte in sehr starkem Maße auch damit zu tun, daß ein breites Werkstattnetz vorhanden war, das stets alle Ersatzteile zu angemessenen Preisen zur Verfügung stellte.

Für die Qualität eines Spielzeugs ist es in den Augen des Kunden von entscheidender Bedeutung, daß beschädigte oder verlorengegangene Teile problemlos wiederbeschafft werden können. So gibt es bei Playmobil Kataloge für Kleinteile von Spielzeug, aus denen Ersatzteile zum Teil unentgeltlich angefordert werden können.

Ein Beispiel für „Qualität im Markt“ oder „Corporate Identity“ gibt der „Outdoor Sporting Specialist“ L. L. Bean, der ein Kaufhaus- (open 24 hours 365 days) und Versandhandelsgeschäft in Freeport, Maine, USA betreibt, mit seiner 100%-Garantie.

100% Guarantee

All of our products are guaranteed to give 100% satisfaction in every way. Return anything purchased from us at any time if it proves otherwise. We will replace it, refund your purchase price or credit your credit card, as you wish. **We do not want you to have anything from L. L. Bean that is not completely satisfactory.**

Courtesy: L. L. Bean, Freeport, Maine, USA

Abbildung 13: L. L. Bean’s 100 Prozent-Garantie

Bei Rückgabe einer Lederjacke ein Jahr nach dem Kauf nahm die Dame an der Kasse diese ohne jegliche Diskussion und ohne jeden Kommentar zurück, bestand jedoch auf der Ausfüllung eines Fragebogens, der genau die Gründe für die Rückgabe wissen wollte.

8.2 Formulierung von Vision, Mission, Zweck und Grundsätzen

Strategische Planung besteht jedoch nicht nur in der Entwicklung von Maßnahmen, Plänen und Strategien, sondern auch darin, Gedanken und Vorstellungen anzustellen, wohin diese Maßnahmen führen und welche Grundsätze oder Werte dabei berücksichtigt werden sollen. Es geht also um Vorstellungen über die Zukunft in Form von Visionen, Missionen, Zwecken und Grundsätzen (Abbildung 14).

Diese zu formulieren und den Mitarbeitern immer wieder zu kommunizieren gehört ebenfalls zu den Aufgaben der Unternehmensleitung. Sie hat festzuschreiben und klar zu machen, wohin die Reise geht, auf welchen Wegen, mit welchen Mitteln und welche Merkmale die Leistung des Unternehmens und seiner Mitarbeiter aufzuweisen hat.

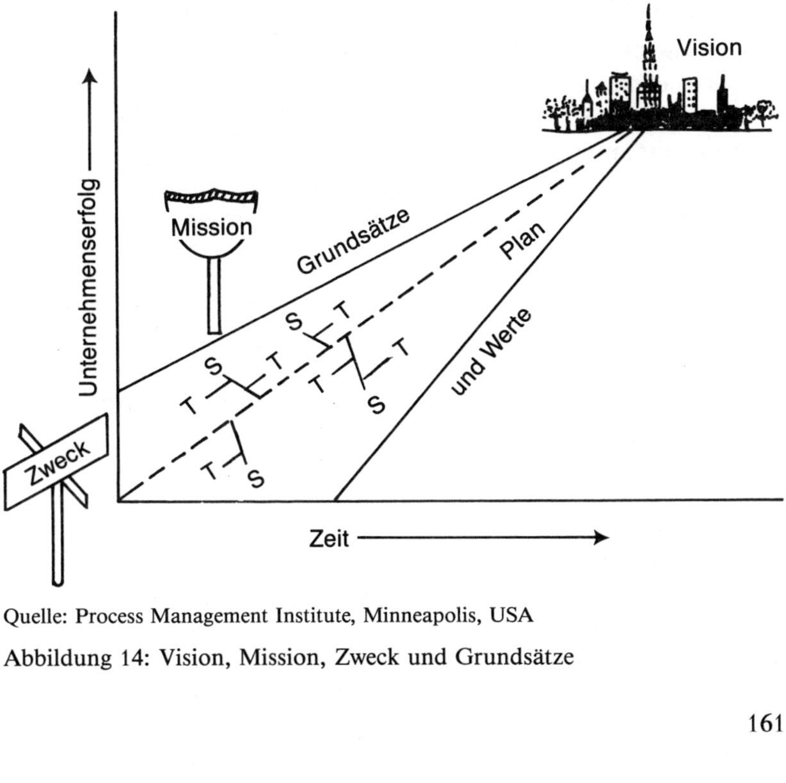

Quelle: Process Management Institute, Minneapolis, USA

Abbildung 14: Vision, Mission, Zweck und Grundsätze

Damit erfüllt die Unternehmensleitung auch die wichtige Aufgabe, die Energien der Mitarbeiter in eine für das Ganze nützliche Richtung zu kanalisieren und zu konzentrieren. Sie schafft Motivationen für die Ziele und Aufgaben der Zukunft. Strategische Planung kann in diesem Zusammenhang als eine Fahrt mit dem Auto zu einer zielhaften Vorstellung, d. h. einer Vision angesehen werden, an der eine Unternehmung in ca. 5 oder 10 Jahren ankommen will. Die anderen Elemente wie Mission, Zwecke und Grundsätze helfen, diesen Weg klarer zu erkennen und lassen sich wie folgt operational beschreiben[6]:

- Die Vision eines Unternehmens besteht aus 2–3 Sätzen, die in klarer, kurzer, anregender aber verständlicher Art festlegt, wo die Unternehmung in 5 oder 10 Jahren sein wird. So wird gleich im ersten Satz der Unternehmenspolitik von Nissan, Europa die Vision angesprochen: „We aim to build profitably the highest quality car sold in Europe“[7]. Die Vision von Mars ist noch kürzer und lautet: „The consumer's mind and ours must be one“[8].
- Der Zweck eines Unternehmens dagegen erläutert, warum die Unternehmung überhaupt existiert – ihr Existenzgrund, ihr „Raison d'être“. Sein Umfang sollte nicht mehr als einen kurzen Abschnitt umfassen. In der Sony Qualitätspolitik wird zum Beispiel der Zweck der Firma sehr knapp definiert: „Part of Sony's commitment to the idea of quality is *to develop new products for new applications*“[9].
- Eine Mission wiederum definiert, was getan werden muß, um die Vision zu erreichen. So lautet zum Beispiel die Mission von ICL, dem englischen Computerhersteller: „ICL is an international Company dedicated to applying information technology to provide pro-

6 Schultz, L. E.: Total Quality Management – A Long Range View, Process Management Institute, Inc., Minneapolis 1990, pp. 1–21; Ames, P. J.: Guiding Museum Values, Museum News, Aug. 1985, pp. 48–54.
Pfeiffer, E. J.; Goodstein, L. D.; Nolan, T. M.: Understanding Applied Strategic Planning. A Manager's Guide, San Diego 1985.

7 Wickens, P.: The Road to Nissan, London 1987, p. 63.

8 Mars, Inc. op. cit.

9 Sony, Tokyo: op. cit. (Hervorhebung durch durch den Autor).

fitable high value customer solutions for approved operational and management effectiveness“[10]. Aber auch Non-Profit-Organisationen beschäftigen sich mit Qualität und Verbesserung ihrer Leistungen. So hat sich das New England Aquarium in Boston Gedanken über die Zukunft gemacht und seine Mission kurz und präzise als „Conservation of those in our Regional Waters“ definiert[11].

– Oft erscheint es notwendig, die meist recht allgemein gehaltenen Missionen, Visionen oder Zwecke durch konkrete Grundsätze oder Wertvorstellungen zu ergänzen. Sie sind deshalb so wichtig, weil sie die Richtung für die Tätigkeiten und Aktivitäten der Mitarbeiter aufzeigen. Sie sind gleichsam die Seitenbegrenzungen der Straße, die von niemandem übertreten werden sollen. Es wird erwartet, daß alle Mitarbeiter diese Grundsätze kennen und sie bei ihrer täglichen Arbeit in Betracht ziehen.
  Übertretungen werden selbstverständlich durch ein System von Bestrafungen geahndet.
  Derartige Prinzipien gibt es in fast allen Firmen, die sich der Idee des TQM verpflichtet haben. Auf den Seiten 164 bis 167 sehen Sie einige Beispiele von europäischen und amerikanischen Firmen, die TQM betreiben:

Es handelt sich hierbei um die Grundsätze der Firma Philips, Eindhoven, dem europäischen Giganten der Unterhaltungselektronik (Abbildung 15), der Firma Istel, einem englischen Computerhersteller (Abbildung 16), der Firma Hoesch (Abbildung 17) und der von Land’s End, einem amerikanischen Versandhaus, das Herren- und Damenkonfektion der gehobenen Klasse per „mail order“ vertreibt (Abbildung 18). Bei der Abfassung von Qualitätsgrundsätzen muß allerdings jede Firma ihren eigenen Stil finden. Keine Formulierung gilt für alle. Als Hilfe für die Erarbeitung und Abfassung von Grundsätzen als zentraler Baustein einer Qualitätspolitik mag die hier abschließend dargelegte Checkliste dienen. Sie enthält sieben Kriterien, die bei der Erarbeitung und Formulierung einer derartigen Qualitätspolitik zu beachten sind (vgl. S. 168).

---

10 ICL.: Fibre Optics in Focus, London 1988.
11 Ames, J. P.: op. cit.

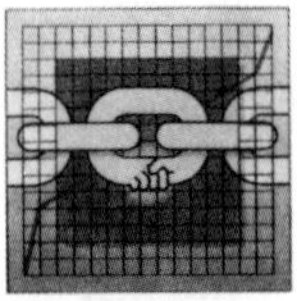

QUALITY POLICY

October, 1983

The quality of products and services is of the utmost importance for the continuity of our Company.
By adopting a quality policy aimed at complete control of every activity, maximum quality, productivity, flexibility and a reduction in cost prices will be achieved.
Every employee must be imbued with an attitude directed towards a continuous striving for improvements.
The Board of Management has decided to give vigorous direction to a Company-wide approach to quality improvement.
Further shape and content will be given to this initiative in the coming months.
The main points of our quality policy are:

1. *Quality improvement is primarily a task and responsibility of management as a whole.*
2. *In order to involve everyone in the Company in quality improvement, management must enable all employees – and not only the employees in the factories – to participate in the preparation, implementation and evaluation of activities.*
3. *Quality improvement must be tackled and followed up systematically and in a planned manner. This applies to every part of our organisation.*
4. *Quality improvement must be a continuous process.*
5. *Our organisation must concentrate more than ever on its customers and users, both outside and inside the Company.*
6. *The performance of our competitors must be known to all relevant units.*
7. *Important suppliers will have to be more closely involved in our quality policy. This relates to both external and internal suppliers of goods as well as of resources and services.*
8. *Widespread attention will be given to education and training. Existing education and training activities will be assessed, also with regard to their contribution to the quality policy.*
9. *Publicity must be given to this quality policy in every part of the Company in such a way that everyone can understand it.*
   All available methods and media will be used for internal and external promotion and for communication.
10. *Reporting on the progress of the implementation of the policy will be a permanent point on the agenda in Review meetings.*

The Corporate Quality Council under the direction of the Board of Management, together with the Corporate Quality Bureau will provide support and coordination at corporate level.

Dr. W. Dekker

PHILIPS

Courtesy: Philips, Eindhoven, Niederlande

Abbildung 15: Philips Quality Policy

ISTEL Quality Objective

To earn and maintain a reputation as a high quality provider of products and services.

Quality Strategies

1 To understand the criteria for quality in each of our market sectors, and review our understanding regularly.
2 To relate our quality position to that of each of our major competitors in each market sector, and monitor regularly.
3 To ensure that each customer's requirements, needs and expectations are incorporated in our specification.
4 To ensure that we do not fall below the agreed specification.
5 To engender and maintain an awareness of ISTEL as a high quality, customer-caring organisation.
6 To obtain the commitment through involvement of all our people to the philosophy of 'right first time' in all activities.
7 To develop and implement a formal company quality communication and education process.
8 To develop and maintain quality standards against which our performance at all levels can be monitored.
9 To create the culture and the process to foster quality initiatives at all levels, and provide recognition of achievement.
10 To recruit appropriate people.
11 To understand what is meant in ISTEL by the 'penalty of poor quality', and put in place mechanisms to enable us to quantify avoidable costs and opportunity losses.
12 To ensure that we deal with suppliers whose quality standards and cultures are compatible with our own.
13 To seek and obtain formal recognition for our achievement of established quality standards.
14 To participate in national research and discussion groups.

Courtesy: ISTEL, Redditch, Worcs, B97 4DQ, England

Abbildung 16: ISTEL Quality Objective

Grundhaltungen auf einen Blick.

Das sind die Grundhaltungen, die unsere Qualitätsstrategie wiedergeben:

Die Herstellung von Qualitätsprodukten ist wichtiger Bestimmungsfaktor für die Lebensfähigkeit des Unternehmens. Sie liegt daher im vitalen Interesse eines jeden Mitarbeiters.

■

Qualität wird nicht nur durch die Einhaltung technischer Sollwerte bestimmt, sondern auch durch Zuverlässigkeit und Kundendienstleistungen: Die gesamte Erwartungshaltung des Kunden ist Maßstab unseres Qualitätsbegriffes.

■

Qualität ist das Ergebnis der kooperativen Leistung aller Mitarbeiter.

■

Bessere Qualität erfordert erhöhte Anstrengungen und erhöhten Aufwand. Sie ist jedoch unser Rezept für gute Ergebnisse und sichere Arbeitsplätze.

■

Hohe Produktionsleistung ist wichtig. Sie darf aber nicht durch Qualitätseinbußen erkauft werden.

■

Mangelnde Qualität eines einzelnen Produktes oder einer Dienstleistung schadet dem Image des gesamten Unternehmens.

■

Aufwand und Wirksamkeit von Qualitätssicherungsmaßnahmen müssen ständig überprüft werden.

Quelle: Hoesch AG, Dortmund

Abbildung 17: Die Hoesch-Grundhaltungen

The Lands' End
principles of doing business.

Principle 1.

We do everything we can to make our products better. We improve material, and add back features and construction details that others have taken out over the years. We never reduce the quality of a product to make it cheaper.

Principle 2.

We price our products fairly and honestly. We do not, have not, and will not participate in the common retailing practice of inflating markups to set up a future phony 'sale.'

Principle 3.

We accept any return, for any reason, at any time. Our products are guaranteed. No fine print. No arguments. We mean exactly what we say: **GUARANTEED. PERIOD.®**

Principle 4.

We ship faster than anyone we know of. We ship items in stock the day after we receive the order. At the height of the last Christmas season the longest time an order was in the house was 36 hours, excepting monograms which took another 12 hours.

Principle 5.

We believe that what is best for our customer is best for all of us. Everyone here understands that concept. Our sales and service people are trained to know our products, and to be friendly and helpful. They are urged to take all the time necessary to take care of you. We even pay for your call, for whatever reason you call.

Gary Comer, President

Principle 6.

We are able to sell at lower prices because we have eliminated middlemen; because we don't buy branded merchandise with high protected mark-ups; and because we have placed our contracts with manufacturers who have proved that they are cost conscious and efficient.

Principle 7.

We are able to sell at lower prices because we operate efficiently. Our people are hard working, intelligent and share in the success of the company.

Principle 8.

We are able to sell at lower prices because we support no fancy emporiums with their high overhead. Our main location is in the middle of a 40-acre cornfield in rural Wisconsin. We still operate our first location in Chicago's Near North tannery district.

Courtesy of Lands' End, Inc.

Abbildung 18: Die Lands' End Prinzipien

Checkliste für eine Qualitätspolitik

(1) Der Kunde
Welches ist unsere Zielgruppe? Wer sind unsere Kunden? Nach welchen Kriterien kauft er? Wer ist verantwortlich für die Formulierung und Durchsetzung der Politik? Die verantwortliche Person und/oder Position müssen Teil der Qualitätspolitik sein.

(2) Das angebotene Paket
Woraus besteht das Leistungsangebot? Wie sieht es mit Verfügbarkeit, Preis oder Kundendienst aus? Zielt die Firma auf Marktführerschaft und Wettbewerbsfähigkeit ab? Will die Firma hohe Zuverlässigkeit zum gleichen Preis, um dadurch die Entwicklungszeit auszuweiten? Wer trägt die Verantwortung für Formulierung und Implementierung dieser Politik?

(3) Beziehung zum Kunden
Welcher Art ist die Beziehung zum Kunden, welches Ausmaß weist sie auf, wie soll der Kunde unterstützt werden?
- sehr intensiv beziehungsweise detailliert
- nur in einigen Bereichen
- auf ein Minimum beschränkt, um die Anforderungen des Herstellers zu gewährleisten

(4) Art des Systems
Ist das Qualitäts-System ein Qualitätssicherungs-System, bei dem es hauptsächlich auf Prüfung und Inspektion ankommt, oder ist es ein kosten-effizientes System (TQM), in dem es darauf ankommt, gleich beim ersten Mal die Aufgabe richtig zu machen? Diese Entscheidungen sollten von der Geschäftsführung oder den Eigentümern nach Konsultation mit weiteren Ebenen getroffen werden.

(5) Mitarbeiterbeteiligung
In welchem Maße und in welcher Form werden die Mitarbeiter in den Entscheidungsprozeß in bezug auf die Qualität der Produkte einbezogen?
- bei der Entwicklung und Einführung des TQM-Systems
- bei der Produktplanung (Marketing- und Entwicklungsmitarbeiter)
- bei der Produktionsplanung (Arbeitsvorbereitung und Fertigungsmitarbeiter)
- bei der Problemlösung
- bei der Prüfung (über die traditionellen Prüfer hinaus)
- überhaupt nicht

(6) Beziehung zu den Zulieferern
Wie sind Art und Ausmaß der Beziehung zu den Zulieferern, welche Unterstützung und Hilfe erhalten sie?
- sehr umfangreich
- nur in einigen Bereichen
- auf ein Minimum beschränkt, um die Anforderungen des Herstellers zu gewährleisten

(7) Qualitätskosten
Werden die Kosten des Qualitäts-Managements und die der Steuerung und Einführung des Systems erfaßt und kontrolliert? Welches System wird dazu verwendet? Werden dafür Spezialisten benötigt und herangezogen?

All dies gibt jedoch noch keinen Aufschluß darüber, wie eine Vision zu erreichen ist. Pläne dazu entstehen aus der Erarbeitung von Strategien, Taktiken, Politik und kritischen Erfolgsfaktoren. Diese werden dann auf jährliche Unterpläne, -ziele und -faktoren heruntergebrochen, um auf diese Weise die Vision stückchenweise erreichbar zu machen.

8.3 Policy Deployment

Zu Beginn eines jeden Jahres formuliert das Top Management einer Unternehmung auf der Basis seiner Vision und seiner langfristigen Strategie seine Ziele und seine Politik für das laufende Geschäftsjahr. Diese Formulierung enthält in der Regel Aussagen über Ziele in bezug auf Umsätze, Deckungsbeiträge, Marktanteile, Produkte, Gewinne und entsprechende Maßnahmen bzw. Aktionsprogramme.

Aussagen dieser Art sind das Ergebnis mehrerer Faktoren. Eimal sind es Beratungen und Diskussionen zwischen Top Management, Funktionen und Abteilungen über Vorstellungen in bezug auf das kommende Jahr, die wiederum davon beeinflußt werden, ob und wieweit die Ziele des vorhergegangenen Jahres erfüllt werden konnten. Zum anderen spielen die während des laufenden Jahres auftretenden Probleme der einzelnen Bereiche eine wichtige Rolle in der Diskussion. Da jedoch nicht alle auftauchenden Probleme gleichzeitig angegangen werden können und die zur Verfügung stehenden Ressourcen der Unternehmen begrenzt sind, müssen Prioritäten, aber auch Indikatoren, an denen die Erreichung der Ziele abgelesen werden können, gesetzt werden. Dies war genau die Erfahrung, die die Florida Power & Light Company bei der Einführung von Policy Deployment machte. Sie wählte zunächst 60 Ziele aus und merkte sehr schnell: „Don't chase too many rabbits“[13]. Heute hat sie sich auf 10–13 Bereiche beziehungsweise Ziele beschränkt.

---

13 Qualtec, Inc.: FPL's Quality Improvement Program: Energizing for Excellence, Symposion am 31. 7. 1990, Hilton Hotel, Miami, Fl.

Auf diese ausgewählten Ziele und Maßnahmen müssen dann die verschiedenen organisatorischen Ebenen wie Funktionen und Abteilungen verpflichtet werden. Dazu definiert jede Ebene, die ganze Linie hinunter, für sich eigene Ziele und Maßnahmen, die die Erfüllung der Ziele und Maßnahmen (Abbildung 19) der Leitung unterstützen. Es ist wichtig dabei, daß bei diesen Entscheidungen alle Mitarbeiter einer organisatorischen Ebene miteinbezogen werden und daß Ziele, Maßnahmen und Begründungen schriftlich niedergelegt werden. Darüber hinaus muß genügend Zeit für ausführliche Diskussion aller damit verbundenen Aspekte zur Verfügung gestellt werden, damit ein gemeinsames Verständnis erzielt wird. Entscheidungen über die Politik einer Unternehmung oder einer Funktion brauchen die Zustimmung eines jeden Mitarbeiters, wenn alle begeistert mitmachen sollen. Sie können nicht – wie im Westen üblich – der Organisation einfach übergestülpt oder diktiert werden. Sonst erhalten wir das so bekannte Phänomen, daß oben in der Hierarchie hehre Ziele und Maßnahmen verkündet und auf den Rest der Organisation ohne große Diskussion „heruntergebrochen" werden, aber unten in der Hierarchie diesbezüglich wenig, etwas ganz anderes oder zumindest etwas mit geringer Begeisterung geschieht.

Nur wenn eine Unternehmens- oder Qualitätspolitik nach unten in die Hierarchie hineinentwickelt (deployed) wird, unterstützen die von den verschiedenen Ebenen definierten Ziele und Maßnahmen die Vision einer Firma. Alle Maßnahmen der verschiedenen Abteilungen, Mitarbeiter und Teams weisen dann in die gleiche Richtung. Nur auf diese Weise werden die knappen Ressourcen einer Unternehmung auf einige wenige, aber zentrale Prioritäten ausgerichtet, an denen jeder gerne mitarbeitet.

Dazu ein Beispiel der Florida Power & Light Company (FPL), dem ersten Deming-Preisträger aus dem Westen. Die Vision der Firma lautet, „als das am besten geführte elektrische Versorgungsunternehmen in den USA angesehen zu werden"[14]. Für das Jahr 1987 wurden u. a. fünf qualitative Ziele als Politik in die Organisation geleitet und umgesetzt[15]:

14 Ibid.
15 Ibid.

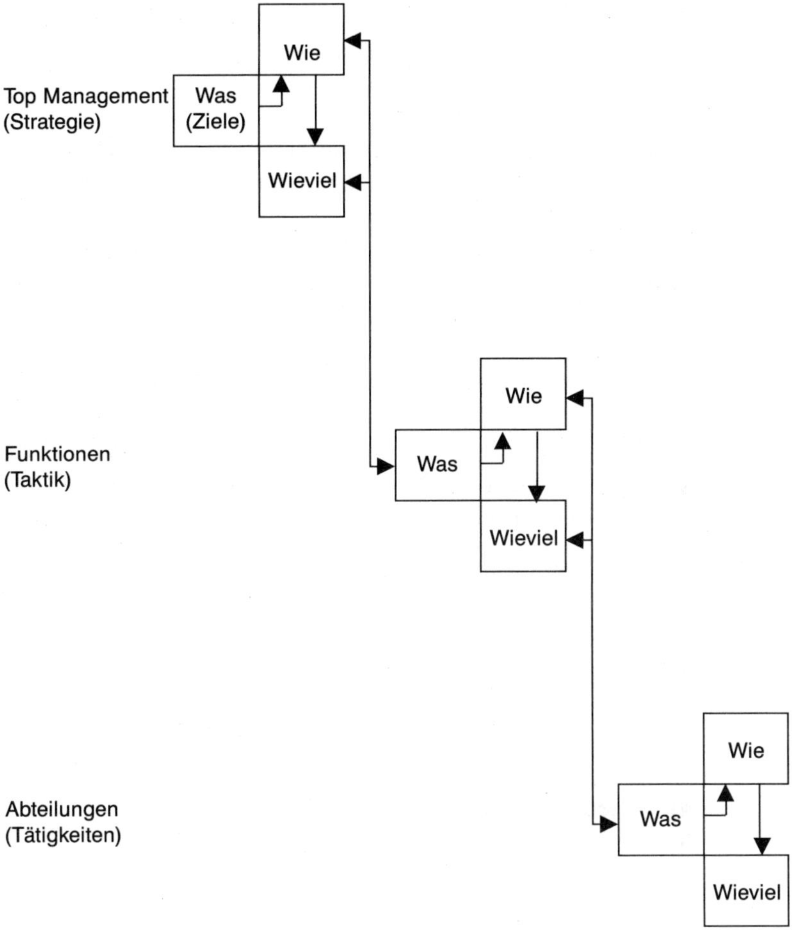

Quelle: Reddy, N. J.: Some Observations on „Policy Management“, Keynote Address delivered at ASI CEO conference featuring “Policy Management in American Industry“, Nov. 29, 1988, Ford Motor Company.

Abbildung 19: Policy Deployment

- das öffentliche Vertrauen in das Sicherheitsprogramm der FPL zu verbessern,
- die Anzahl der Reklamationen an die Aufsichtsbehörde des Staates Florida zu reduzieren,
- die Zuverlässigkeit der Versorgung mit Strom zu verbessern,
- den sicheren, zuverlässigen und effizienten Betrieb der am Netz befindlichen Atomreaktoren aufrechtzuerhalten,
- die Zuverlässigkeit und Verfügbarkeit der Kraftwerke mit fossilen Brennstoffen zu verstärken und ein entsprechendes Programm dafür zu entwickeln.

Alle diese Ziele wurden von den darunterliegenden Ebenen quantifiziert und in die Aufgaben der einzelnen Abteilungen und Mitarbeiter für das laufende Jahr aufgenommen. Die von FPL veröffentlichten Ergebnisse zeigen, daß in allen Punkten beträchtliche Verbesserungen erreicht werden konnten, wie zum Beispiel[16]:

- Durchschnittliche Stromunterbrechung pro Kunde und Jahr
  1987 – 59 Min
  1988 – 50 Min
- Kundenbeschwerden bei der staatlichen Aufsichtsbehörde pro 1000 Kunden
  1987 – 0,4
  1988 – 0,25
- Verstöße gegen Regeln der Atomkontrollkommission
  1987 – 43
  1988 – 25

8.4 Über- beziehungsweise interfunktionales Management

Sowohl unsere westlichen Unternehmen als auch die japanischen haben sehr stark ausgeprägte vertikale Verantwortungsstrukturen, in denen die Führung und die meisten Entscheidungen top-down verlau-

16 Ibid.

fen, wobei die Leiter der verschiedenen Funktionen wie z. B. Marketing, Konstruktion, Finanz oder Produktion stets genau darauf achten, daß die Interessen ihrer Funktion oder Abteilung Priorität erhalten. Bei in diesem Zusammenhang stattfindenden Auseinandersetzungen gewinnt meistens derjenige mit der lautesten Stimme, ohne sich um die Wirkung auf das Ganze zu scheren. Die in vielen Unternehmen bestehenden isolierten „Königreiche", die sich bewußt von anderen Abteilungen abschotten und damit zwar ihre eigene Funktion optimieren, die Querverbindungen und damit die Koordination des Ganzen jedoch bewußt boykottieren, weisen eindrucksvoll auf diese Gegebenheit hin.

Automobile werden jedoch horizontal gefertigt, meinte K. Ishikawa einmal. Aus diesem Grunde ist es eines der wichtigsten Gebote, die horizontalen Bande in einer Organisation zu stärken, denn die meisten Geschäftsprozesse laufen quer durch alle Funktionen und Abteilungen einer Unternehmung. Deshalb sind auch die Bemühungen vieler westlicher Qualitätsabteilungen von wenig Erfolg gekrönt, wenn sie in traditioneller Weise versuchen, ihre Philosophie, Methoden und Techniken auf die gesamte Organisation auszudehnen. Ähnliches gilt für die TQM-Ziele Qualität, Kosten und Liefertreue. Ziele dieser Art können nur erreicht werden, wenn alle Funktionen daran mitarbeiten. Überfunktionales Management erhält aus diesem Grunde ausschlaggebende Bedeutung. Das Top Management einer Unternehmung muß deshalb überfunktionale Institutionen ins Leben rufen, die sich unternehmensweit, also quer durch alle Funktionen, mit Fragen von Kosten, Qualität und Liefertreue befassen.

Deren Aufgabe besteht darin, ein besseres unternehmensweites System für Qualität, Kosten, Liefertreue zu entwickeln. Zu diesem Zweck werden im Planungsprozeß, jedoch zeitlich vor den Funktions- oder Abteilungszielen, auch spezielle, überfunktionale Ziele und Maßnahmen aufgestellt, die für die einzelnen Abteilungen als Rahmen gelten. Auch dabei wird der Deming-Kreis als System zur stetigen Verbesserung angewendet, so daß die Aufgabe derartiger Teams nicht nur in der Koordination, sondern auch in der Gestaltung und Weiterentwicklung der Parameter: Kosten, Qualität und Termine liegen.

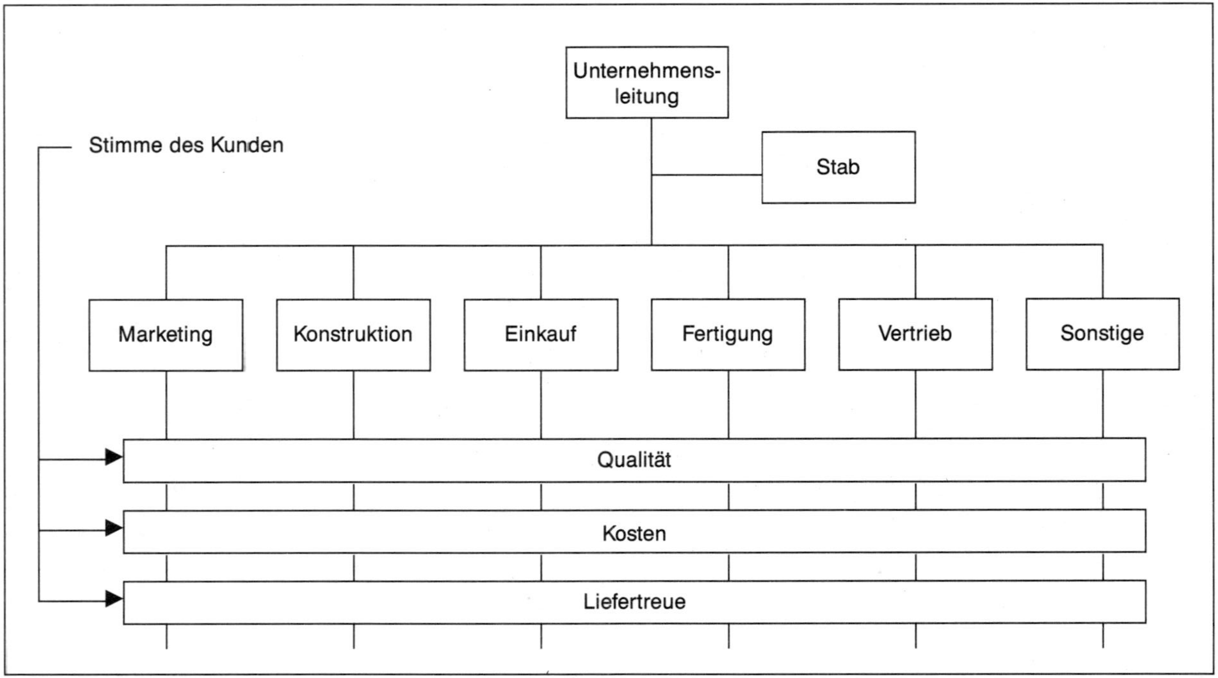

Quelle: Vgl. dazu auch: Sullivan, L. P.: The seven stages in company-wide quality control, in: Total Quality Management, An IFS Executive Briefing, Ed. R. L. Chase, Berlin/Heidelberg/New York 1988, p. 11–20.

Abbildung 20: Überfunktionales Management

Ein derartiges Komitee delegiert dann diesbezügliche Verantwortlichkeiten an alle betroffenen Funktionen oder Abteilungen wie zum Beispiel Konstruktionen, Fertigung und überprüft monatlich den Fortschritt der eingeleiteten Projekte. Das Team übernimmt also nicht die direkte Verantwortung für die Durchführung der Projekte. Diese Aufgabe wird von den betreffenden Linienabteilungen selbst durchgeführt. Dazu muß jedoch genau definiert werden, welche Mitarbeiter für Kosten oder Qualität verantwortlich sind und welche besonderen Aktivitäten durchgeführt werden müssen. So hat zum Beispiel Toyota eine Liste von Qualitätssicherungs-Maßnahmen erarbeitet, die von jeder funktionalen Abteilung ausgeführt werden müssen.

Die Interaktion im inter- oder überfunktionalen Management wird in Abbildung 20 dargestellt. Die vertikalen Linien zeigen die verschiedenen funktionalen Abteilungen wie zum Beispiel Marketing, Konstruktion, Einkauf. Ihre Politik wird vom Leiter der betreffenden Funktion bestimmt. Die horizontalen Linien weisen auf die überfunktionalen Aufgaben wie Kosten, Qualität und Liefertreue hin. Da sie alle Linienabteilungen, allerdings mit unterschiedlichem Gewicht betreffen, müssen sie von irgendeiner Institution im Unternehmen geleitet und mit diesen Abteilungen abgestimmt werden. Dies kann entweder durch ein einziges überfunktionales Team, das alle drei Parameter gestaltet oder durch Subteams, wovon jedes für einen Parameter zuständig ist, geschehen. Die Entscheidung für eine dieser Lösungen hat letztlich nach Gesichtspunkten der Zweckmäßigkeit zu erfolgen.

8.5 Organisation

Für ein effizientes TQM ist auch eine entsprechende Organisation erforderlich, für die ebenfalls das Top Management verantwortlich ist. Zwar muß jede Firma die für sie speziell geeignete organisatorische Form finden, jedoch lassen sich einige generelle Aussagen über einen geeigneten organisatorischen Rahmen treffen[17].

17 Vgl. dazu Damon, G. A.: Total Quality Management at Pearl Harbor Harbor Shipyard, Paper presented at the NSRP 1989 Ship Production Symposion, Arlington, Sep. 13–15, 1989, Paper 22 Session 6B, reprinted with permission by Process Management Institute, Sept. 1989, Minneapolis.

8.5.1 Unternehmensleitung

Die Verantwortung für Qualitätssicherung wurde früher vorwiegend als Aufgabe spezieller Abteilungen oder Funktionen angesehen. Für TQM muß die Verantwortung für Qualität in das Linienmanagement gelegt werden, so daß jeder für die Qualität der von ihm geleisteten Arbeit selbst verantwortlich ist. Daß dies geschieht, ist Aufgabe des Leiters der Unternehmung oder des Managing Directors. Er vermittelt die top-down Führung und Initiative in bezug auf Verbesserungsmaßnahmen und „Breakthroughs" und fungiert in diesem Zusammenhang als Vorbild für den ganzen Prozeß. Darüber hinaus dient er als Symbol für wichtige sogenannte „Kick-off"-Aktivitäten und als Instanz für die Überprüfung der jährlichen Ziele und Maßnahmen. Der Leiter der Unternehmung definiert und legt die Märkte, die angegangen, die Ressourcen, die zur Verfügung gestellt und die Politik, die verfolgt werden soll, fest.

8.5.2 Leiter Qualität

Diese oft auch Quality-Manager, Qualitäts-Koordinator oder auch Betreuer genannte Funktion ist eine Stabsstelle, die an den Leiter der Unternehmung berichtet und ihn in allen Fragen der Qualitätspolitik berät. Er unterbreitet Vorschläge in bezug auf Qualitätspolitik, Ziele, Reviews, Audits etc. Außerdem unterstützt er die aktive Verbreitung sowie konkrete Realisierung der TQM-Philosophie durch konkrete Maßnahmen wie Trainings, Firmenbesuche, Erfahrungsaustausch und bewertet sie.

8.5.3 Qualitäts-Team

Die Funktion dieses Gremiums, das oft auch unter der Bezeichnung Quality-Council, Steuerungsteam, Beirat, TQM-Committee auftritt, liegt vor allem in der Koordination, Abstimmung und Umsetzung von Maßnahmen auf der Basis der verkündeten Politik, der Überprüfung des Fortschritts in den einzelnen Funktionen und der Durchführung von Audits. Außerdem initiiert und überwacht es die Aktivitäten anderer Komitees, zum Beispiel überfunktionaler Teams. Es wird entweder vom Leiter des Unternehmens oder vom Leiter Qualität geführt. Mitglieder in diesem Team sind die Leiter der wichtigsten Funktionen des Unternehmens.

8.5.4 Qualitätsverbesserungs-Teams

Das Ziel dieser Art von Teams liegt vor allem darin, die Fähigkeiten, Fertigkeiten und Einstellungen der Teilnehmer sowie die Qualität der Produkte und Dienstleistungen einer Unternehmung zu entwickeln. Dazu gibt es wiederum drei Arten:

- Funktionale Teams
  Sie setzen sich aus dem Leiter und den Mitarbeitern einer Funktion zusammen. Sie entscheiden über Verbesserungsmaßnahmen in ihrer Funktion und nehmen sie gegebenenfalls in Angriff.
- Überfunktionale Teams
  Diese Art von Teams werden gegründet, um Themen anzugehen, die über Abteilungsgrenzen hinausgehen, also Schnittstellenprobleme betreffen.
- Andere Teams
  Dabei handelt es sich um Teams, die aus Mitarbeitern verschiedener Funktionen, Abteilungen oder Gruppen kommen und die ein spezielles Thema oder Problem bearbeiten. Wenn das Problem gelöst ist, geht das Team wieder auseinander.

8.5.5 Quality Circle

Auch Entscheidungen über die Philosophie und Gründung der Quality Circles gehören in den Aufgabenbereich des Top Managements. Ursprünglich lag das Ziel dieser unter der Aufsicht der JUSE freiwillig gegründeten Teams in erster Linie darin, Sinn und Bedeutung der

Arbeit und damit die Motivation der Mitarbeiter zu erhöhen. Inzwischen sind nicht nur in Japan, sondern auch bei uns in Deutschland verschiedene Arten und Formen (Lernstatt, Werkstattzirkel) dieser Gruppenarbeit entstanden. Vorhandensein, Einführung, Art und Form von Quality Circles aber müssen deshalb mit der von der Unternehmung insgesamt verfolgten Philosophie und Kultur übereinstimmen, wenn sie erfolgreich sein sollen (siehe hierzu auch Kapitel 10).

9. Die Aufgaben des Mittelmanagements: Umsetzung von TQM – vom Marketing bis zur Auslieferung

Während die Aufgaben des Top Managements bei TQM in erster Linie in vertikaler Richtung, also top-down, ausgeführt werden, verlaufen die des mittleren Managements, nach Optimierung ihrer Funktion, entsprechend dem Verlauf der meisten Arbeitsprozesse hauptsächlich horizontal.

Total Quality Management resultiert ja aus der Tatsache, daß Produkt-Qualität das Ergebnis der Arbeit aller betrieblichen Funktionen ist, die ein Produkt im Verlauf seiner Herstellung oder Bearbeitung durchläuft: Marketing, Entwicklung und Konstruktion, Einkauf, Fertigung, Auslieferung und Vertrieb. Alle diese Funktionen führen jedoch nicht nur Maßnahmen zur Sicherung und Förderung der Qualität am Produkt aus, sondern leisten auch – und das ist ihre Hauptaufgabe – ihren jeweils spezifischen Beitrag zur Herstellung und Vermarktung des Produktes oder der Dienstleistung. Ihre Aktivitäten sind in den meisten Unternehmen zu organisatorischen Einheiten mit entsprechenden Namen zusammengefaßt und stellen einen Verarbeitungsprozeß dar, der sowohl einen Input als auch einen Output aufweist. Dies gilt in gleicher Weise für die einzelnen Tätigkeiten der Mitarbeiter und Gruppen innerhalb der organisatorischen Einheiten. Wenn die Tätigkeiten der einzelnen Mitarbeiter innerhalb einer Gruppe oder Abteilung schlecht ausgeführt oder mangelhaft koordiniert werden, leidet die Qualität des Outputs, der an den nächsten Mitarbeiter geht, darunter. Dies gilt entsprechend für die Arbeitsergebnisse der Abteilungen untereinander und für die Unternehmung als Ganzes ihren Abnehmern oder Kunden gegenüber. Insofern erfordert eine Optimierung der Prozesse zwischen Mitarbeitern, Abteilungen und Bereichen sowie innerhalb dieser organisatorischen Einheiten ein gezieltes und systematisches Prozeß-Management. Nur die optimale Gestaltung aller einzelnen Prozesse führt zur Optimierung des Gesamtprozesses und des Gesamtsystems. So betrachtet, wird jeder Output des Verarbeitungsprozesses eines Mitarbeiters zum Input für den Prozeß des nächsten. „The next process is your customer". Mit anderen Worten: Jeder Mitarbeiter ist zugleich Kunde des im Herstellungsprozeß des Produktes vor ihm liegenden und Anbieter seines Arbeitsergebnisses an den nachfolgenden Mitarbeiter. Es ist deshalb genauso wichtig, die Qualität der Produkte und Dienstleistungen innerhalb der Firma einzuhalten, wie zu den äußeren Kunden. Erst wenn jeder interne Kunde mit dem erhaltenen Input zufrieden ist und die Anforderungen des eigenen Kunden erfüllt, entsteht ein optimales Endergebnis: Ein zufriedener externer Kunde. Dieses Konzept des internen Kunden bildet die Basis für die Umsetzung und Durchführung von TQM, als die Koordinierung eines komplexen Systems von Aktivitäten, das von der Erfassung der Kundenwünsche bis zur Plazierung des Produktes beim Kunden reicht.

9.1 Qualitäts-Management im Marketing

Aufgabe der Marketingfunktion ist die Ermittlung, Schaffung und Befriedigung der Bedürfnisse der Konsumenten, mit dem Ziel eines Gewinnes für die betreffende Firma. Dazu gehört die Konzipierung neuer und die Betreuung bestehender Produkte, die Planung des Produktportfolios, die Auswahl von Marktsegmenten, die Preispolitik, die Werbepolitik und die Marktforschung[1].

Damit ist Marketing eine der Haupt-Schnittstellen der Unternehmung zum Markt. Hier beginnt der Qualitätskreis oder die Juransche „spiral". Hier starten auch alle Aktivitäten, die letztlich den Sinn der Tätigkeit eines Unternehmens ausmachen.

Die optimale Funktion eines Bereiches wie z. B. Marketing, d. h. die interne Qualität seiner Arbeit, wird einmal dadurch gewährleistet, daß

1 Kotler, P.: Marketing Management, Analysis, Planning and Control, Englewood Cliffs, N. J. 1967, p. 127.

er alle seine Aufgaben vollständig, fehlerlos, termingerecht und kundenorientiert erbringt und zum anderen, daß sein Zusammenhalt, das heißt mitarbeiterorientierte Führung, reibungslose Zusammenarbeit innerhalb und zwischen seinen Abteilungen, Teamarbeit und offenes Klima gewährleistet wird. Die Erfüllung der Aufgabe ist Gegenstand des technischen Systems, während der Zusammenhalt durch das soziale System erbracht wird. Bricht die Abteilung auseinander, kann sie ihre Aufgabe überhaupt nicht oder nur unvollständig leisten. Wird nur auf den Zusammenhalt geachtet, kann sie keine Leistung erbringen. Beide Systeme sind also wichtig und beeinflussen sich gegenseitig. Die Kunst der Führung besteht infolgedessen darin, die beiden Systeme in der Weise zu gestalten, daß sie sich gegenseitig unterstützen und verstärken.

Betrachten wir zunächst einmal das technische System. Welche Aktivitäten hat Marketing zur Erfüllung seiner Aufgabe im Rahmen eines TQM-Systems zu erbringen? Mit anderen Worten, wie sieht das technische System aus?

9.1.1 Das technische System

Neben den Aktivitäten wie Preispolitik, Werbepolitik ist für Marketing vor allem die Ermittlung der Verbraucherbedürfnisse durch Umfragen, durch sog. Panels, durch Tests, Tiefeninterviews und durch Beobachtung von Kunden von Bedeutung.

Gegenstand ist das Sammeln, Analysieren und Aufbereiten von Daten, die als Enscheidungshilfen für folgende Fragen dienen[2]:

- Was kann verkauft werden?
  Zum Beispiel: welche Präferenzen bestehen auf einem Markt, wie reagieren Verbraucher auf Name, Geschmack, Konkurrenzprodukte, Preis, Produkt?

2 Mizuno, S.: Company-Wide Total Quality Control, Asian Productivity Organization, Tokyo 1988, p. 161.

- Wo kann verkauft werden?
  Zum Beispiel: in Fachgeschäften, Supermärkten, Messen?
- Wem kann verkauft werden?
  Zum Beispiel: wer ist Zielgruppe, welches Kaufverhalten hat sie, in welche Einkommensklasse fällt sie, welche Typen von Verbraucher gibt es?
- Wie soll verkauft werden?
  Zum Beispiel: direkt an den Kunden, über Großhandel, durch Direct Mail, über Telefon, mit welchen Spannen und Rabatten?
- Wann soll verkauft werden?
  Wann ist der günstigste Moment für die Einführung? Bestimmte Produkte gehen nur im Sommer, manche nur im Winter.

Zu diesen Daten kommen noch Informationen über bestimmte Marktgegebenheiten in bezug auf unterschiedliche Normen (DIN ISO, AQAP, BSI), Sicherheits- und Umweltschutzmaßnahmen, unterschiedliche Spannungen und Frequenzen des Stromnetzes, klimatische Bedingungen und gesetzliche Auflagen, die ebenfalls für ein marktgerechtes Produkt zu berücksichtigen sind.

Auch Untersuchungen und Analysen von Produkten der Konkurrenz („Benchmarking") können wertvolle Hinweise geben.

Ziel aller dieser Maßnahmen zur Datensammlung ist es, genaue Informationen über die vom Markt geforderte Qualität neuer Produkte oder Feedback über Qualitätsmerkmale bestehender Produkte zu erhalten.

So werden zum Beispiel, um eine neue Zigarette zu entwickeln, folgende Informationen benötigt:

- Umsätze des Segments, in die die Zigarette plaziert werden soll, Umsätze der einzelnen Marken in diesem Segment;
- die Wachstumsraten der einzelnen Marken;
- die Situationen, in denen die Verbraucher Zigaretten rauchen;
- die Erwartungen, die sie an Geschmack, Filter und Packung und damit an die Qualität dieses Produktes stellen, zum Beispiel, daß der Tabak nach langer Lagerung nicht austrocknen soll, daß das

Luft-Rauchgemisch im Filter stimmt oder der Tabak nicht „krümelt“, das heißt zu kurz geschnitten ist;
- die herrschenden gesellschaftlichen Trends wie Umweltbewußtsein oder Reisewelle.

Das Marketing spielt auch im Tagesgeschäft der Entwicklungsabteilung eine wichtige Rolle, da es Informationen zur Verfügung stellt, die für die Abwicklung spezieller Kundenaufträge von Bedeutung sind. In diesem Zusammenhang ist die Entwicklung für schnelle, präzise und knappe Auskünfte stets dankbar.

Wenn Marketing die auf dem Markt entstehenden Trends und Wünsche der Verbraucher – möglichst vor ihren Konkurrenten – erfaßt hat, muß es die Planung neuer Produkte beziehungsweise die Anpassung bestehender Waren vorantreiben. Anders gesagt: Die Wünsche der Verbraucher müssen in Konzepte für neue Produkte übersetzt werden. Das führt zum sogenannten Briefing und/oder Positioning. Bei Investitionsgütern übernimmt diese Tätigkeit häufig der Vertrieb durch Erstellung eines Pflichten- oder Lastenheftes.

Normalerweise sind Mitarbeiter des Marketing der Meinung, sie hätten kaum etwas mit Qualität zu tun, dieses Thema gehöre vielmehr in die Fertigung oder Qualitätssicherung. Wie man weiß, haben uns die Japaner inzwischen eines Besseren belehrt. Aus diesem Grunde sollte bereits bei der Ermittlung der Verbraucher- oder Kundenwünsche zur Erstellung des Briefings oder Pflichtenheftes eine genaue und detaillierte Aufstellung, Rangreihe und Analyse der gewünschten und später zu berücksichtigenden Qualitätsmerkmale erfolgen. Marketing muß zudem bei der Planung der Qualität für die neuen Produkte die Bedeutung dieser Merkmale im Vergleich zu anderen auf dem Markt befindlichen Erzeugnissen betrachten und möglichst bereits hier zu erwartende Leistungsmerkmale einbeziehen. Darüber hinaus kann schon an dieser Stelle auf Merkmale, die für die spätere Verkaufsstrategie eventuell als USPs (unique selling proposition)[3] geeignet erscheinen, geachtet werden.

3 USP = Unique selling proposition, siehe dazu: Reeves, R.: Werbung ohne Mythos, München 1969.

Informationen über Kundenwünsche lassen sich jedoch häufig nicht nur aus Befragungen erhalten, sondern müssen oft durch direkte Beobachtungen ermittelt werden. Die Entwicklung eines Bürostuhls zum Beispiel, der zugleich benutzerfreundlich und auf dem Markt erfolgreich sein soll, muß in der Tat auf Beobachtungen des tatsächlichen Verhaltens der Verwender basieren, wenn möglich auch an dem Ort, an dem der Stuhl vom Kunden gewöhnlich benutzt wird.

Die Aufstellung von wichtigen Kundenanforderungen[4] für einen derartigen Stuhl könnte ungefähr wir folgt aussehen:

- Gutes Aussehen
- Preiswert
- Stabil
- Standfest (gesetzliche Vorschrift: 5 Beine)
- Repräsentativ
- Bequem
- Leicht zu transportieren (beweglich)
- Ergonomisch

Es ist unmittelbar einsichtig, daß sich über Anforderungen wie z. B. „standfest" oder „leicht zu transportieren" ohne Beobachtung und Gespräche vor Ort kaum tiefgründige Einsichten gewinnen lassen.

In einem weiteren Schritt müssen die Bildung einer Rangreihe in Angriff genommen werden und den einzelnen Kundenanforderungen später Qualitätsmerkmale zugeordnet werden. Um eine Anforderung zu erfüllen, braucht es oft mehr als ein Merkmal (Abbildung 21). Sind die zu fordernden Qualitätsmerkmale ausgewählt, so müssen die zulässigen Grenzwerte, Toleranzen oder Spezifikationen festgelegt werden. Damit lassen sich dann die Kundenanforderungen erfüllen.

Die zentrale Bedeutung der Rangreihe wird bereits hier ersichtlich. Je nachdem, ob zum Beispiel den Anforderungen „preiswert" oder „repräsentativ" Priorität eingeräumt wird, ergeben sich unterschiedliche Konsequenzen auf Entwicklung, Konstruktion, Fertigung und Verkauf des neuen Produktes.

---

4 Gummesson, E.: Quality – The Ericsson Approach, Stockholm 1987, p. 113.

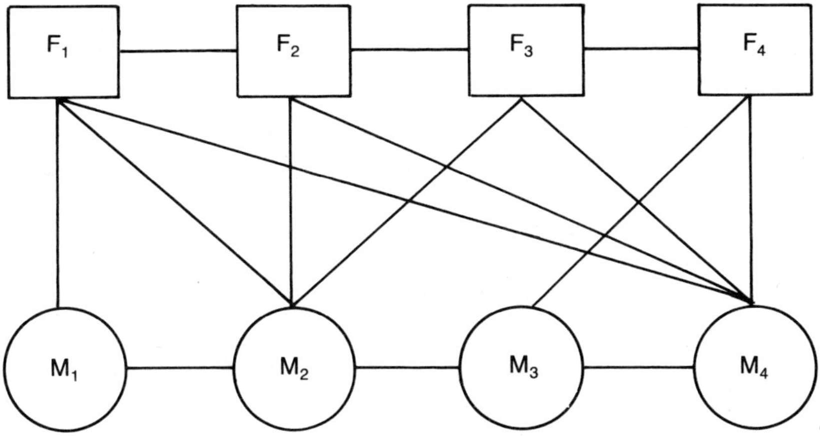

Quelle: Kocher, M.: Was ist Qualität, in: Technik, Nr. 34, 1983, p. 34.

Abbildung 21: Merkmale erfüllen Kundenanforderungen

Darüber hinaus muß auch hier schon in Rechnung gestellt werden, daß alle Anforderungen oder Merkmale verkauft werden müssen, sonst sind sie wertlos. Der Kunde bezahlt nur die Anforderungen beziehungsweise Eigenschaften, die er wahrnehmen kann und die er benötigt. Anforderungen oder Merkmalswerte bekannt zu machen, diese entsprechend auszuloben und beim Kunden regelmäßig abzufragen, gehört ebenfalls zu den wichtigen Aufgaben des Marketing. Allerdings konnten sich diese Techniken der Kundenbefragungen bei den meisten Firmen im Westen noch nicht richtig durchsetzen. Dazu kommt, daß auch noch wenig systematische Programme dazu entwickelt wurden. Die wenigen Unternehmen, die derartige Befragungen durchführen, sind nicht ganz zufällig diejenigen, die Marktführer auf ihren Gebieten sind, wie zum Beispiel IBM, Rank Xerox, Hewlett-Packard (HP) und Florida Power & Light (FPL). Die meisten Firmen bemühen sich, wie erwähnt, noch wenig auf diesem Gebiet. Bei einer Befragung des Autors während eines Workshops betonten alle 32 Führungskräfte, daß sie großen Wert auf die Berücksichtigung der Kundenwünsche legten. Auf die Frage jedoch, wer von ihnen derartige Daten auch durch systematische und regelmäßige Erhebungen ermitteln lasse, hob nicht ein einzelner Teilnehmer seine Hand. Peters/Austin berichten von ähnlichen Ergebnissen für die USA[5].

Eine der wenigen Firmen, die derartige Erhebungen durchführen lassen, ist Rank Xerox. Hier wird monatlich durch ein unabhängiges Institut ermittelt, wie die Qualität der Leistung von Rang Xerox von ihren Kunden eingeschätzt wird[6]. Wichtig sind in diesem Zusammenhang die subjektiven Wahrnehmungen der Kunden, nicht irgendwelche objektiven Gegebenheiten. Gleichzeitig ist das Gehalt der Unternehmensleitung an die Ergebnisse dieser Befragung gekoppelt. Es braucht in diesem Zusammenhang nicht besonders hervorgehoben zu werden, daß allein durch diese Verknüpfung eine außergewöhnlich intensive Berücksichtigung der Kundenwünsche gewährleistet wird.

In Deutschland hat BMW mit der Einführung der 7er-Reihe ein Programm „Einladung zu automobiler Partnerschaft"[7] geschaffen, das ähnliche Daten, jedoch mehr genereller Natur, von seinen Kunden zu ermitteln versucht.

Während die Ermittlung der Kundenwünsche durch „customer surveys" (HP), vor allem für die Entwicklung neuer Produkte oder Innovationen bzw. zur Einhaltung erreichter Qualität von Bedeutung sind, erfordern Verbesserungsmaßnahmen neue und andere Instrumente. Für diesen Zweck ist vor allem das Sammeln und Auswerten von Kundenreklamationen eine der wichtigsten Informationsquellen. Damit können Verbesserungen der Konstruktion, der Fertigungstechnologie und sogar des Firmen-Images eingeleitet werden, wenn ein kundenorientiertes Verfahren zur Abwicklung von Reklamationen innerhalb der Firma besteht.

In dieser Beziehung gibt es einige Firmen, die bemerkenswerte Systeme bei sich eingeführt haben. So ermittelt das eingangs erwähnte, bekannte Versandhaus L. L. Bean alle Kundenanforderungen und Reklama-

5 Peters, T.; Austin, N.: A Passion for Excellence, New York 1985, p. 87.

6 Einige wichtige Grundprinzipien für die Entwicklung derartiger Untersuchungen finden sich bei: Marr, J. W.: Letting the Customer Be the Judge of Quality, Quality Progress, Oct. 1986, pp. 46–49.

7 BMW Vertrieb, Kundeninformation, 1990.

tionen täglich und wertet sie für seine zukünftige Einkaufspolitik aus. Darüber hinaus erstattet es bei Rückgabe von Artikeln den vollen Kaufpreis zurück, wobei allerdings um das Ausfüllen eines detaillierten Fragebogens mit genauer Angabe der Gründe für die Rückgabe gebeten wird. Caterpillar wiederum führt eine zentrale Kartei mit allen Problemen, die weltweit bei ihren Kunden aufgetreten sind[8], und analysiert zudem seine Garantieleistungen sowie Kundendienstbesuche äußerst sorgfältig, um Hinweise zur Verbesserung seiner Produkte zu erhalten. Auch die Japaner sammeln Informationen dieser Art mit ungeheurer Akribie. So berichtet Garvin, daß es bei erfolgreichen japanischen Klimageräteherstellern möglich war, die verschiedenen Ausfallraten und Arten eines bestimmten Schalters bei einem speziellen Modell über Jahre hinweg zurückzuverfolgen[9].

Es zeigt sich also, daß ein System zur Auswertung, Analyse und Information von Kundenreklamationen ein unabdingbares Instrument zur Verbesserung der Qualität der Produkte einer Unternehmung darstellen kann, das sich unter gewissen Umständen sogar zur Image-Verbesserung einsetzen läßt.

Allerdings sind für die Etablierung eines derartigen nützlichen Systems einige wichtige Kriterien erforderlich, die wie folgt spezifiziert werden können[10]:

- Das System muß jedem Mitarbeiter in der Firma bekannt sein.
- Die Kunden müssen wissen, an wen sie sich in der Firma zu wenden haben.
- Es muß eine verantwortliche Stelle dafür in der Unternehmung eingerichtet werden.
- Jeder Mitarbeiter muß wissen, was er bei einer Reklamation zu tun hat.
- Es ist wichtig zu wissen, wie der Kunde das Produkt angewendet hat.
- Reklamationen sollten umgehend erledigt werden.
- Alle Reklamationen müssen erfaßt werden.

---

8 Auch die pharmazeutische Industrie wie z. B. die Hoechst AG führt eine zentrale Kartei über alle weltweit bei ihren Medikamenten aufgetretenen Nebenwirkungen und wertet diese für Verbesserungen ihrer Produkte und Kontraindikationen aus.

9 Garvin, D. A.: Quality on the Line, HBR, Sept.–Oct. 1983, pp. 65–75.

10 Mizuno, S.: op. cit., p. 165.

9.1.2 Das soziale System[11]

Die bisherigen Ausführungen bezogen sich ausschließlich auf die Optimierung der einzelnen Aktivitäten und Tätigkeiten des technischen Systems. Demgegenüber erfordert eine Optimierung des Gesamtsystems zusätzliche Aktivitäten im sozialen System.
Diese beziehen sich auf folgende Ebenen:

- Personen
  Die Mitarbeiter mit ihren verschiedenen, persönlichkeitsspezifischen Merkmalen, Einstellungen, Erwartungen, Haltungen und Verhaltensweisen.
- zwischenmenschliche Beziehungen
  als Plattform für Interaktionen zwischen zwei und mehr Mitarbeitern, die eigenen sozialen Gesetzen unterliegt und nicht persönlichkeitsspezifisch erklärt werden kann.

Das soziale System besteht also aus dem persönlichen Verhalten, den Erwartungen und den Beziehungen der Menschen zueinander, das heißt aus Verhalten wie zum Beispiel Kooperation, Führungsstil, Teamarbeit und Kultur. Wie wir jeden Tag in unseren Unternehmen beobachten können, beeinflußt das soziale System beziehungsweise das Verhalten der Menschen zueinander genauso die Arbeitsergebnisse – und damit Qualität und Quantität – wie das technische System die Erledigung der Arbeit. Es bestimmt damit ebenfalls direkt über Engagement, Motivation, Zufriedenheit und Kooperation der Mitarbeiter.

Somit wird das soziale System einerseits durch betriebliche Strukturen, Maschinenlayouts, organisatorische Vorschriften, Regeln und Anweisungen, andererseits durch Beziehungen und Verhalten beeinflußt.

Dies bedeutet, daß sowohl bei der Ermittlung und Analyse von Datenmaterial für eine Veränderung des sozialen Systems (aber natürlich

---

11 Vergleiche dazu auch: Oess, A: Die Organisationsentwicklungs-Konzeption von IMT, in: Koch, U.; Meuers, H.; Schuck, M.: Organisationsentwicklung in Theorie und Praxis, Frankfurt 1980, p. 112–128, aber auch Oess, A.: Feedback für Rivalen, in: Manager Magazin 4/80, p. 96–107.

auch des technischen Systems) nicht nur auf strukturelle Faktoren, sondern auch auf Verhalten geachtet und gezielt werden muß, so daß Struktur und Verhalten in der Weise miteinander integriert werden, daß sie sich gegenseitig ergänzen und unterstützen.

Dazu ein Beispiel: Ein internationaler Konsumgüterkonzern übergab uns den Auftrag, mit Mitarbeitern und Führungskräften die Zusammenarbeit und den Führungsstil in Richtung kundenorientiertes Verhalten im Bereich Marketing zu verbessern. Der dabei zur Disposition stehende Bereich hatte folgende Struktur:

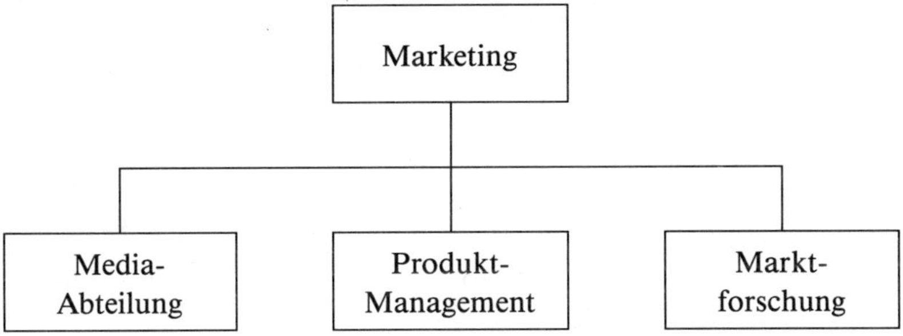

Es ging also um die Verbesserung von Teamarbeit und Führungsstil

- innerhalb von Media, Mafo und PM sowie um Zusammenarbeit
- zwischen den Abteilungen Media, Mafo und PM.

Eine mittels Fragebogen[12] durchgeführte Datenerhebung (Customer-Feedback-System) zur Analyse des Istzustandes brachte folgende Probleme zu Tage: (Auszug)

- innerhalb von PM
  - ○ Konflikte untereinander
  - ○ Reibungsverluste in der persönlichen Zusammenarbeit

12 Daneben gibt es eine Reihe anderer Verfahren der Datenerhebung wie z. B. Attitude Survey Feedbacks, Schwachstellenanalyse, Audits. Siehe dazu: Weisbord, M. R.: Organizational Diagnosis, Reading, Mass. 1985.

  - ○ autoritäter Führungsstil
  - ○ zu wenige Meetings
  - ○ zu viel Bürokratie
- – zwischen den Abteilungen
  - ○ keine Synchronisation von Prioritäten zwischen den Abteilungen
  - ○ Verteidigungshaltung der anderen Abteilungen
  - ○ gegeneinander Ausspielen durch die Leitung
  - ○ Vereinbarungen werden nicht eingehalten
  - ○ Abteilungsegoismus statt Teamgeist

Das ermittelte Datenmaterial wurde verdichtet und visualisiert, so daß für jede Abteilung Ausmaß, Intensität und Richtung der Konflikte deutlich wurden.

Nach intensiver Diskussion dieses Materials im Plenum erhielten die Teilnehmer in ihren organisatorischen Einheiten die Möglichkeit, mit den jeweils betroffenen Vorgesetzten oder Gruppen wie z. B. Mafo ihre Konflikte zu diskutieren, Ergebnisse zu vereinbaren und vor Ort gleich an konkreten Themen zu überprüfen.

Wir achteten bei diesem Vorgehen sowohl

- auf den technischen, sachlichen oder inhaltlichen Aspekt, das Was der Vereinbarung, das heißt, daß konkrete inhaltliche Absprachen in bezug auf klare, überprüfbare Kriterien, wie zum Beispiel Fehler und Zeiten getroffen wurden als auch
- auf den sozialen beziehungsweise den Verhaltensaspekt, das Wie des Aushandelns, das heißt, daß die zwischenmenschlichen Konflikte auf den Tisch kamen (offenes Klima) und für beide Seiten befriedigend behandelt wurden.

Alle dabei getroffenen Vereinbarungen wurden von den Teilnehmern gemeinsam verabschiedet und in die Praxis umgesetzt. Einige Inhalte von Vereinbarungen bargen sogar eine gewisse Sprengkraft. Es handelte sich dabei um die Etablierung neuer Meetings, Entscheidungsstrukturen, Einbeziehung von Mitarbeitern in Entscheidungen, Vereinbarungen von Kriterien wie Fehler, Bearbeitungs-, und Reaktionszeit, Service-Verfügbarkeit sowie Aufbau und Umfang von Daten, an die sich die Beteiligten in Zukunft halten wollten. (Ein späteres Follow-up bestätigte im wesentlichen die Sinnhaftigkeit der getroffenen Vereinbarungen). Damit wird deutlich, daß auch Veränderungen ausschließlich sozialer Systeme sowohl Maßnahmen im technischen als auch im sozialen System bedingen.

Das bei diesem Projekt verwendete Vorgehen läßt sich in folgenden Ablauf fassen:

- vorläufige Problemformulierung,
- Datensammlung in bezug auf das soziale und technische System,
- Analyse der Situation, Überprüfung der Ausgangsformulierung des Problems,
- Verabschiedung der Zielsetzung,
- Feedback der Daten an die Betroffenen und gemeinsame Diskussion,
- Zielsetzung und Erarbeitung von Maßnahmen, Präsentation, Diskussion und Weiterentwicklung,
- gemeinsame Verabschiedung der Ergebnisse,
- Umsetzung in den betrieblichen Alltag,
- Überprüfung der Ergebnisse nach Follow-up und Fortschreibung.

Es ist in einem derartigen Prozeß ganz natürlich, daß häufig andere Ziele als die ursprünglich definierten erreicht werden. Dies erweist sich jedoch deswegen nicht als kontraproduktiv, weil die angestrebten Ziele zwar wichtig sind, jedoch Prozesse, in denen Einsichten über Ursachen und Auswirkungen des Verhaltens von Mitarbeitern transparent gemacht werden und in denen ein kooperatives Aushandeln oder Miteinanderumgehen sprich Verhalten eingeübt wird, zu mehr Verständnis und Vertrauen und damit Zusammenarbeit führen, was für die Kultur des TQM genauso wichtig ist, ja die zentrale Basis darstellt.

9.2 Qualitäts-Management in Entwicklung und Konstruktion

Die organisatorische Zuordnung der Produktentwicklung ist äußerst unterschiedlich. Im Konsumgüterbereich liegt sie häufig im Marketing bei einem Produktmanager, in der Investitionsgüterindustrie meistens in einer eigenen Abteilung „Entwicklung“ oder „Forschung & Entwicklung“. In manchen Fällen beschäftigen sich sogar beide Abteilungen damit, wobei die Schnittstellen bei jeder Firma anders liegen.

Gemeinsame Aufgabe besteht darin, den Soll-Zustand eines Produktes in bezug auf Funktion, Aussehen, Zuverlässigkeit und Qualitätsniveau festzulegen. Dazu gehören auch die Berücksichtigungen von Normen, Fertigungsvorschriften, Stücklisten sowie Bestell- und Liefervorschriften und vieles mehr.

Das über die Abgrenzung von Marketing und Entwicklung Gesagte gilt entsprechend für die Schnittstelle zwischen Produkt-Entwicklung und Konstruktion.

Entwicklung und Konstruktion eines Produktes ist ein systematischer Prozeß, der durch verschiedene Phasen von der Erstellung der Anforderungen, bis zur Übergabe der kompletten Produktionsunterlagen läuft. Dort beginnt dann die Arbeitsvorbereitung.

Der Prozeß der Entwicklung eines neuen Produktes ist äußerst aufwendig. Zwei Drittel[13] der Herstellkosten, manche Experten sprechen sogar von über 70 Prozent[14], werden dort festgelegt.

9.2.1 Das technische System

Auch in Entwicklung und Konstruktion besteht das Ziel des Quality Managements in der Optimierung der Funktion bzw. des Systems in bezug auf Kosten, Qualität und Zeit. Im technischen System bezieht sich dies auf folgende Elemente:

13 Smart Design, Business Week, April 11, 1988, pp. 80–94.

14 Eversheim, W.: Organisation in der Produktionstechnik, Bd. 4: Fertigung und Montage, Düsseldorf 1981.

- *Entwicklungspolitik und Qualitätspolitik*

Eine der wichtigsten Aufgaben bei der Entwicklung neuer Produkte besteht in der präzisen Definition des Zwecks des neuen Produktes. Jeder betroffene Mitarbeiter in Entwicklung und Konstruktion sollte deshalb zu Beginn eines Projektes über Verwendungszweck und geplantes Qualitätsniveau des neuen Produktes informiert sein, damit ein gemeinsames Verständnis aller daran Beteiligten erreicht wird. Im anderen Fall versteht und definiert jede Abteilung Entwicklungsziele und Qualität nach eigenem Gutdünken. „Unvollständige Ziele und diffuse Konzepte bringen aber enorme Verzögerungen mit sich, weil die Entwickler immer wieder von vorn anfangen müssen“[15]. Darin besteht eine der Hauptgefahren der gesamten Produktentwicklung. Langjährige Erfahrungen haben gezeigt, daß viele Entwickler sich mehr nach den technischen Möglichkeiten und ökonomischen Rahmenbedingungen richten, als nach Kunden- oder Marktanforderungen. In der Entwicklung wird häufig die Technik überschätzt, Wettbewerb und Markt dagegen werden unterschätzt[16]. Die Stimme des Kunden auch in der Entwicklung deutlich vernehmbar zu machen, muß deshalb eine der wichtigsten Aufgaben des Managements sein.

Zur Bestimmung des angestrebten Qualitätsniveaus ist allerdings eine sorgfältige Analyse der Möglichkeiten der Firma in bezug auf Fähigkeiten der Mitarbeiter, Material, Anlagen, Maschinen, Finanzen etc. erforderlich. In diesem Zusammenhang muß festgelegt werden, wie die geplante Qualität erreicht werden kann, das heißt welche Politik in bezug auf Entwicklung und Qualität dafür geeignet ist. Ein neues Produkt, das zum Beispiel auf der technologischen Stärke einer Firma aufbaut, hat meistens eine größere Chance auf Erfolg, als ein Produkt, für das die entsprechende Technologie noch gefunden werden muß. Allerdings kann diese Überprüfung der Technologie immer nur der zweite Schritt sein. Die Grundbedingung bleibt, daß Produkte wirkliche Kundenbedürfnisse erfüllen müssen, sonst sind sie zum Mißerfolg verdammt, wie die Realität täglich beweist.

---

15 Fuchs, H. J.: Gefährlicher Zeitpoker, in: hightech 4/90, pp. 40–44.

16 Schmelzer, H. J.: Der Einfluß der Entwicklungszeit auf die Entwicklungsproduktivität, in: Bullinger, H.-J.: 2. F & E Management Forum, Tagungsband, Frankfurt a. M., Nov. 1990, München 1990, pp. 139–162.

- *Das System: Entwicklung und Konstruktion*

Es ist ein fast unmögliches Unterfangen, aussagefähige Abläufe für die generelle Entwicklung und Konstruktion von Produkten zu entwickeln. In vielen Fällen ist dies noch nicht einmal für die Produktpalette eines Unternehmens möglich, da die einzelnen Produkte viel zu unterschiedlich sind. Dennoch ist es von zentraler Bedeutung, ein derartiges System für Entwicklung und Konstruktion aufzubauen und einzuführen. Geschehen kann dies zum Beispiel mit Hilfe des schon erwähnten Quality Assurance Flowcharts (siehe Abbildung 8, S. 100 f.), bei dem[17]

- die einzelnen Entwicklungsschritte auf der vertikalen und die einzelnen Aktivitäten für jede Phase auf der horizontalen Achse aufgeführt werden, wobei präzise definiert wird, welche Funktion oder Abteilung welche Tätigkeit ausführt;
- der Informationsfluß klar ist;
- Arbeitsanweisungen, Durchführungsregeln und eventuell Techniken angeführt werden;
- eindeutige und vollständige Prüfkriterien sowie die Art ihrer Überprüfung deutlich gemacht werden;
- eine regelmäßige Überprüfung der Abläufe vorgesehen ist.

Auf diese Weise lassen sich im Unternehmen häufig über Jahre gewachsene und bürokratisierte Phasenmodelle kritisch überprüfen, im Hinblick auf Zeit, Kosten und Qualität ständig verbessern und dynamisieren.

- *Das Management des Entwicklungs- und Konstruktions-Prozesses*

Für die Steuerung und Überprüfung des Entwicklungs- und Konstruktionsprozesses gibt es eine Reihe von Verfahren[18]. Als zwei der wichtigsten Methoden, die es erlauben, neben der Zeit gleichzeitig auch

17 Vgl. dazu auch Mizuno, S.: op. cit., p. 176.
18 Ibid.

Kosten und Qualität zu verfolgen, können eine erweiterte Form von PERT (Programme Evaluation und Review Technique) und CPM (Critical Path Method) angesehen werden, wobei in den Netzwerken, wie erwähnt, neben den Zeiten zusätzlich Kosten und zu beachtende Prüfkriterien aufgeführt werden[19].

Ein weiterer Vorteil dieser Methoden besteht darin, daß sie simultan verlaufende Schritte der Entwicklung transparent machen, damit Produkte und Produktionstechnik so weit wie möglich parallel entwickelt werden können, um Durchlaufzeiten, Kosten und Fehler noch weiter zu reduzieren.

Darüber hinaus gibt es jedoch eine Reihe weiterer Methoden wie z. B. Balken- und Meilensteinpläne, DART (daily automatic rescheduling technique), Projektstufenpläne, die als Management-Techniken erfolgreich zur fortlaufenden Überprüfung der Entwicklungsschritte angewendet werden können.

Trotz aller dieser nützlichen Methoden ist es jedoch wichtig, von Zeit zu Zeit zu prüfen, ob und in welchem Ausmaß die einzelnen Entwicklungsschritte erreicht wurden, damit eventuelle korrektive Maßnahmen nicht erst am Ende des gesamten Entwicklungsprozesses, wenn es sehr teuer geworden ist, eingeleitet werden können.

- *Umsetzung von Kundenanforderungen in technische Spezifikationen*

Zu Beginn der Entwicklungsarbeit ist, wie gesagt ein „Briefing" oder ein Pflichtenheft erforderlich, das Entwicklung und Konstruktion mit den Anforderungen der Kunden vertraut macht. Alle ermittelten und definierten Qualitätsmerkmale werden darin schriftlich niedergelegt. Den grundsätzlichen Aufbau eines Pflichtenheftes zeigt Abbildung 22[20] beispielhaft für eine Werkzeugmaschine.

---

19 Über die Planungstechniken, PERT und CPM, die bereits in den 50er Jahren entwickelt wurden, gibt es eine Reihe von Literatur wie z. B.: Moore, F. G.; Hendrick, T. E.: Production/Operations Management, Homewood, Ill. 1980 und auch: Henn, R.; Künzi, H. P.: Einführung in die Unternehmensforschung I + II, Heidelberg 1968.

20 Rommerskirch, W.: Qualitätssicherung in der Produktplanungs- und -entwicklungsphase, in: Qualität und Zuverlässigkeit 1/91, pp. 20–23.

1	Allgemeines
	1.1 Ziel der Neuentwicklung 1.2 Zu berücksichtigende Normen und Vorschriften 1.3 Zu berücksichtigende Patente und Lizenzen
2	Marktsituation
	2.1 Konkurrenzentwicklung 2.2 Marktlücke 2.3 Lücke im eigenen Programm 2.4 Verkaufspreis (und daraus abgeleitet die zulässigen Selbstkosten) 2.5 Frühester Liefertermin 2.6 Voraussichtliche minimale und maximale Absatzmenge 2.7 Absatzgebiete 2.8 Eigenschaften in bezug auf Transport und Verpackung 2.9 Garantiefrist – anzustrebende maximale Service- und Unterhaltskosten
3	Beschreibung der technischen Spezifikationen
	3.1 Technische Betriebsdaten: Leistung, Belastbarkeit, Produktionsmenge, Produktionsarten, Arbeitsprinzip, Drehzahlen, Schnittgeschwindigkeiten, Vorschübe 3.2 Konstruktive Daten: Abmessungen, Gewicht, Starrheit, Installation, Montiermöglichkeiten, Justiermöglichkeiten, Ausbau, Ergänzung, Automatisierung, einfache und übersichtliche Bedienungsorgane
4	Qualitätsforderungen
	4.1 Netzspannungen, Frequenzen, Überlastungsschutz 4.2 Genauigkeiten – statische, dynamische, Zuverlässigkeit, Funktionssicherheit 4.3 Mechanische Widerstandsfähigkeit: Verschleißverhalten, Laufruhe 4.4 Klimatische Anforderungen: Feuchtigkeit, Wärme, Kälte 4.5 Werkstattrobustheit 4.6 Erreichbare Qualität der hergestellten Werkstücke
5	Konstruktionsrichtlinien und Vorschriften
	5.1 Toleranzforderungen, Austauschbau 5.2 Verwendung von Normteilen und schon vorhandenen Teilen – Teilefamilien 5.3 Richtlinien über Bedienbarkeit und Umrüsten 5.4 Erleichterung von Nachregulierungen 5.5 Erleichterung der Reinigung, Unterhalt und Service 5.6 Richtlinien über Automatisierung 5.7 Richtlinien über produktionsgerechtes Konstruieren

6	Qualitätsprüfungen an Prototypen und Serienerzeugnissen	
	6.1	Statische Prüfungen
	6.2	Funktions- und Zuverlässigkeitsprüfung
	6.3	Prüfung der Umgebungs- und Wärmeeinflüsse, Vibrationen, Drehfehler
	6.4	Untersuchung der Arbeitsgenauigkeit
	6.5	Überprüfung der technischen Daten
	6.6	Überprüfung der Automatisierungsmöglichkeiten
	6.7	Überprüfung auf Wartung und Service
7	Stückzahlen, Termine, Kosten	
	7.1	Erforderliche Stückzahlen für Amortisation und für Auslegung und Beschaffung von Werkzeugen und Vorrichtungen
	7.2	Anzahl der Prototypen – Größe der Nullserie
	7.3	Termine für Entwicklung, Prototypenbau, Beginn der Serienfabrikation
	7.4	Kosten der Entwicklung einschließlich Prototypenbau, Kosten der Herstellung bei Serienfabrikation

Quelle: Rommerskirch, W.: Qualitätssicherung in der Produktplanungs- und -entwicklungsphase, QZ, Jan. 1991, pp. 20–23.

Abbildung 22: Aufbau eines Pflichtenheftes für eine Werkzeugmaschine

Das Umsetzen von Anforderungen der Kunden zunächst in quantitative Größen und dann in technische Beschreibungen, die sich auf das Produkt und dessen Eigenschaften beziehen, mit anderen Worten: die Übersetzung von der Sprache des Kunden in die Sprache des Ingenieurs, ist Hauptaufgabe dieser Phase und eine Grundvoraussetzung für eine qualitätsgerechte Produktgestaltung. Es geht darum, jene technischen Konstruktionsmerkmale zu erarbeiten, die wahrscheinlich eines oder mehrere kundenwichtige Merkmale beeinflussen. Dabei ist zu berücksichtigen, daß es sich bei den Konstruktionsmerkmalen um Substitute von Kundenanforderungen, also nicht mehr um die echten Kundenanforderungen handelt, da der Umsetzungsvorgang zwangsläufig mit Informationsverlusten verbunden ist. Bestimmte Anforderungen lassen sich einfach nicht quantifizieren und beschreiben.

Zur Umsetzung der Kundenwünsche hat sich besonders die Methode des Quality Function Deployment (QFD) in Japan durchgesetzt. Sie beinhaltet vier Schritte[21]:

- Aufstellen einer Matrix, in der jeder Kundenanforderung Qualitätsmerkmale des Endproduktes zugeordnet werden.
- Aufstellen einer weiteren Matrix, in der jedem Endproduktmerkmal kritische Merkmale an den betreffenden Bauteilen zugeordnet sind.
- Aufstellen eines Prozeßplans, der kritische Prozeß- und Produktparameter klar herausstellt.
- Aufstellen von Arbeitsunterweisungen, die die Einhaltung der wichtigen Prozeßparameter sicherstellen.

Für eine qualitätsgerechte Produktgestaltung haben sich besonders die beiden ersten Schritt als bedeutend erwiesen. Zu diesem Zweck wird der erste Schritt an Hand von Abbildung 23 exemplarisch erläutert.

Ausgangspunkt ist dabei das Ziel, ein neues Produkt, zum Beispiel einen Staubsauger oder einen Geländewagen, zu entwickeln. Ein eigenes derartiges Produkt befindet sich neben einigen Konkurrenzprodukten bereits auf dem Markt.

In Teil I, also auf der linken Seite dieser Tabelle, steht die nachgefragte Qualität. Hier werden die primären manifesten und latenten Kundenwünsche in bezug auf ein Produkt, die vorher durch Marktforschung ermittelt wurden, in der dem Kunden eigenen Sprache aufgelistet. In Japan wird dies als „Market-In Approach" bezeichnet. Je nach Bedarf werden diese primären Anforderungen noch einmal in sekundäre und tertiäre, ja manachmal sogar quartäre Anforderungen aufgegliedert, um die Kundenwünsche in allen ihren Dimensionen und Verästelungen zu erfassen. Dies geschieht in der Weise, daß alle von Kunden ermittelten und bereits bekannten Bemerkungen, Statements, Äußerungen

---

21 Akao, Y.: Quality-Functions Deployment for Product Development, JUSE, Tokyo 1989. Sullivan, L. P.: Quality Function Deployment, in: Quality Progress, June 1986, pp. 39–50.
Akao, Y., Ed.: Quality Function Deployment, Cambridge 1990.

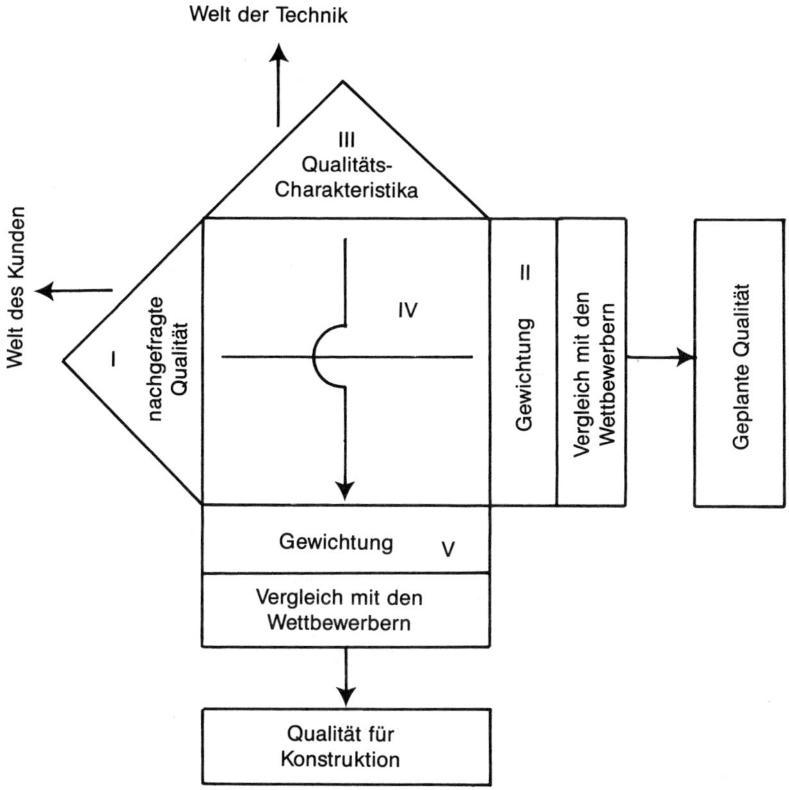

Quelle: Akao, Y.: Quality Functions Deployment for Product Development, JUSE, Tokyo 1989

Abbildung 23: Quality (Deployment) Chart

und Anmerkungen in sogenannte „clusters“ (Gruppen) zusammengefaßt und in eine Rangordnung vom Allgemeinen hin zum Konkreten geordnet werden (Abbildung 24). Bei dieser Aufstellung handelt es sich um die wahre Produktqualität. Alle anderen Qualitäten sind aus dieser abgeleitet und stellen demnach Substitute dar. Daten dieser Art sind häufig, zwar in ungeordneter Form, in Marketing und Vertrieb zu fin-

Beispiel: Auto – Frontscheinwerfer

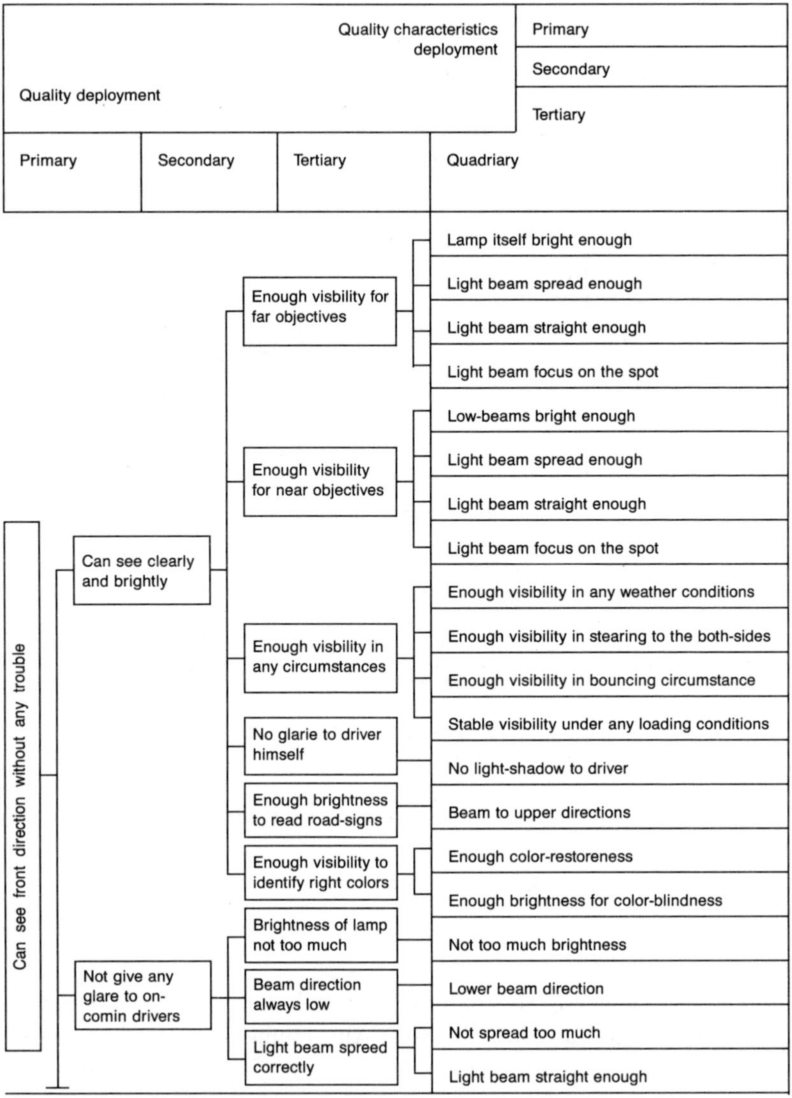

Light distribution										Longevity						Safety	
Light distribution angle				Light-beam						Efficiency							
Beam-lense light-distribution angle	Beam-lense size	Filament-changing angle	Beam-changing angle	Light intensity	Transmission factor	Reflexivity	Color temperature	Electric power	Voltage	Air tightness	Filament strength	Sealed gas property	Bulb size (volume)	Consumed electricity	Redundancy	Recovery angle	
○	○	△	△	○	◎	◎	○	◎	○					◎			
◎	○	△		△	△	△		△						△			
		△	◎														
◎																	
○	○	◎	△	△	△	◎	◎	○	◎	○				◎			
◎	○	△		△	△	△		△						△			
		△	◎														
◎																	
○		△															
◎	△	○	○	△													
◎																	
				○			◎	○						○			
							○	○						○			
◎	△	○	○	○				○	△					○			
○		○	◎														
◎																	
◎																	

Quelle: Dieses Beispiel wurde freundlicherweise von Galgano & Associati, Mailand, zur Verfügung gestellt.

Abbildung 24: Primäre, sekundäre, tertiäre und hier auch quartäre Kundenanforderungen in Beziehung zu Qualitätscharakteristika

den, manche müssen jedoch erst mühselig durch entsprechende Methoden ermittelt werden. Bei dieser Auf- und Zusammenstellung handelt es sich um den wichtigsten Schritt des ganzen Prozesses, weil es für die Entwickler darum geht, die Wünsche der Kunden so umfassend wie möglich zu verstehen und zu erfassen sowie präzise zu formulieren, und nicht um das, was sie selbst oder andere Mitarbeiter der Firma erwarten, glauben oder möchten.

Des nächste Schritt besteht in der Zuordnung der jeweiligen Prioritäten, die den Anforderungen von den Kunden gegeben wurden. Diese werden in der ersten Spalte auf der rechten Seite der Tabelle (Teil II) eingetragen. In der darauffolgenden Spalte erscheinen die Prioritäten, die dem eigenen Produkt und denen des Wettbewerbes von den Kunden in einem Produktvergleich, der in der Regel von einem neutralen Institut durchgeführt wird, zugeschrieben wurden. Aus einer Analyse dieser Werte kann dann die geplante Qualität für das neue Produkt abgeleitet werden.

Die nächste Phase des Prozesses besteht darin, eine Tabelle für Qualitäts-Charakteristika (Teil III) zu entwickeln. Dazu müssen aus den Kundenanforderungen die einzelnen Qualitätselemente oder -merkmale bestimmt werden, deren Quantifizierung sie zu Qualitäts-Charakteristika werden läßt. Als Qualitätselement wird ein Merkmal bezeichnet, das als Maß für Qualität dienen kann (Abbildung 25). Die Aufstellung der Tabelle geschieht zunächst in der Weise, daß alle tertiären Anforderungen der Kunden in Qualitätselemente umgesetzt werden. Danach werden alle diese Elemente sozusagen neu gemischt und wiederum in primäre, sekundäre und tertiäre Elemente geordnet. Das Merkmal Tragbarkeit kann zum Beispiel in Gewicht oder in Außenabmessungen ausgedrückt werden. Diese Größen sind jedoch, wie bereits erwähnt, Ersatzgrößen, da bei der Übersetzung sozusagen Übersetzungsmängel auftreten, wodurch bestimmte Kundenwünsche verlorengehen können.

Im Anschluß daran geht es darum, die Beziehungen zwischen den Kundenerwartungen und den Qualitätsmerkmalen herauszuarbeiten, das heißt herauszufinden, wie jedes der technischen Merkmale mit den Kundenanforderungen zusammenhängt. Diese Korrelationen werden

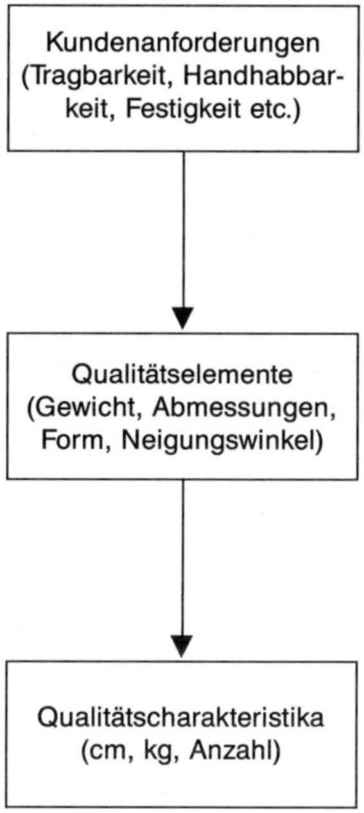

Abbildung 25: Kundenanforderungen, Qualitätselemente (Merkmale) und Qualitätscharakteristika

in der mittleren Tabelle (Teil IV) aufgezeigt, indem die gegenseitigen Zusammenhänge mit bestimmten Symbolen gekennzeichnet werden:

◎ starke Korrelation
○ mittlere Korrelation
△ schwache Korrelation

Der Vorteil dieser Beziehungsmatrix liegt darin, daß schnell erkannt werden kann, ob die Qualitätselemente die ermittelten Kundenforderungen auch entsprechend abdecken. Die Abwesenheit eines Symbols zeigt an, daß einige Kundenerwartungen nicht angesprochen wurden, also Übersetzungsfehler vorliegen oder zum Beispiel im Falle eines △-Symbols eine schwache Korrelation aufweisen. Auch lassen sich miteinander konkurrierende Elemente unmittelbar identifizieren, die dann durch entsprechende Maßnahmen in Einklang gebracht werden müssen.

In der darunterliegenden Tabelle (Teil V) werden in der ersten Zeile die Elemente des neuen Produktes mit Prioritäten versehen, von denen die Entwickler glauben, daß sie die Kundenanforderungen abdecken. Jetzt wird wieder ein Vergleich in bezug auf die Merkmale des eigenen Produktes mit den auf dem Markt befindlichen wichtigsten Konkurrenzprodukten durchgeführt, allerdings in quantitativer Form. Ermittelt werden diese Werte dieses Mal durch firmenintern durchgeführte Tests, Analysen und Vergleiche. Jetzt läßt sich die geplante Qualität mit diesen Ergebnissen vergleichen, um eventuelle Widersprüche zwischen Kundenwünschen und Einschätzungen der Konstrukteure aufzudecken. Ein derartiger Vergleich macht unter anderem deutlich:

- ob und wieweit die Gewichtung von Entwicklung und Konstruktion mit der geplanten Qualität, die aus den Kundenanforderungen resultiert, übereinstimmt;
- ob, wie und wieweit bereits bestehende Produkte sich von Konkurrenzprodukten in bezug auf Qualitäts-Charakteristika einerseits und von der geplanten Qualität andererseits unterscheiden.

Aus diesen Daten können dann die neuen Zielgrößen der einzelnen Qualitäts-Charakteristika für die Qualität der Konstruktion und die Möglichkeiten ihrer späteren Überprüfung sowie dazu erforderlichen Tests bestimmt werden. Das Profil für das neue Produkt und die Konstruktionsqualität werden festgelegt und sichtbar.

- *Qualitätssicherung bei der konstruktiven Gestaltung*

Den Mitarbeitern in Entwicklung und Konstruktion stehen in dieser Phase also Pflichtenhefte, Konzeptstudien, Kostenkalkulationen, Kundenanforderungen und Qualitäts-Charakteristika zur Verfügung. Daraus muß der Konstrukteur Lösungen finden, die sowohl eine einfache und wirtschaftliche Produktion in Fertigung und Montage (fertigungsgerechte Konstruktion) gewährleisten, als auch eine leichte und ökonomische Aufstellung des Produktes beim Kunden, eine wirksame und umweltfreundliche Verpackung und einen effizienten Kundendienst ermöglichen.

Damit nicht genug: Produktakzeptanz hängt nicht nur von der Funktionstüchtigkeit ab, sondern auch von Styling, Finish, leichtem Transport und einfacher Aufstellung, angenehmer Bedienung und einfachen Überprüfungsmethoden. Das gleiche gilt für „Extras" und modischen Schnickschnack, wie zum Beispiel ein Radio oder spezielle Felgen am Auto. Es ist in diesem Zusammenhang eine bekannte Tatsache, daß konstruktive Gestaltungsrichtlinien, die für montage-, fertigungsgerechte und servicefreundliche Konstruktion gelten, meistens auch für die Qualitätssicherung von Bedeutung sind.

Alle diese Anforderungen müssen vom Konstrukteur berücksichtigt und ins Produkt umgesetzt werden.

Insgesamt, so Warnecke[22], können in bezug auf Sicherung und Einhaltung der Qualität folgende drei Hauptrichtlinien für die Konstruktion genannt werden:

- Robuste Konstruktion
  Bei robusten Konstruktionen entstehen im Produktionsprozeß nicht sofort Produktionsfehler, wenn geringe Parameterabweichungen vorkommen.
- Sichere Prüfbarkeit
  Bereits bei der Konstruktion sollte darauf geachtet werden, daß geforderte Kundenmerkmale in der Produktion geprüft werden können. So werden potentielle Fehler sicher erkannt.
- Zuverlässiges Material
  Insgesamt höheres Qualitätsniveau kann durch die Verwendung qualitätsgerechter Roh- und Hilfsstoffe sowie Normteile geleistet werden. Aus diesem Grunde kann die Forderung, die Teilelieferanten mit vollständigen und richtigen Qualitätsspezifikationen zu versorgen, nur unterstützt werden.

---

22 Warnecke, H.-J.; Melchior, K.; Kring, J.: Qualitätsgerechte Produktgestaltung, op. cit., pp. 65–66.

Die Einhaltung und Sicherung der hierbei festgelegten und ermittelten Elemente und deren zulässigen Werte in der Konstruktion sind für eine hohe Qualität unabdingbar.

Für die Sicherung und Einhaltung der Qualität sind dabei zwei wichtige Prinzipien zu berücksichtigen[23]. Einmal müssen Konstruktionsfehler schon hier unter allen Umständen vermieden werden („do it right the first time"), und zum anderen müssen technisch nicht erforderliche Sicherheiten aufgefunden und -gelöst werden, wodurch Leistungen erhöht, Kosten eingespart, Durchlaufzeiten verringert und die Wirtschaftlichkeit allgemein nachhaltig verbessert werden. Seit Jahrzehnten allgemein bekannte Erscheinungen, wie „Angsttoleranzen" und „Massesicherheiten", mit denen in der Konstruktion Unsicherheiten und Auswirkungen unbekannter Risiken aufgefangen werden sollen, müssen analysiert und in getrennt beherrschbare sowie berechenbare Einzelfaktoren aufgegliedert werden. Dies ist die technisch bessere, weil wirksamere und wirtschaftlich vorteilhaftere Lösung. Maßstab für die Bewertung derartiger Maßnahmen kann jedoch alleine die zuverlässige Funktionserfüllung während der gesamten Lebensdauer mit dem geringsten technischen und wirtschaftlichen Aufwand sein. Nicht Einzelmaßnahmen, ihre isolierte Bewertung und/oder Auswirkung sind entscheidend, sondern allein ihr Beitrag zum Erfüllen dieser übergeordneten Gesamtaufgabe. Auch zu diesem Zweck müssen die Konstruktionsmerkmale, die für eine sichere und zuverlässige Funktion wesentlich sind, identifiziert werden.

- *Verbesserung der Qualität in Entwicklung und Konstruktion*

Aus diesen Ausführungen wird deutlich, daß wir im Westen zwar viele und auch nützliche Grundsätze zur Sicherung der Qualität gefunden haben, die Methoden zur Verbesserung, wie z. B. das Quality Function Deployment, wiederum aus Japan kommen.

Dazu gehört eine weitere wichtige Methode zur Verbesserung der Qualität, die die Japaner entwickelt und systematisch verfeinert haben. Sie

23 Arnold, R.; Bauer, C.-O.: Qualitätssicherung in Entwicklung und Konstruktion, Köln 1987, pp. 11–13.

wird als Mechatronics bezeichnet[24]. Ihre Grundidee liegt darin, so viele mechanische Teile wie möglich in einem Produkt zu eliminieren, um sie zum Beispiel durch elektronische Elemente zu ersetzen[25], weil eine für die Produktion günstigere Reduzierung der Anzahl gefertigter Teile auch bedeutende Verbesserungen für die Produktqualität bringt (siehe Abbildung 26).

Dies gilt insbesondere für die Montage. Je komplexer sie gestaltet ist, desto größer die Gefahr von Fehlern. Eine Reduzierung der Anzahl

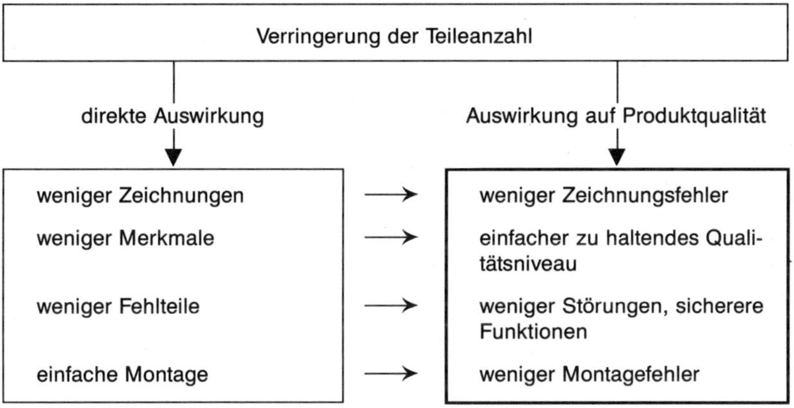

Quelle: Warnecke, H. J.; Melchior, K.; Kring, J.: „Qualitätsgerechte Produktgestaltung", in: Qualitätssicherung – Neue Herausforderungen an den Produktionsingenieur, VDI 1988, p. 63.

Abbildung 26: Qualitätsverbesserung durch eine verringerte Teileanzahl

und der Vielfalt der Teile verringert die Komplexität drastisch. „Auch die Lageerkennbarkeit der Bauteile, Vertauschbarkeit, Wiederholungszahl, Übersichtlichkeit der Anordnung, Genauigkeit der Positionierung und die Anzahl der Positionierebenen und -achsen haben einen Einfluß auf die Fehlermöglichkeiten"[26].

24 Suzue, T.; Akira, K.: Variety Reduction Program (VRP): A Production Strategy for Product Diversification, Cambridge 1990.

25 US Manufacturers Learn The Hard Lesson of Simplicity, in: Business Week, Feb. 29, 1988, pp. 50–51.

26 Warnecke, H.-J.; Melchior, K.; Kring, J.: Qualitätsgerechte Produktgestaltung, in: Qualitätssicherung – Neue Herausforderungen an den Produktionsingenieur, VDI 1988, pp. 59–74.

Konstruktive Gestaltung und Mechatronics wirken sich jedoch nicht nur auf die Qualität, sondern auch auf die Kosten aus. Allein die Verringerung der Anzahl von Schrauben, Bolzen, Nieten und sonstigen Befestigern kann die Montagekosten um bis zu 50 Prozent senken[27].

Ein Beispiel für die Konsequenzen einer verringerten Teileanzahl auf die Kosten ist der Walkman von Sony, der vor zwei Jahren aufgrund verstärkten Wettbewerbs beim Konsumenten an Attraktivität verlor. Sony reagierte darauf mit einer Strategie, die folgende Ergebnisse zeigte (siehe Tabelle 4).

Tabelle 4: Kostensenkung durch verringerte Teileanzahl beim Sony Walkman

	Alte Konstruktion	Neue Konstruktion
Mechanische Teile	97	45
Montagearbeiter	60	10
Montagezeit (Index)	100	33
vorgeschlagener Preis	$ 39	$ 32

Quelle: „US Manufacturers Learn The Hard Lesson Of Simplicity“, Business Week, Febr. 29, 1988, pp. 50–51.

In Japan werden diese Bemühungen durch das Industrial Engineering Bureau des MITI unterstützt. Diese Organisation verlangt, daß alle in Japan verkauften elektrischen und elektronischen Komponenten auf ihre Zuverlässigkeit getestet und als Daten auf einer zentralen Datenbank in Tokio für jeden Hersteller zugriffsbereit gespeichert liegen. Aus diesem Grunde brauchen Entwickler ihre Komponenten nicht länger selbst zu testen, um Zuverlässigkeitsprüfungen durchzuführen, was eine enorme Zeitersparnis darstellt.

27 US Manufacturers Learn The Hard Lesson of Simplicity, in: Business Week, Febr. 29, 1988, pp. 50–51.

9.2.2 Überprüfung von Entwicklung und Konstruktion („Design-review“)

Ob sich eine Konstruktion bezüglich der Anforderungen an ihre Funktion bewährt, kann letztlich nur durch Gebrauch am Markt überprüft werden. Jede Firma wird deshalb bemüht sein, das Risiko für teure Nacharbeit, Änderungen und Garantieleistungen so klein wie möglich zu halten.

Aus diesem Grunde muß vor Abschluß der Konstruktionsarbeit eine Überprüfung stattfinden, um sicherzustellen, daß einmal die fixierten Produktanforderungen erfüllt und zum anderen Mängel bereits im Vorfeld der Serienproduktion aufgedeckt werden. Dazu werden in der Praxis mehrere Verfahren des „Design-review“ angewendet:

Checklisten

Überprüfung von Pflichtenheften, Verträgen, Zeichnungen und Stücklisten auf Richtigkeit und Vollständigkeit.

Qualitätsfähigkeits-Analyse[28]

Eine Qualitätsfähigkeits-Analyse besteht in der Überprüfung des Entwurfes bzw. Konzeptes hinsichtlich Funktion, Zuverlässigkeit, Lebensdauer, Wartbarkeit, Gesetzes- und Sicherheitsvorschriften etc. des Produktes. Darüber hinaus müssen die Fertigungstauglichkeit der gewählten Konstruktion sowie Festlegungen für eine technisch und qualitativ beherrschte Fertigung des Produktes getroffen werden.

Fehlermöglichkeits- und -einfluß-Analyse (FMEA)

Bei der FMEA werden alle kritischen Elemente einer Analyse bezüglich Funktionserbringung und Ausfallverhalten unterzogen. Zu diesem Zweck werden für alle Merkmale mögliche Fehler angenommen, deren Ursachen aufgelistet, die Wirkungen angegeben[29] und entsprechend

28 VDA: Sicherung der Qualität vor Serieneinsatz, Frankfurt a.M. 1986.
29 Ford-Werke AG, Köln: Analyse potentieller Fehler und Folgen; Leitfaden.

SMMT Failure Mode & Effects Analysis – Design/Process

FMEA: Nummer ____
Blatt ____ von ____

Teil-Name ____________ Lieferant ____________
Teil-Nummer ____________
Techn. Änderungsstand ______

Ergänzungen	1	2	3	4	5	6	7	8	9	10
Datum	Original									

FMEA Team	
FMEA bestätigt	Datum
Name	Unterschrift

Nr	Teil Nr. Name	Modell System Fertigung	Mögliche Fehlerart	Folgen des Fehlers	Ursache des Fehlers	Gegenwärtige Prüfmaßnahmen	Gegenw. Zustand				Empfohlene Abstellmaßnahmen	Verantwortlichkeit	Getroffene Maßnahmen	Neuer Zustand			
							A	B	E	RPN				A	B	E	RPN

Wahrscheinlichkeit des Auftretens (Fehler kann vorkommen)

unwahrscheinlich	= 1
sehr gering	= 2 – 4
gering	= 5 – 6
mäßig	= 7 – 9
hoch	= 10

A – Auftreten
B – Bedeutung
E – Entdeckung

Bedeutung (Auswirkungen auf den Kunden)

kaum wahrnehmbare Auswirkungen	= 1
unbedeutender Fehler, geringe Belästigung des Kunden	= 2 – 4
mäßig schwerer Fehler	= 5 – 6
schwerer Fehler, Verärgerung des Kunden	= 7 – 9
äußerst schwerwiegender Fehler	= 9 – 10

Wahrscheinlichkeit der Entdeckung (Fehler erreicht Kunde)

hoch	= 10
mäßig	= 8 – 9
gering	= 5 – 7
sehr gering	= 2 – 4
unwahrscheinlich	= 1

Priorität (RPN) = Risk priority number

hoch	= 1000
mittel	= 125
keine	= 1

Abbildung 27: Konstruktionsfehler – Möglichkeits- und Einfluß-Analyse

korrektive Maßnahmen eingeleitet (Abbildung 27). Entsprechend der Aufgabenstellung lassen sich zwei Arten unterscheiden:

- Konstruktions-FMEA und
- Prozeß-FMEA

Die Konstruktions-FMEA eignet sich am besten zur Fehlervermeidung bei neuen Entwicklungen, Technologien und Problemteilen, um zu gewährleisten, daß jeder denkbare Fehler des Entwurfs in Erwägung gezogen und bearbeitet wird. Die Prozeß-FMEA analysiert den geplanten Fertigungs- oder Montageprozeß, um sicherzustellen, daß alle Qualitätsanforderungen erfüllt werden.

Fehlerbaum-Analyse[30]

Jedem Bauelement/Einzelteil werden dabei seine Fehleranteile (Ausfallraten) zugeordnet. Aus den Fehleranteilen (Fehlerhäufigkeit) beziehungsweise aus der Ausfallrate in einem bestimmten Zeitraum, lassen sich Wahrscheinlichkeiten errechnen. Daraus kann dann die Ausfallwahrscheinlichkeit für das Gesamtprodukt bestimmt werden.

Überprüfung von Prototypen oder Entwicklungsmustern

Vor der Freigabe der Serienproduktion wird in der Regel ein Prototyp oder Muster unter möglichst normalen Bedingungen überprüft. Er wird hauptsächlich in bezug auf Funktion und Zuverlässigkeit sowie Qualität des Fertigungsprozesses beurteilt. Allerdings erbringt die Prototypenprüfung keine Aussagen über die Akzeptanz beim Verbraucher. Dazu werden in Japan häufig kleine Serien entweder von ausgewählten Mitarbeitern der Firma oder von Kunden in Gebrauch genommen und getestet. Diese Verbraucher werden dann über ihre Erfahrungen befragt, die während der begrenzten Einsatzzeit benutzten Produkte werden untersucht. Vor der Serienproduktion werden die eventuell entdeckten Mängel behoben.

Alle diese Methoden lassen sich sowohl zur Sicherung als auch zur Verbesserung der Qualität einsetzen. Sie sind jedoch nicht sonderlich neu

---

30 Stumpf, T.: Qualitätsplanung, in: Masing, W.: Handbuch der Qualitätssicherung, op. cit., pp. 468–469.

und wurden schon vor Jahren im Westen entwickelt, oft aber kaum oder nur in begrenztem Umfang benutzt. Erst die Japaner mußten uns wieder auf die Bedeutung und die qualitätsrelevanten Möglichkeiten dieser Methoden aufmerksam machen.

Nach Durchführung der Überprüfung muß die Konstruktion in entsprechenden Zeichnungen dokumentiert werden, die aufzubewahren sind. Alle Kundenanforderungen bezüglich Qualitätssicherungs-Aktivitäten, die über die festgelegten Standards hinausgehen, sind in der jeweiligen Zeichnung zu vermerken. Danach erst kann die Marktfreigabe erfolgen.

9.2.3 Das Problem des „Zeitdrucks"

Eine häufige Ursache von Mängeln in der Konstruktion sind die knappen Zeitvorgaben von seiten des Marketing oder Vertriebs, weil diese beispielsweise ein Einführungsprogramm für ein bestimmtes Datum geplant haben oder weil der Verkauf seinen Kunden die Lieferung bestimmter Produkte bereits versprochen hat. Die Entwicklung oder Konstruktion hatte also zu wenig Zeit, ihre Arbeit zu beenden. Unvollständige Zeichnungen, fehlende Funktionen und Eigenschaften, die für den Verbraucher wichtig sind, ergeben jedoch ein Produkt, das nicht den Erwartungen des Konsumenten entspricht. Dennoch wird häufig die Freigabe gegeben, weil – nach Juran – oft von folgenden Annahmen ausgegangen wird:

- „Unser guter Kundendienst wird die Sache schon hinbügeln";
- Nachträgliche Korrekturen von seiten der Konstruktion werden das Produkt in den optimalen Zustand bringen.

In Wirklichkeit werden diese Hoffnungen selten erfüllt. Der Kundendienst ist nie so gut wie gedacht, und die Korrekturen werden nicht durchgeführt, weil die betreffenden Mitarbeiter bereits an neuen Projekten arbeiten, mit ebenso knappen Zeitplänen, die ihnen für Korrekturen keine Zeit lassen.

9.2.4 Das soziale System

Die Funktion Entwicklung und Konstruktion wird in der Paxis eigentlich durch eine gewisse Widersprüchlichkeit gekennzeichnet. Auf der einen Seite haben sich die Entwickler in der Vergangenheit häufig erfolgreich mit dem Hinweis auf die kreative Natur ihrer Arbeit in den Olymp oder Efenbeinturm und damit in die Isolation zurückgezogen und sich der betrieblichen Realität beziehungsweise den Marktanforderungen dadurch entzogen. Andererseits ist in ihren Arbeitsbereichen oft noch das sequentielle, das heißt das phasenweise und abteilungsabhängige Vorgehen, hohe Arbeitsteiligkeit, Detailbesessenheit und viele Hierarchiestufen, also eine sehr ausgeprägte technokratische Orientierung stark verbreitet. Die Konsequenzen dieser Arbeitsweise bestehen in hohem Aufwand für Zeiten und Kosten sowie Problemen mit der Qualität, da jede Schnittstelle Zeit kostet, den Informationsverlust erhöht, Entscheidungs- und Kommunikationsprozesse bremst und häufige Produktänderungen vorprogrammiert. Nicht zuletzt deshalb hat auch diese Arbeitsweise nicht unwesentlich dazu beigetragen, daß ganze Branchen wie Hi-Fi, Kamera, Motorräder aufgrund ihrer Schwerfälligkeit von den Japanern förmlich überrannt wurden und verlorengingen.

Es ist deshalb um so verwunderlicher, daß prozeßorientiertern Führung, Einbeziehung der Betroffenen, Teamarbeit innerhalb der Entwicklungsfunktion, Kommunikations- und Teamfähigkeit in westlichen Firmen nicht mehr Beachtung geschenkt werden, obwohl die japanischen Erfolge und ihre Gründe hinreichend bekannt sind. Auch bei uns im Westen ist seit langem bekannt, daß „mindestens 50% der Probleme in Entwicklung und Konstruktion auf Verhaltens- und nicht auf Sachprobleme zurückzuführen sind“[31]. Aus diesem Grunde muß erstes Gebot sein, die Schwächen der traditionellen Organisation durch eine gezielte Gestaltung des sozialen Systems zu beseitigen. Um diesbezügliche Maßnahmen einzuleiten, muß auch hier zunächst eine Bestandsaufnahme erfolgen. Sie umfaßt Daten aus folgenden Bereichen:

31 Schmelzer, H. J.: Der Einfluß der Entwicklungszeit auf die Entwicklungsproduktivität, in: Bullinger, H.-J.: 2. F & E Management Forum, Integrierte Produktentwicklung, Frankfurt a. M., Nov. 1990, München 1990.

– Formales System
  Wie ist die Funktion gegliedert: funktionsorientiert (nach Ablaufphasen), objektorientiert (nach Produktgruppen) oder fachorientiert (nach Fachgebieten), Art und Umfang der organisatorischen Regelungen, existieren klare Ziele, gibt es hauptsächlich sequentielle Abläufe, besteht schon eine Projektorganisation, existieren vereinbarte Leistungskriterien, werden Design-Reviews und wenn ja, von wem durchgeführt, welche Funktion und welchen Stellenwert haben Teams?

– Informelles System
  Gibt es kundenorientiertes Verhalten, besteht ein guter Teamgeist, klappt die Teamarbeit, funktioniert die Zusammenarbeit in und zwischen den Abteilungen sowie anderen Funktionen, wie steht es um Informations- und Kommunikationsprozesse, helfen sich die Mitarbeiter gegenseitig, wie steht es um die Motivation, welche Bedeutung wird dem einzelnen Mitarbeiter eingeräumt, wie wird der Status der eigenen Abteilung eingeschätzt, wie sehen ihn die anderen Abteilungen, wie wird der Führungsstil in der Funktion erlebt?

Erst nach Ermittlung dieser Daten sowie detaillierter Diagnose und Analyse, können Maßnahmen zur Verbesserung des sozialen Systems entwickelt werden. Auf welche Weise dies geschehen kann, wurde im vorherigen Abschnitt (Marketing) exemplarisch erläutert und soll deshalb an dieser Stelle nicht wiederholt werden.

Besondere Probleme bereiten häufig aber auch die Schnittstellen zwischen Marketing/Vertrieb/Entwicklung einerseits und Entwicklung/Fertigung andererseits. Bestehende Verständigungsprobleme zwischen Konstrukteuren und Kaufleuten, Kommunikations- und Kooperationsbarrieren, zeitaufwendige Übergaben und Rückkopplungen durch Verantwortungswechsel sowie konkurrierende Interessen lassen innovative Entwicklungen und ihre Termin- sowie Kostenziele scheitern.

Wie alle diese Probleme erfolgreich gemeistert werden können, exerzieren uns die Japaner, in zunehmendem Maße aber auch einige westliche Firmen modellhaft vor.

Schon zur Einholung von Informationen über die Anwendung von Produkten durch Kunden schicken die Japaner Marketing-, Entwicklungs- und Engineering-Mitarbeiter als Team los.

Auch für die Durchführung des QFD-Prozesses wird in der Regel ein Team mit Fachleuten aus Marketing, Konstruktion und Fertigung eingesetzt. Bei Kodak „sind es gerade diese Diskussionen, die den QFD-Prozeß so wertvoll machen“[32]. Zwar geht es auch um das Ausfüllen der Matrix, jedoch mehr um den Erfahrungsaustausch und die konstruktive Diskussion. Ein ganz wichtiger Aspekt ist der Austausch von Informationen der Teammitglieder untereinander. „Die Konstrukteure und Produktionsfachleute lernen kundenorientiert zu denken, die Marketingleute erhalten ein Gespür dafür, wie schwierig es sein kann, Kundenwünsche zu realisieren“[33]. Durch diese interfunktionelle Besetzung des Teams werden bereichsübergreifendes Denken und Handeln gefördert. Die Konstruktion tritt aus der in vielen Fällen beobachteten Isolation heraus und wird in den betrieblichen Kommunikationsprozeß eingebunden, was zu realistischeren, marktnäheren und schnelleren Konstruktionen führt.

Bei Black & Decker geschieht die Produktentwicklung durch eine „strikte Orientierung an den Anforderungen des Marktes und durch Einbeziehung aller am Entwicklungsprozeß beteiligten Funktionen“. Dafür wurden folgende Koordinationsgremien geschaffen[34]:

- Das Steuerungskomitee der Konzernführung
  Es überwacht alle aktiven Projekte und entscheidet insbesondere über die Freigabe der endgültigen Spezifikationen, Investitionen und Serienfertigung. Mitglieder: Angehörige der Konzernleitung.
- Business Teams
  Sie überwachen die Einhaltung der marktbezogenen technischen und kommerziellen Zielvorgaben, entscheiden bei anfallenden Ziel-

32 Blank, R.: „QFD – Quality Function Deployment, kundenorientierte Produktentwicklung –, Verbesserung und Vermarktung, QFD als Instrument der Unternehmensplanung, in: Bullinger, H.-J.: op. cit., pp. 85–98.

33 Ibid. p. 91.

34 Mack, M.: Optimierung der Produktentwicklung als Integrationsaufgabe, in: Bullinger, H.-J.: op. cit., pp. 391–410.

konflikten und überwachen die Arbeit der Projekt-Teams. Mitglieder: u. a. zuständige Produktmanager, Entwickler der betreffenden Gruppen.

- Projekt-Teams
  Sie leisten die eigentliche Entwicklungsarbeit. 8 – 12 Teilnehmer aus allen ins Projekt einbezogenen Funktionen, wie zum Beispiel Entwicklung, Test, Fertigungsplanung, Einkauf, Kundendienst, Qualitätssicherung, Controlling.

Auch die von einem so traditionellen Hersteller wie Bosch verfolgte Politik der vorbeugenden Qualitätssicherung berücksichtigt in gewissem Maße die Ideen der Einbeziehung durch folgende Institutionen[35]:

- Bereichsübergreifende Zusammenarbeit zwischen Verkauf, Applikation, Entwicklung und Fertigung
  Ziel: ist die Erarbeitung von detaillierten Anforderungen aufgrund von Kundenspezifikationen
- Projektübergreifende Zusammenarbeit in Entwicklungsabteilungen zur Nutzung des Erfahrungspotentials
  Ziel: intensiver Erfahrungsaustausch unter Fachleuten und Aufbau von Expertensystemen über Konstruktionsdetails für neue Aufgaben
- Abstimmung der Entwicklungsingenieure mit den Fertigungswerken

9.3 Qualitäts-Management in Einkauf und Materialwirtschaft

Nach der Konstruktion ist der nächste Schritt im Qualitätskreislauf die Auswahl der Zulieferer und die Steuerung der eingehenden Rohmaterialien, Teile, Baugruppen und Komponenten. In den letzten Jahren ist die Beziehung zwischen Hersteller und Zulieferer zu einem aktuellen Thema geworden.

35 Graf, M.: Heilsamer Zwang zur Disziplin, in: Automobil-Produktion spezial, Dezember 1990, pp. 104 – 107.

Der Prozeß, akzeptable Rohmaterialien und Teile zu erhalten, besteht aus drei Themenkreisen:

- Auswahl der Zulieferer,
- Management der Beziehungen zu den Zulieferern,
- Qualitätssicherung des Wareneingangs.

9.3.1 Auswahl der Zulieferer

Die Auswahl der Zulieferer ist eine Frage der langfristigen Einkaufs- und Beschaffungspolitik, über die sich ein Unternehmen klar sein muß, weil sie langfristig Ressourcen bindet. Insbesondere beinhaltet sie folgende Entscheidungen:

Welche Teile oder Materialien sollen selbst gefertigt, welche eingekauft werden?
Daraus ergeben sich weitere Fragen, so:
- Wie wichtig ist das Teil oder Material?
- Hat die Firma das dafür erforderliche Know-how und die Kapazitäten?
- Sollen bestimmte Zulieferer erst gegründet werden? Inwieweit soll ihnen vom Hersteller geholfen werden?

Welchen Status sollen die Zulieferer erhalten, den eines Exklusivbeziehers oder des „Einer unter vielen"?

Während Deming die Bestimmung eines einzigen Zulieferers favorisiert, befürwortet Ishikawa[36] eine Anzahl von zwei, da nach seiner Meinung ständig unvorhergesehene Ereignisse wie Streiks, Brände oder sonstige Vorfälle eintreten können, die ein ausschließliches Verlassen auf einen Zulieferer zum Problem werden lassen.

Für die Auswahl geeigneter Zulieferer haben gerade in den letzten Jahren die Unternehmen der Automobilindustrie eigenständige Anforderungsrichtlinien an die QS-Systeme ihrer Zulieferer entwickelt und mit

36 Ishikawa, K.: What is Total Quality Control, Prentice Hall, N. J., 1985, p. 163, Deming, W. E.: Out of the Crisis, op. cit., p. 35.

großem Druck durchgesetzt, wie beispielsweise die Firma Ford mit ihrem Ford Q-101.

Die Gesamtbewertung eines Lieferanten geschieht dabei nach folgenden Kriterien:

- Angemessenheit des Lieferanten-Qualitätssystems:
  zum Beispiel Vorhandensein von Funktionen und Verantwortlichkeiten für Qualitätsplanung, Prozeß- und Produktprüfungen, Vorhandensein von SPC (statistischer Prozeßregelung)
- Qualitätsbewußtsein der Führungskräfte
  Vorhandensein von Qualitätsplanung, Schulung und Überwachungsfunktion
- Qualitätsleistung der Lieferanten
  Leistung und Effektivität der Produkte des Zulieferers

Die Einstufung geschieht durch das Summieren von Wertziffern, die für jedes Kriterium ermittelt werden.

Neue Lieferanten, die eine zufriedenstellende Bewertung aufgrund der Systemüberprüfung erreicht haben, gelten als „angenommen". Der volle Status als „Selbstbestätigender Lieferant" wird erst nach weiteren Auflagen verliehen.

Bei General Motors, Europa, wird die Zulassung eines Lieferanten durch ein Team aus Einkauf, Produktentwicklung, Konstruktion und Qualitätssicherung durchgeführt. Es wird dabei versucht, ein Gesamtbild über den Lieferanten zu erhalten. Zu diesem Zweck werden folgende Kriterien berücksichtigt:

- Moderner Maschinenpark,
- Qualitätssicherungshandbuch,
- Maschinenfähigkeitsuntersuchung,
- Prozeßfähigkeitsuntersuchung,
- statistische Prozeßregelung,
- Qualitätsverbesserungsprozeß, das heißt, ob die Qualitätsdaten auch für den Verbesserungsprozeß verwendet werden.

Erfüllt ein Lieferant diese Qualifikation, so erfolgt ein Erstbemusterungsprozeß mit unter Serienbedingungen hergestellten Teilen. Bei positivem Abschluß dieser Erstbemusterung wird der Zulieferer für die Serienlieferung freigegeben.

9.3.2 Management der Zuliefererbeziehung

- *Das technische System*

Sind die Zulieferer ausgewählt, beginnt die Phase der Verhandlungen, um eine gemeinsam befriedigende Geschäftsbasis auszuhandeln. In Japan neigen viele der großen Firmen dazu, nur einen Zulieferer auszuwählen. In der Praxis läuft dies auf den Zustand einer Tochtergesellschaft hinaus, die von der Muttergesellschaft dominiert wird. Nach Ishikawa[37] schafft dies Probleme, insbesondere bei Rezessionen. Er plädiert deshalb dafür, daß Zulieferer auch an andere Hersteller verkaufen dürfen und unabhängig bleiben.

Gegenstand der Verhandlungen zwischen Hersteller und Zulieferer sind u. a. Mengen, Termine, Preise und Qualitäten der gelieferten Teile, die zu verwendenden Verpackungs- und Transportmittel, Vorhalt- und Sicherheitsbestände sowie Durchführung von Qualitätsprüfungen. Damit das geforderte Qualitätsniveau der Endprodukte beim Hersteller erreicht wird, muß auch die Qualität der Zulieferungen (Rohmaterialien, Teile, Baugruppen, Komponenten, Produkte) gewährleistet sein. Dies setzt voraus, daß für Zulieferer die gleichen Qualitätsstandards gelten, wie für die eigene Fertigung. Die Spezifikationen müssen statistisch fixiert werden, nachdem die Partner ihre ökonomischen und technischen Möglichkeiten bezüglich Qualität und Prozeß überprüft haben. Bei der Fixierung der Spezifikationen sind folgende Gesichtspunkte zu beachten:

- Falls keine Spezifikationen vorhanden sind, müssen sie aufgestellt werden. Für den Fall, daß bereits irgendwelche Standards bestehen, muß untersucht werden, ob sie akzeptabel sind.

---

37 Ibid.

- Qualitäts- und Prozeßanalyse sind unverzichtbar. Defekte Produkte, Reklamationen, Erzeugnisse, die Nacharbeit verursacht haben, müssen untersucht werden, um die Standards entsprechend anzupassen.

Dabei ist zu berücksichtigen, daß es keine Standards gibt, die immer gelten. Die Erwartungen der Verbraucher in bezug auf Qualität steigen ständig, der Wettbewerb verbessert sich permanent. Um zu verhindern, daß eine Unternehmung eines schönen Tages merkt, daß ihre Produkte nicht länger den Wünschen der Verbraucher entsprechen, müssen Hersteller und Zulieferer auf eine ständige Verbesserung der Standards hinarbeiten. Der Zulieferer muß deshalb nicht nur ständig seine Qualität verbessern, sondern auch Preis, Produktion und Service. Der Hersteller hingegen stellt Beratung und Unterstützung zur Verfügung, falls der Zulieferer dies wünscht.

Zur Aufrechterhaltung einer befriedigenden Beziehung erscheint es sinnvoll, daß der Hersteller

- über die wichtigsten Ereignisse beim Zulieferer umfassend informiert ist,
- einen Zahlenspiegel über die gelieferten Teile und Materialien erhält und analysiert,
- Audits für Zulieferer durchführt und dem Zulieferer entsprechendes Feedback gibt,
- Anreize setzt, um beim Zuliefer Qualitätssicherungs-Systeme einzurichten.

Die Regelung der Beziehungen zwischen Herstellern und Zulieferern kann seit kurzem auch mit Hilfe der DIN ISO Normen 9001 – 9003 geschehen. In diesen Normen wird zwei Vertragspartnern, die über ein QS-System etwas vereinbaren wollen, eine einheitliche Unterlage für ihre Verhandlungen geliefert. „Die Vertragspartner können nämlich, wenn sie eine Nachweisführung über das QS-System vereinbaren möchten, für ihren Vertrag nicht nur die Nachweisstufe wählen, sondern im Rahmen der Vereinbarung von Nachweisumfang und Nachweistiefe auch den Grad der Nachweisführung einvernehmlich so festlegen, daß er auf ihre speziellen Verhältnisse zugeschnitten ist“[38].

Ishikawa hat zehn Prinzipien aufgestellt, die die Herstellung und Aufrechterhaltung guter Beziehungen zwischen Hersteller und Zulieferer gewährleisten sollen.

Die zehn Gebote für die Beziehungen zwischen Hersteller und Zulieferer

1. Hersteller und Zulieferer sind verantwortlich für die Durchführung von QS in ihren Unternehmen und die Kooperation zwischen beiden QS-Systemen.
2. Hersteller und Zulieferer sollen unabhängig sein und gegenseitig ihre Unabhängigkeit respektieren.
3. Der Hersteller ist dafür verantwortlich, klare Anforderungen und Informationen zu liefern, damit der Zulieferer genau weiß, was er herzustellen hat.
4. Hersteller und Zulieferer sollen vor ihrer Zusammenarbeit eine Vereinbarung bezüglich Qualität, Menge, Preis, Lieferbedingungen und Zahlungsweise treffen.
5. Der Zulieferer ist für eine zufriedenstellende QS verantwortlich und muß entsprechende Informationen zur Verfügung stellen.
6. Hersteller und Zulieferer sollen sich vor ihrer Zusammenarbeit über die Bewertungsmethode einigen.
7. Hersteller und Zulieferer sollen ein Verfahren zur Konfliktlösung festlegen.
8. Hersteller und Zulieferer sollen sich gegenseitig mit wichtigen und für sie wertvollen Informationen für die QS versorgen.
9. Hersteller und Zulieferer sollen ihre Geschäftspraktiken stets so tätigen, daß ihre guten Beziehungen erhalten bleiben.
10. Hersteller und Zulieferer sollen bei ihren Aktivitäten stets auf die Verbraucherorientierung achten.

Quelle: Ishikawa, K.: What ist Total Quality Control? Prentice Hall, Englewood Cliffs, N. J. 1985, pp. 159–160. Used by permission of the publisher.

38 Bläsing, J. P.: Qualitätssicherungssysteme und Nachweis der Qualitätsfähigkeit des Unternehmens mit Checklisten zur Selbstbeurteilung des QS-Systems nach DIN ISO 9000–9004, in: ders. (Hsg.): Praxishandbuch Qualitätssicherung gmft, Bd. 2, AL–19, 1987.

- *Das soziale System*

Das ist aber nur der formale Teil. Die Ausführungen haben sicherlich deutlich gemacht, daß Qualitäts-Management im Einkauf, neben der Optimierung der Funktion selbst, im wesentlichen das Management der Beziehungen zwischen Hersteller und Zulieferer darstellt, also die Gestaltung des sozialen Systems betrifft. Dies wird um so verständlicher, wenn in Betracht gezogen wird, daß die Verhandlungsposition der Zulieferer aufgrund der Marktkonstellation denkbar schwierig ist. Dem Angebotspolypol steht ein Nachfrageoligopol gegenüber[39]. Das Handlungsgeschehen auf diesem Markt wird somit zwangsläufig von den Herstellern bestimmt, die ihre Einkaufspolitik natürlich mit so wenig Aufwand wie möglich bestreiten wollen. Sie glaubten zunächst, ohne vor der eigenen Tür zu kehren, ihre Probleme hinsichtlich Lagerhaltung, Qualität, Kosten und Management einfach auf die Zulieferer, das heißt den Schwächeren abwälzen zu können, was dort natürlich massive Proteste auslöste. Die Folge war, daß die Einführung der Qualitätsnormen von Automobilherstellern eine Fülle von Schwierigkeiten mit sich brachte.

Einmal wurde versucht, den Zulieferern die Qualitäts-Audits einfach überzustülpen. Ohne große Vorankündigungen und Vorbereitungen reisten Scharen von Auditoren an, um die Qualitätssicherungs-Systeme ihrer Zulieferer zu inspizieren. Dabei kommt es leider immer noch häufig vor, daß die mit dieser Aufgabe beauftragten Mitarbeiter kaum oder nur unvollständig für eine solche Begutachtung qualifiziert sind. Es tritt dann das von Deming häufig beobachtete und heftig kritisierte Phänomen ein, daß Scharen unausgebildeter Auditoren Lieferanten besuchen, um sie zu beurteilen[40], obwohl deren QS-System oft weniger weit entwickelt ist als das der Besuchten. Es kann nicht überraschen, daß in diesen Fällen von den Mitarbeitern auditierter Firmen vehementer Widerstand und Abwehr gegen Maßnahmen hervorgerufen wird, die eigentlich beiden Parteien zum Vorteil gereichen sollten. Die mühevolle Kleinarbeit, die dazu notwendig ist, das verlorene Ver-

---

39 Grünewald, Ch.: Die feine englische Art ist das nicht, in: Logistik heute 6/90, pp. 32–34.

40 Deming, W. E.: Out of the Crisis, op. cit., p. 39.

trauen wiederzugewinnen, braucht an dieser Stelle nicht besonders hervorgehoben zu werden.

Auch stellt es eine nachhaltige Überforderung kleiner Zulieferer von zum Beispiel 30 Mitarbeitern dar wenn, wie geschehen, ohne weitere Erläuterungen oder Hilfen die Erstellung eines Qualitätssicherungshandbuchs gefordert wird oder die Q 101 (Q-Norm eines Automobilherstellers) als Maßstab der Qualitätserfüllung übergeben wird. Häufig verfügen sie nicht über ein entsprechend effizientes Management oder geeignete Methoden der QS, so daß sie nicht in der Lage sind, die geforderten Spezifikationen zu erfüllen. Es geht auch nicht, daß z. B. Zulieferer durch Schwankungen im Abrufverhalten zum Vorteil des Herstellers über Gebühr in Anspruch genommen werden. Untersuchungen der deutschen Automobilindustrie im Jahre 1988 ergaben bei einigen Herstellern Schwankungen im kurzfristigen Bereich bis zu 60 Prozent.

Hier handelt es sich wieder einmal um eine gutgemeinte, aber schlecht verstandene Kopie des japanischen Vorbildes. Als Toyota bei der Einführung seiner diesbezüglichen Politik derartig hohe Schwankungen bemerkte, lehnte T. Ohno es ab, die Probleme den Zulieferern aufzubürden, sondern wandte sich zunächst einmal an den eigenen Verkauf, um dort eine Verbesserung der Zuverlässigkeit des eigenen Prognosemodells zu erreichen, was dann auch geschah. Es war den Leuten von Toyota äußerst wichtig, die Beziehungen zu den Zulieferern nicht über Gebühr zu belasten, weil sie mit ihnen langfristig und konstruktiv zusammenarbeiten wollten.

Gute Hersteller-Lieferanten-Beziehungen können sich nur bei gegenseitigem Vertrauen entwickeln. Ein Vertrag ohne den entsprechenden Geist lohnt das Papier nicht. Diese Einsicht kommt auch in Ishikawas 10 Geboten deutlich zum Ausdruck, denn allein 5 der 10 Gebote beziehen sich mehr oder weniger direkt auf die Verhaltens- oder Beziehungsebene. Es ist ja nicht nur das Material, das eingekauft wird, sondern der Hersteller erwirbt zugleich Fähigkeiten, Leistungen, Einstellungen, Erwartungen, Engagement und Fertigkeiten der Ingenieure des Lieferanten.

Wenn es dem Hersteller auf motivierte Zulieferer ankommt, dann müssen diese Beziehungen sehr behutsam und sorgfältig gepflegt werden. Versuchen Hersteller ihren Standpunkt mit Zwang ohne Rücksicht auf die Interessen der Zulieferer durchzusetzen, erhalten sie unter Umständen fehlerfreie Produkte, doch müssen mit Verzögerungen, passivem Widerstand, Protesten und Tricks der Zulieferer rechnen.

Die Konsequenz kann hier nur bedeuten, daß der Lieferant in die Qualitätsbemühungen des Herstellers direkt einbezogen werden muß[41]. Der Lieferant muß Teil der TQM-Politik werden. Er muß in vorderster Front in den Arbeitsprozeß integriert werden. Der Hersteller muß auch für seine Lieferanten unterstützende Maßnahmen auf den verschiedensten Gebieten einleiten. So haben einige Hersteller Seminare und Workshops über QS, SPC (Statistische Prozeß-Regelung), Quality Circle und ähnliches für ihre Zulieferer organisiert. Dies gilt nicht nur für japanische Unternehmen, sondern wird auch von einigen deutschen Unternehmen bereits schon praktiziert. Aber der Hersteller oder Kunde muß mit ihm als externem Lieferanten genauso verfahren wie mit seinen internen: innerhalb der Kunden-Lieferantenbeziehung müssen spezifische, realistische und abgestimmte Qualitätsnormen zwischen Kunden und Lieferanten erarbeitet werden.

Selbst bei Vorhandensein guter Beziehungen braucht es, nach Ishikawa, mindestens drei Jahre, um einen neuen Zulieferer so auf den Hersteller abzustimmen, daß Teile und Materialien geliefert werden, die in ihrer Qualität etwa dem Stand des Herstellers entsprechen.

9.3.3 Qualitätssicherung der Zulieferungen

Ein Hersteller kann seinen Kunden gegenüber nicht für die Qualität seiner Produkte garantieren, wenn das zugelieferte Material Defekte aufweist. Angesichts der Tatsache, daß in Japan bei den meisten Firmen bis zu 70 Prozent der Herstellkosten auf Leistungen von Zuliefe-

41 Groll, D.: Qualitätsaudit oder Qualitätszertifikat? Eine konsequente Qualitätspolitik, Vortrag, gehalten vor dem 3. Europäischen Quality Circle and Quality Management Congress, 21./22. 3. 1991, London.

rern entfallen, kann die Beziehung zum Zulieferer gar nicht überbetont werden. Die Sicherung der Qualität der zugelieferten Teile, Baugruppen und Komponenten ist deshalb und aus Gründen der Produktivität, Verbesserung der Kostensenkung und für eine reibungslose Fertigung unabdingbar.

Traditionell erprobte man die Qualitätssicherung des Zulieferers durch eine Reihe von Prüfungen, wie Abnahme- oder Wareneingangsprüfung. Diese Methode hatte den Nachteil, daß sie sehr kostenintensiv, weil prüfungsorientiert war.

Eine Alternative bietet das in Japan verwendete und von Ishikawa[42] empfohlene Vorgehen, das von den Beziehungen, die zwischen Hersteller und Zulieferer bestehen, ausgeht (Abbildung 28).

Phase 1 zeigt den niedrigsten Reifegrad eines QS-Systems. Der Zulieferer schickt seine Produkte ohne Prüfung an den Hersteller des Endpro-

Schritt	Zulieferer		Hersteller	
	Fertigung	Abnahme-Prüfung	Eingangs-Prüfung	Fertigung
1	–	–	–	100% Prüfung
2	–	–	100% Prüfung	
3	–	100% Prüfung	100% Prüfung	
4	–	100% Prüfung	Stichproben oder Muster	
5	100% Prüfung	Stichproben	Stichproben oder Muster	
6	Prozeß-regelung	Stichproben	Muster oder keine Prüfung	
7	Prozeß-regelung	Musterprüfung	Muster oder keine Prüfung	
8	Prozeß-regelung	keine Prüfung	keine Prüfung	

Quelle: Ishikawa, K.: What is Total Quality Control, Prentice Hall, N. J., 1985, p. 166. Used by permission of the publisher.

Abbildung 28: Beziehungen zwischen Qualitätssicherungs-Systemen von Zulieferer und Hersteller

42 Ishikawa, K.: What is Total Quality Control? op. cit., pp. 165–168.

duktes. Dieser teilt die erhaltenen Waren ohne Eingangsprüfung seiner Fertigung zu. Der Fertigung bleibt nichts anderes übrig, als eine Hundertprozent-Prüfung der erhaltenen Teile durchzuführen und die defekten Teile auszusortieren. Die Situation verschlimmert sich, wenn die Fertigung keine Hundertprozent-Prüfung verrichtet.

Demgegenüber zeigt Phase 8 den Idealzustand an, in der statistische Prozeßregelung eingeführt, die Prozeßfähigkeit ausgebaut und somit der gesamte Prozeß im Griff ist. Da Menschen jedoch nicht unfehlbar sind, wird dieser Zustand kaum jemals erreicht werden können.

Da die Ergebnisse der Phase 1 unbefriedigend sind, versuchen einige Hersteller das Problem durch eine Hundertprozent-Eingangsprüfung bei sich (Phase 2) zu lösen, damit nur einwandfreie Produkte in die Fertigung gelangen. Dies bürdet jedoch dem Hersteller die Kosten auf, während der Zulieferer keinen Anlaß sieht, seine QS auszubauen. Gerechterweise müßte der Zulieferer die Hundertprozent-Prüfung durchführen oder die Kosten des Herstellers übernehmen.

Deshalb muß der Zulieferer eine Hundertprozent-Endprüfung einrichten. Wenn seine Methoden sich als ineffizient erweisen, prüft der Hersteller zusätzlich (Phase 3). Falls jedoch die Prüfmethoden des Zulieferers greifen, kann der Hersteller in Phase 4 zu Stichprobenprüfungen übergehen.

Soll das Verursacherprinzip gelten, liegt die Verantwortung bei der Fertigung des Zulieferers. Sie hat eine Hundertprozent-Ausgangsprüfung zu übernehmen (Phase 5).

In diesem Fall muß jeder Mitarbeiter in der Fertigung Verantwortung für die erzeugte Qualität übernehmen und zur Qualitätssicherung beitragen. Die Verantwortung für QS ist unteilbar, und solange diese Einstellung nicht von jedem Mitarbeiter übernommen wird, gibt es keine Verbesserung in der Qualität.

Sobald die Mitarbeiter in der Fertigung über die entsprechenden Fähigkeiten verfügen und zuverlässig arbeiten, sind sie in der Lage, ihre Arbeit selbst zu prüfen. In diesem Fall kann der Mitarbeiter sofort beurteilen, ob das Teil gut oder schlecht ist und entsprechend korrigierende Maßnahmen einleiten. Schnelle Reaktionsfähigkeit bildet deshalb den Schlüssel für ein erfolgreiches QS-Management.

Es gibt jedoch Fälle, bei denen die Anzahl der defekten Produkte nicht zurückgeht, obwohl eine Hundertprozent-Endprüfung besteht: Es steigt also weder die Produktivität, noch sinken die Kosten. Dies ist der Anlaß für den Eintritt in Phase 6, in der eine statistische Prozeßregelung von der Fertigung des Zulieferers eingerichtet wird, um die Anzahl der defekten Teile zu reduzieren. Falls sich daraufhin mangelnde Prozeßfähigkeit ergibt, muß sofort eine Hundertprozent-Prüfung eingeführt werden. Gleichzeitig ist der Prozeß zu überprüfen, um seine Fähigkeit zu verbessern.

Sobald die Fertigung des Zulieferers ihren Prozeß im Griff hat, wird die Abteilung Endprüfung zum Kunden der Fertigung und kann sich auf Stichproben beschränken. In Phase 7 dann reduziert sich die Endprüfung auf die Herausnahme einiger ausgewählter Muster. QS funktioniert, und es liegt im Ermessen des Herstellers, ob er die zugelieferten Teile und Materialien mit oder ohne Prüfung annimmt.

Diese Schrittfolge läßt sich nicht nur auf die Beziehung zwischen Zulieferer und Hersteller anwenden, sondern auch auf die zwischen Marketing, Entwicklung, Konstruktion usw. Wichtig ist in jedem Fall, daß die Verantwortung für die Qualität der zugelieferten Waren und Produkte ungeteilt bleibt, das heißt die Verantwortung liegt immer beim Zulieferer, und die nachfolgende Abteilung im Kreislauf ist stets der interne Kunde, der die Ware erhält.

Wenn dieses System der QS zwischen Zulieferer und Hersteller implementiert ist, sind beide Parteien in der Lage, die Zahl ihrer Prüfungen zu reduzieren, was einen Anstieg der Produktivität, eine Abnahme der Kosten und die Einrichtung eines zuverlässigen QS-Systems zur Folge hat. Japanische Firmen haben aus diesem System, laut Ishikawa, Wettbewerbsvorteile in Qualität, Produktivität und Kosten gezogen, die wir im Westen heute so bewundern.

9.3.4 Logistik („Inventory Control“)

Es ergibt sich zwangsläufig, daß in einem derartigen System die Unternehmen weniger Lager und Zwischenlager benötigen als in einem traditionellen System. In japanischen Firmen sind die Lager grundsätzlich kleiner als in Europa oder den USA, wo die Firmen große Läger halten, um Puffer zu bilden gegen unvorhergesehene Ereignisse wie Transportverzögerungen, Streiks, Produktionswechsel, geringe Qualität der zugelieferten Teile.

Der Grund für die niedrige japanische Lagerhaltung liegt im sogenannten Kanban-System, das von Toyota, in Zusammenarbeit mit seinen Zulieferern, über einen sehr langen Zeitraum entwickelt wurde und den Firmen erlaubt, Material und Teile „just in time“ für ihre Fertigung geliefert zu erhalten. Es setzt gut funktionierende QS-Systeme voraus, denn wenn die Zulieferer keine einwandfreien Teile liefern, kann das Kanban-System nicht funktionieren. Wenn andererseits das System den Zulieferern aufgezwungen wird, bricht die Fertigung aufgrund der defekten Lieferungen beim Hersteller zusammen.

Dies unterstreicht die Bedeutung der partnerschaftlichen Beziehung zwischen Hersteller und Zulieferer. Wie andere japanische Methoden hat auch das Kanban-System inzwischen seinen Siegeszug um die Welt angetreten und wird heute in den USA und Europa erfolgreich praktiziert. In den USA sind es die Firmen Hewlett-Packard, Kodak, Xerox, Harley-Davidson, Ford, NUMMI; in Europa vor allem die Automobilindustrie wie VW, Fiat, Peugeot, Ford, aber auch kleine Firmen wie die Firma Kautex, die dieses System übernommen haben. Allerdings verliefen auch hier Einführung und Entwicklung nicht ohne Schmerzen. Hersteller glaubten, das Lagerproblem einfach auf den Zulieferer abschieben zu können, was dort natürlich massive Proteste auslöste. Die Hersteller haben jedoch inzwischen gelernt und sich auf eine partnerschaftliche Beziehung und verantwortungsvolle, langfristige Zusammenarbeit mit ihrem Zulieferer eingerichtet. Die Ergebnisse scheinen ihnen recht zu geben.

9.4 Qualitätsmanagement in der Fertigung

Qualitätsmanagement in der Fertigung umfaßt alle Maßnahmen und Aktivitäten, die sicherstellen, daß die gefertigten Produkte den gewünschten Anforderungen entsprechen. Dazu gehört im wesentlichen:

- die Fertigungsprozesse zu analysieren und so zu konzipieren, daß sie die gewünschten Anforderungen auch herstellen können (Prozeßfähigkeit),
- die Einhaltung der Fertigungsprozesse zu garantieren (Prozeßregelung),
- die Verbesserung der Fertigungsprozesse einzuleiten.

9.4.1 Analyse und Einrichtung von Fertigungsprozessen

Um die Sicherung der Qualität der Produkte in Fertigungsprozessen zu gewährleisten, muß bei den Verantwortlichen eine genaue Kenntnis der geplanten Qualität und der Fertigungsprozesse, denen ein Produkt während des Produktionsprozesses unterworfen wird, vorhanden sein[43]. Als Prozeß wird in diesem Zusammenhang eine Reihe von Aktivitäten, die das Produkt durchläuft, verstanden. Der Einbau von Qualität in den Fertigungsprozeß erfordert vor allem ein ausgeprägtes Verständnis der technischen Bedingungen eines jeden Arbeitsprozesses. Beim Schweißen eines Auspuffs zum Beispiel müssen unter anderem die Art des Materials, die Reaktion des Materials beim Schweißen, das Schweißverfahren und viele andere Faktoren bekannt sein, um die gewünschte Qualität zu sichern. Diese Kenntnisse bilden auch die Voraussetzung dafür, daß die Beziehungen zwischen den Qualitätscharakteristika des zu fertigenden Produktes und der Parameter im Schweißprozeß, die zu diesem Charakteristikum führen, identifiziert werden können. Dem Ziel, diese Beziehungen herauszufinden, dient in erster Linie eine Prozeßanalyse.

43 Mizuno, S.: op. cit., p. 207.

Der erste Schritt einer Prozeßanalyse besteht in der Definition der verschiedenen Einflüsse, die auf einen Prozeß einwirken. Besonders wichtig sind dabei die Beziehungen zwischen Arbeit, Material, Komponenten und Endprodukt. Am besten eignet sich dazu wiederum ein Flow-Chart, auf der Maschinen, Anlagen, Verteilung von Material, Arbeitsbedingungen und die Richtung des Flusses aufgezeigt wird. Auch der Fluß der Versorgungsleitungen, die geplante Qualität, Art und Menge des Materials sowie Komponenten sollten aufgenommen werden.

Insgesamt werden folgenden Daten und Informationen für die Entwicklung eines optimalen Fertigungsprozesses benötigt[44]:

- Vorgelagerte und nachgelagerte Phasen
  Daten über Marktqualität, Preise, Verpackung, Versandart, Verkauf, Taktzeiten
- Tätigkeitsanalyse
  Angaben über Arbeitsmethodik, Abläufe, Belastung, Verantwortungsverteilung, Organisation, Umweltbedingungen, Sicherheit, Durchlaufanalysen, Arbeitsbedingungen
- Fertigungstechnologie
  Daten über Maschinen- und Anlagekapazitäten der verschiedenen Prozesse, Wirkungsgrad und Wartungsanforderung, Ausbeute
- Fertigungsregelung
  Informationen über Stichprobenverfahren und Methoden, Datenaufbewahrung, Regelkarten, Qualitätssicherungs-Flow-Chart, Angaben über Behandlungen von Abweichungen, Meßstationen, Erhebung von Daten etc.
- Prozeßfähigkeitsdaten (siehe nächsten Abschnitt)
- Angaben zur Prozeßdynamik
  Informationen über Taktzeiten, Zeitplanungen, Cycle Times, Durchlaufzeiten, Verzögerungen

Die Ergebnisse der Prozeßanalyse und der verschiedenen Studien dienen als Grundlage für die Konzipierung eines optimalen Fertigungs-

44 Mizuno, S.: op. cit., p. 218.

systems. Jetzt müssen die zu fertigende Qualität (Standard oder Konstruktionsqualität) festgelegt, die Arbeitsanweisungen, die gewährleisten, daß die Qualität in den Fertigungsprozeß eingebaut wird, aufgestellt und schließlich die Methoden der Steuerung und Kontrolle des Prozesses bestimmt werden. Die technischen Bedingungen des Fertigungsprozesses werden in einem Handbuch für technische Standards und die damit verbundenen speziellen Tätigkeiten in einem Handbuch für Arbeitsanweisungen oder auch im Qualitätshandbuch dokumentiert.

- *Prozeßfähigkeit und Prozeßfähigkeitsindex*

Nachdem der Prozeß ganz oder teilweise eingerichtet ist, findet eine Prozeßfähigkeitsuntersuchung statt, die noch vor Beginn der Serienfertigung abzuschließen ist. Ziel dieser Untersuchung ist die Beurteilung, ob der Prozeß mit den vorgegebenen Qualitätsforderungen (auch Zeichnungen, Spezifikationen usw.) übereinstimmt. Das Ergebnis der Prozeßfähigkeitsuntersuchung ist entscheidend für die endgültige Festlegung der Prüfmaßnahmen. Wenn zum Beispiel eventuelle erforderliche Korrekturen des Prozesses durch Justieren eines Werkzeugs nicht möglich sind, müssen Prüfautomaten oder manuelle Hundertprozent-Prüfungen eingerichtet werden.

Die Aufgabe der Prozeßfähigkeitsuntersuchung besteht vor allem darin, „den gesamten Fertigungsprozeß zur Herstellung eines Produktes, d. h. das Zusammenwirken von Maschinen und Einrichtungen, Methoden, Mensch, Umgebungseinflüssen und Material in allen Prozeßschritten durch jeweilige Beurteilung des Produktes mit den vorgegebenen Qualitätsanforderungen zu vergleichen und durch Analyse eine Aussage über die Fähigkeit des Prozesses zu tätigen“[45].

Demgegenüber ist die Maschinenfähigkeitsuntersuchung nur auf die Fertigungsgenauigkeit der Maschine beschränkt. Dabei werden nicht maschinenbedingte Steuerungseinflüsse wie Werkzeugverschleiß oder Meßunsicherheiten rechnerisch ausgeschaltet.

---

45 VDA: Sicherung der Qualität vor Serieneinsatz, Frankfurt 1986, p. 52.

Während sich die Untersuchung der Maschinenfähigkeit jedoch auf Kurzzeiteinflüsse bezieht, gilt die Untersuchung der Prozeßgüte für das Langzeitverhalten eines Fertigungsprozesses.

Allerdings muß eine derartige Prozeßfähigkeitsuntersuchung nicht nur in bezug auf Qualität, sondern auch in bezug auf geplante Produktionsmengen und Kosten durchgeführt werden, denn die ermittelte Fähigkeit hinsichtlich Menge und Qualität muß zu optimalen Kosten erbracht werden.

Zur Beurteilung und Akzeptanz der Prozeßfähigkeit hat sich seit geraumer Zeit der Prozeßfähigkeitsindex C_{pk}[46] durchgesetzt, der angibt, ob die gefertigten Werkstücke auch innerhalb der vorgeschriebenen Toleranzen liegen und deshalb für eine vergleichende Betrachtungsweise eingesetzt werden kann.

Je nach Größe dieses C_{pk}-Wertes handelt es sich demnach um Prozesse, die nicht fähig sind, eine vorgegebene Spezifikation einzuhalten ($C_{pk} < 1$); um Prozesse, die die vorgegebenen Spezifikationen genau einhalten ($C_{pk} = 1$) und um Prozesse, die eine vorgegebene Spezifikation sicher einhalten ($C_{pk} > 1$).

Für einige Branchen, wie die Automobilindustrie, hat sich durch praktische Erfahrung ein C_{pk}-Wert von 1,33 entwickelt, während für andere Branchen, insbesondere in Japan, Werte bis zu 1,77 angestrebt werden. Prozesse, die diese Werte noch überschreiten, werden als sichere Prozesse bezeichnet. Das Vorhandensein der Prozeßfähigkeit allein ist nicht ausreichend, vielmehr muß der Anwender diese auch ausnutzen, was er nur dadurch erreicht, daß er den Prozeß beherrscht. Aus der Kombination von „beherrschten“ und „fähigen“ Prozessen wird dann abgeleitet, wie eine sichere Fertigung zustande kommen kann.

Alle Prozesse befinden sich in einer der vier möglichen Positionen in der in Abbildung 29 dargestellten Matrix[47].

---

46 In seiner allgemeinsten Form wird der Prozeßfähigkeitsindex definiert als

$$C_{pk} = \frac{\text{Toleranzbreite}}{\text{Prozeßbreite} = 6\,s}.$$

47 Kirstein, H.: Qualitätsfähigkeit von Fertigungsprozessen, in: Bläsing, J. P. (Hrsg.): Praxishandbuch Qualitätssicherung gmft, Bd. 2, D1–23, 1987.

Prozeß ist	beherrscht	nicht beherrscht
fähig	A	(C)
nicht fähig	B	(D)

Quelle: Kirstein, H.: „Prozeßsicherung durch Qualitätssicherung oder Produktion“, in: „Qualitätssicherung, Neue Herausforderungen an den Produktionsingenieur“, VDI 1988, p. 1

Abbildung 29: Matrix zur Einordnung beherrschter und fähiger Prozesse

Zustand A ist in diesem Fall der beste, denn er weist den Prozeß als fähig und als beherrscht aus. Diesen Status gilt es zu erreichen. Zustand C wird deshalb in Klammern gesetzt, weil es sich bei einem nicht beherrschten Prozeß eigentlich nicht sagen läßt, ob er fähig oder nicht fähig ist, eine vorgegebene Toleranz einzuhalten. Hier sollte ein Kontrollsystem beispielsweise durch Regelkarten installiert werden, um den Prozeß in den Griff zu bekommen. Erst dann läßt sich feststellen, ob Fall A oder B zutrifft. Fall B ist relativ klar definiert: Der Prozeß ist zwar beherrscht, er ist aber nicht in der Lage, die vorgegebenen Toleranzen einzuhalten.

Fall D hat eigentlich keine praktische Bedeutung, denn hier kann es sich nur um ein Unternehmen ohne QS-System handeln. Erstes und wichtigstes Ziel muß deshalb sein, den Prozeß zu beherrschen, um anschließend herauszufinden, inwieweit er fähig ist, die festgelegten Anforderungen zu erfüllen.

Bei General Motors, Europa, wird die Prozeßfähigkeit mit Hilfe folgender Schritte ermittelt[48]:

– Der Prozeß oder die Werkzeugmaschine wird gemäß den vorgesehenen Bearbeitungsdaten betrieben und mit den spezifizierten Werkzeugen und Spanmitteln bestückt.
– Das zu verarbeitende Material darf nur aus einer Losgröße stammen.
– Qualifiziertes Personal wird entsprechend unterwiesen.

48 Hackl, W.: Synchrone Fertigung erfordert Totale Qualität, unveröffentlichter Vortrag, 1988, pp. 31/32.

- Um die Einwirkung abnormaler (nicht zufälliger) Streuungseinflüsse zu begrenzen, wird die Entnahme des gesamten Stichprobenumfangs auf eine Arbeitsschicht beschränkt.
- Der Umfang der Einzelstichproben muß konstant sein, und der Zeitraum zwischen zwei Einzelstichproben muß festgelegt werden.
- Die Meßunsicherheit des verwendeten Meßmittels darf nicht mehr als 10 Prozent der Werkstücktoleranz betragen.
- Die Prozeß- oder Bearbeitungsdaten, Daten des verwendeten Meßmittels und Regelkarten werden als Bestandteil der Prozeßfähigkeitsuntersuchung dokumentiert.

9.4.2 Einhaltung und Sicherung von Fertigungsprozessen (Statistische Prozeßregelung – SPR)

Früher und zum Teil auch heute noch wurde in vielen Unternehmen nach der sogenannten AQL-Philosophie (acceptable quality level) gearbeitet, die einen gewissen Prozentsatz von Fehlern, zum Beispiel zehn Prozent, zuließ. Dabei versuchte man, fehlerhafte Produkte durch eine Reihe von Fertigungs- und Endkontrollen ausfindig zu machen, die den einzelnen Fertigungsgängen nachgelagert waren. Diese wurden entweder vernichtet oder durch Nacharbeit auf einen akzeptablen Stand gebracht. Die Einflußnahme auf den Prozeß geschah indirekt oder verspätet. Einige Firmen akzeptierten auch, daß Konsumenten eine gewisse Menge fehlerhafter Produkte erwarben, und leisteten sogar Schadensersatz über Garantieleistungen. Die Konsequenzen dieses Verfahrens waren intensiver Personaleinsatz für Prüfungen, niedrige Produktivität, hohe Kosten für Nacharbeit und Vernichtung sowie möglicher Verlust von Kunden infolge höherer Qualität von seiten der Wettbewerber. Die Japaner erkannten diese Nachteile sehr schnell und suchten nach neuen Wegen, die sie in den von W. E. Deming vermittelten Techniken wie Prozeßanalyse, Prozeßregelung und Shewarts Regelkarten fanden. Von nun an gaben sie ihre Qualitätsniveaus nicht mehr in Prozent an, sondern in pro Tausend oder in pro Millionen (ppm = parts per million).

Diese Größenordnung von Fehlern ist jedoch mit dem AQL-Konzept nicht mehr zu realisieren, da Stichproben in dieser Menge wirtschaftlich nicht vertretbar sind. Die klassische Arbeitsteilung – hier fertigen, dort prüfen – ist damit obsolet. Aus diesem Grunde war ein Konzept erforderlich, das unmittelbar am Fertigungsprozeß, das heißt bei der Entstehung der Teile ansetzt und dort mehr oder weniger direkt eingreift, damit die Fehler erst gar nicht entstehen. Die logische Folgerung ist die Einführung von statistischer Prozeßregelung (SPR).

Die statistische Prozeßregelung befaßt sich mit der fortlaufenden, regelmäßigen Überwachung der Produktion durch das Bedienungspersonal an der Fertigungsmaschine. Dies kann heißen, daß zum Beispiel alle 45 Minuten eine Stichprobe der laufenden Produktion entnommen wird, anhand derer einige einfache Berechnungen ausgeführt und in eine Regelkarte eingetragen werden (Abbildung 30). Derartige Qualitätsregelkarten sind in der Lage, spezielle Fehler, wie Bedienungsfehler, Veränderung einer Maschineneinstellung oder ein gebrochenes Werkzeug, von zufälligen Einflüssen zu unterscheiden[49].

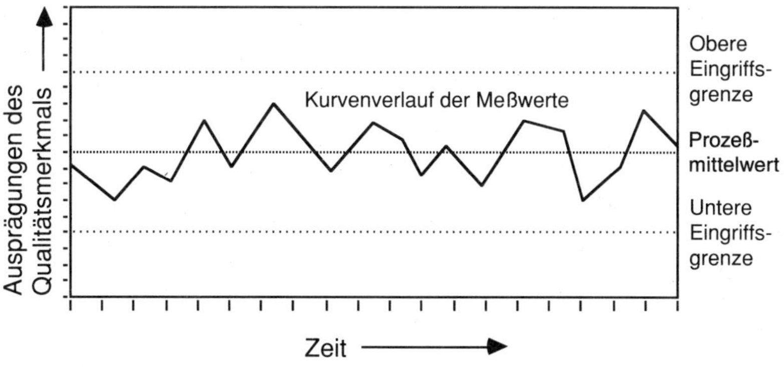

Abbildung 30: Prinzipien der Qualitätsregelkarte

Qualitätsregelkarten, von W. A. Shewart entwickelt, gelten deshalb als wichtiges Hilfsinstrument, aus denen sich wertvolle Hinweise über die Eigenschaften von Prozessen ergeben.

---

49 Der Verfasser hält sich hier an die internationale Terminologie, die von „special causes“ und „common bzw. random causes“ spricht, um Verwechslungen zu vermeiden.

Eingriffsgrenzen auf Prozeßregelkarten sind der aus dem Prozeß selbst berechnete Bereich der natürlichen, zufallsbedingten Serienstreuung. In ihnen liegen 99,7 Prozent der Werte. Dieser Anteil muß unter Kontrolle gebracht, also ohne Nachkontrolle in der Spezifikation gefertigt werden[50]. Ein Fertigungsprozeß, der keine spezifischen Fehler aufweist, ist „unter statistischer Kontrolle". Die Erfahrung zeigt, daß Prozesse „unter statistischer Kontrolle" nicht der Normalfall sind[51]. Spezifische Einflüsse können in diesem Zusammenhang sein: die Qualifikation des Bedienungspersonals, Änderungen am Werkzeug, am Kühlmittel, an den Umweltbedingungen wie Luftfeuchtigkeit oder an der Materialbeschaffenheit. Zufällige oder normale Einflüsse sind dagegen: Herstellungsgenauigkeit der Maschine, Kühlmittel, Werkstoff, Bearbeitungsmethode, Spannzeug, Werkzeug und Bearbeitungsdaten. In diesem Fall gilt dann der Prozeß als beherrscht, stabil und zufallsbedingt. Seine Werte liegen zwischen den oberen und unteren Eingriffsgrenzen. Werden allerdings diese Eingriffsgrenzen verletzt, bedeutet dies, daß Fehlerursachen einwirken.

Damit erhält der Maschinenbediener Hinweise, wann er in den Fertigungsprozeß eingreifen muß und wann nicht. Aufgrund der eingetragenen Stichprobenwerte kann er derartige Entscheidungen auf der Stelle treffen. Seine Aufgabe besteht darin, auf spezielle Fehler zu achten, die außerhalb der Eingriffsgrenzen liegen, um dort korrigierend einzuschreiten. Damit ist die statistische Prozeßregelung ein wesentliches Instrumentarium, das dem Fertigungsmitarbeiter in die Hand gegeben werden kann, um den Grundsatz „Do it right the first time" zu erfüllen.

Die Eingriffsweise eines Maschinenbedieners soll an drei exemplarischen Fällen verdeutlicht werden (Abbildung 31). Zu diesem Zweck wird hier, wie in der Praxis, auf der Regelkarte nicht nur die Verteilung der Stichprobenmittelwerte, sondern auch die der Spannweite betrachtet.

---

50 Maluche, D.: Maschinen- und Prozeßfähigkeitsuntersuchungen, in: Qualitätssicherung – Neue Herausforderungen an den Produktionsingenieur, VDI, 1988, p. 123.

51 Leihkauf, K. H.: Qualitätsregelsystem im Fertigungsbereich, in: Qualitätssicherung – Neue Herausforderungen an den Produktionsingenieur, VDI, 1988, p. 118.

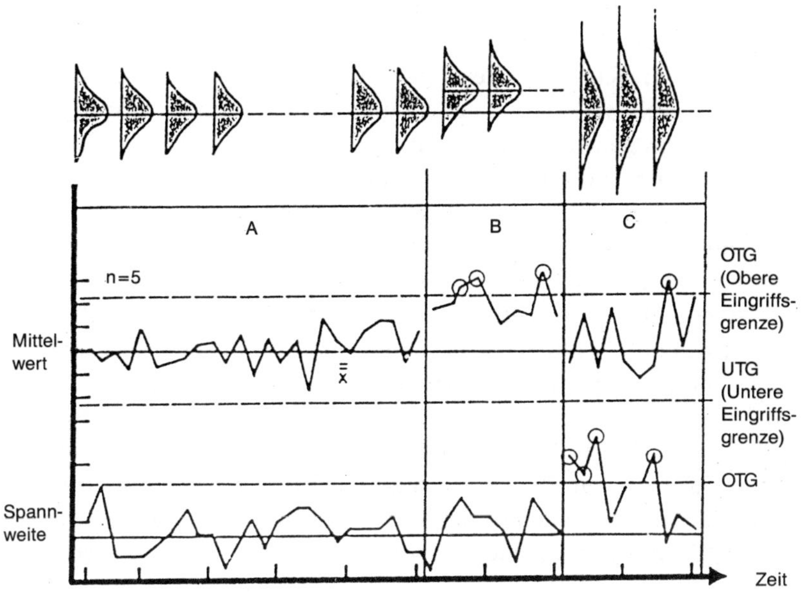

Quelle: SKF Bearings: QT 2a, Statistical Process Control (SPC)
– Control Charts Introduction –, Göteburg 1986

Fall A: Der Prozeß ist unter Kontrolle, die Prozeßfähigkeit konstant. Es gibt keine Werte außerhalb der Eingriffsgrenzen (OTG und UTG). Der Maschinenbediner braucht nicht einzugreifen.

Fall B: Der Prozeß ist nicht unter Kontrolle, was durch einige Punkte außerhalb der Eingriffsgrenzen signalisiert wird. Der Bediener muß korrigierend eingreifen und den Prozeß neu einstellen (Spezieller Fehler).

Fall C: Es tritt eine plötzliche Verschlechterung der Prozeßfähigkeit ein. Dies wird aus den Werten der Spannweiten ersichtlich, die jetzt außerhalb der Eingriffsgrenzen liegen. Der Bediener muß die Maschine sofort stoppen und Instandhaltung oder Engineering zur Analyse und Behebung des Problems einschalten (Zufalls- oder Systemfehler).

Abbildung 31: Veränderung von Fertigungsprozessen in der Regelkarte

Regelung eines Prozesses bedeutet jedoch nicht nur, den Prozeß innerhalb der Eingriffsgrenzen zu halten, sondern auch im Falle des Auftretens von Unregelmäßigkeiten ihre Ursachen zu suchen und entsprechende korrektive Maßnahmen zu ihrer dauerhaften Beseitigung einzuleiten. Das gleiche Problem darf nicht noch einmal auftreten. Aus diesem Grunde müssen eventuelle Störungen unmittelbar nach Auftreten an die zuständigen betrieblichen Stellen berichtet werden. Auch für die Durchführung derartiger Analysen und korrektiver Maßnahmen sind Arbeitsanweisungen und Standards aufzustellen und zu dokumentieren. Die übrigen Standards in bezug auf Technik, Arbeits- und Prozeßregelungen müssen dementsprechend modifziert werden. Während jedoch Mitarbeiter und Meister für die Beseitigung von kleinen Abnormalitäten verantwortlich sind und dafür ausgebildet werden müssen, hat sich das Management um größere und wiederholt auftretende, das heißt chronische Fehler zu kümmern. Auch auf die zufälligen Fehler hat der Mann an der Maschine keinen Einfluß. Sie gehören zu den 85 Prozent der Fehler, die vom Management zu verbessern sind.

Regelkarten geben auch Informationen über das Langzeitverhalten von Fertigungsanlagen und -prozessen. Erst daraus lassen sich Hinweise über eine mögliche graduelle Verschlechterung des Prozesses und Ansatzpunkte zur Verbesserung entnehmen. Die Karten zeigen zudem, ob eine Verbesserungsmaßnahme wirklich erfolgreich war und gegebenenfalls beibehalten werden kann.

Erfahrungen haben aber gezeigt, daß nur ungefähr 20 Prozent des Aufwandes in der statistischen Prozeßregelung auf die Statistik entfallen, das heißt auf das Aufzeichnen und Analysieren der Ergebnisse[52].

Regelkarten tragen auch zur Vermeidung von Überregelungen bei. Überregelung bedeutet, daß in einem Fertigungsprozeß zu früh oder zu schnell eingegriffen wurde, das heißt es wurde auf Zufallseinflüsse reagiert. Dadurch wird Produktionszeit verschwendet und die Gesamtstreuung vergrößert.

Die Beherrschung des Prozesses ist die Grundvoraussetzung für eine Verbesserung der Qualität. Erst dann kann durch Arbeit am Gesamtsy-

52 Ibid.

stem der Prozeß verbessert werden. Dies kann in manchen Fällen auf einfache Weise geschehen, beispielsweise durch das Umstellen einer Maschine, die das Niveau der Regelkarte hebt, und in anderen Fällen sehr schwierig sein, ersetzt man zum Beispiel ein bestimmtes Material durch ein besseres, damit die Streubreite zwischen den Eingriffsgrenzen vermindert wird[53].

Zusammenfassung

Statistische Prozeßregelung hat folgende Konsequenzen, die bei der Einführung unbedingt beachtet werden sollten:

- SPR verlagert die Verantwortung in die Fertigung beziehungsweise auf den Mitarbeiter an der Maschine zurück, wo sie ja auch hingehört (Verursachungsprinzip). Diese zusätzliche Verantwortung ist nicht jedermanns Sache und ruft zum Teil Widerstände bei den Mitarbeitern hervor.
- SPR erfordert eine eingebaute Qualität und eine präzise Feinabstimmung des Systems, da sonst der Prozeß die Spezifikationen nicht herstellen kann und die Mitarbeiter zu viel Zeit auf die Selbstprüfung verwenden.
- SPR-Systeme verlangen mehr Vorbereitungszeit, mehr Planung auf Managementebene. Sie verstärken den Druck dorthin deutlich. Dafür erbringen sie jedoch bessere, billigere und zuverlässigere Produkte als Prüfsysteme.
- SPR impliziert ein hohes Maß an Vertrauen in die Mitarbeiter und einen entsprechenden Führungsstil (für die Japaner sind deshalb persönliche Beziehungen untereinander eine „conditio sine qua non“. Dies ist auch der Grund, warum der menschliche Faktor so sehr betont wird).
- SPR-Systeme sind komplexer und verlangen mehr Investitionen in die Mitarbeiter (Information, Training).
- Mit SPR sind auch nicht normal verteilte Prozesse und solche mit eigentümlichen Streuungseinflüssen (etwa: Trends durch Werkzeugverschleiß, Mittenverschiebungen durch Chargenwechsel) regelbar.

53 Deming, W. E.: Out of the Crisis, op. cit., p. 338.

9.4.3 Qualitätssicherung in der Fertigung

Die Einhaltung der Qualität in der Fertigung wird einmal gewährleistet durch Prozeß- und Qualitätsanalysen sowie zum anderen durch die Erstellung von Standards hinsichtlich Technik, Arbeit und Qualität. Qualitätssicherung durch Standards geschieht mit Hilfe folgender Aktivitäten[54]:

- Festlegen der Standards- bzw. Konstruktionsqualität
  Die Festlegung der Standardqualität erfordert zum einen die Berücksichtigung der Kundenbedürfnisse und zum anderen die der Begrenzungen der zur Verfügung stehenden Fertigungstechnologie. In welchem Umfang allerdings Kundenbedürfnisse berücksichtigt werden, hängt im wesentlichen vom gegenwärtigen Image und der verfolgten Marketing-Strategie ab.
- Erarbeitung von Arbeitsanweisungen bzw. Arbeitsstandards
  Nachdem die Prozesse zur Herstellung der Standardqualität mit Hilfe von Ursache-Wirkungs-Zusammenhängen eingerichtet wurden, können die dafür erforderlichen Aufgaben und Tätigkeiten festgelegt werden.
- Einhaltung der Standards
  Die festgelegten Standards im Fertigungsprozeß müssen von den Mitarbeitern und Führungskräften auch eingehalten werden. Die Arbeitsanweisungen und die Art ihrer Einhaltung werden im Qualitätshandbuch und/oder in einem speziell dafür eingerichteten Handbuch aufbewahrt.
- Meßeinrichtungen
  Um zu überprüfen, ob die Ergebnisse der Prozesse den Standards entsprechen, müssen bestimmte Daten erfaßt werden. Dazu sind spezielle Einrichtungen, Datenerhebungsmethoden und Verfahren erforderlich. Auch diese müssen festgelegt werden.
- Vergleich
  Ein Soll-Ist-Vergleich weist auf die eventuelle Abwesenheit von Qualitätsmerkmalen und wahrscheinlichen Fehlern hin.

---

54 Vgl. dazu Mizuno, S.: op. cit., p. 130.

- Konkrete Maßnahmen
  Sobald die Fehler mit ihren Ursachen ermittelt wurden, müssen Maßnahmen zu ihrer Beseitigung ergriffen werden. Gesetzt den Fall, es handelt sich um ein durchgängiges Problem, müssen die Arbeitsstandards entsprechend geändert werden. Auf jeden Fall muß in der Weise gehandelt werden, daß das gleiche Problem nicht noch einmal auftritt.

Diese eher traditonelle Qualitätssicherung, so erfolgreich sie auch von den Japanern perfektioniert wurde, hat jedoch auch ihre Grenzen. Wir sind alle Menschen und machen von Zeit zu Zeit Fehler. Deshalb haben die Japaner viele Prozesse so konzipiert, daß bestimmte Fehler automatisch elemeniert werden. Narrensichere Einrichtungen an Maschinen, die diese automatisch stoppen oder ein Warnsignal auslösen, wenn Unregelmäßigkeiten auftreten, werden Poka Yoke[55] genannt. Dazu gehören zum Beispiel Vorrichtungen an einer Maschine, die es dem Arbeiter unmöglich machen, Teile falsch einzulegen[56]. Oder mittels eines Tastschalters kann ein Arbeitsvorgang überwacht werden. „Wenn er falsch ausgeführt wird, läuft die Maschine nicht an." Poka Yoke erleichtert dem Arbeiter die Arbeit, und es beseitigt Probleme, die mit Störungen, Sicherheits- und Bedienungsfehlern von Prozessen zusammenhängen, ohne die Aufmerksamkeit des Arbeiters übermäßig zu beanspruchen. Poka Yoke Maßnahmen gehören zur Jidokha, das heißt Autonomationskonzept oder Selbstkontrolle.

Bei Toyota sind fast alle Maschinen autonom eingerichtet, so daß die Fertigung mangelhafter Produkte verhindert wird und Maschinenstopps automatisch, meist überdeutlich, mit Hilfe wahrnehmbarer Lampensignale (sog. Andons) angezeigt werden.

Hier liegt ein reiches Feld für die Arbeit von Qualitätszirkeln, die meistens sehr viel besser als zum Beispiel die Mitarbeiter von Engineering oder die Konstrukteure wissen, welche Probleme auftreten und wie sie

55 Shingo, S.: Zero Quality Control: Source Inspection and the Poka Yoke System, Cambridge, Mass. 1986.

56 Suzaki, K.: Modernes Management im Produktionsbetrieb, München/Wien 1989, p. 95.

verhindert werden können. Poka Yoke Ideen sollten jedoch auch bei der Anschaffung neuer Maschinen und bei der Gestaltung neuer Arbeitsabläufe berücksichtigt werden.

9.4.4 Verbesserung von Fertigungsprozessen

Die Verbesserung der Fertigungsprozesse beginnt mit der Sammlung von Daten über Prozeßfähigkeit, Taktzeiten, Cycle Times, Prozeßparametern, Durchlaufzeiten, um den Prozeß als Ganzes zu überprüfen und zu optimieren.

Die Verbesserung der Qualität und die Verringerung der Durchlaufzeit durch Übergang von der Massenproduktion zur Ein-Stück-Fließfertigung im Modellmix (Just-in-Time) kann, aufgrund des immer stärker werdenden Wettbewerbs, als eine der wichtigsten Aufgaben von heute und in der Zukunft angesehen werden.

Dieses Thema wird im nächsten Abschnitt behandelt.

9.4.5 Just-in-Time (JiT) oder das Toyota-Produktions-System[57]

Wenn von Just in Time die Rede ist, ist in Wirklichkeit das Toyota-Produktions-System gemeint. Die Amerikaner haben es in der Zwischenzeit in „Lean Production“ (= magere Produktion) umgetauft[58]. Im wesentlichen besteht es aus zwei Säulen: dem eigentlichen Just-in-Time und Jidokha (Automation).

- *Just-in-Time*

Um allen Mißverständnissen schon zu Beginn vorzubeugen: JiT bedeutet nicht, daß Zulieferer ihre Produkte „Just in Time“ nach den Bedürf-

---

57 Iwata, Y.: Introduction to JiT/Toyota Produktion System; Nakao, Ch.: Japanese Production Control Systems in the 1980’s Toyota’s Kanban; JiT/Gemba-Kaizen Workshop, 1991.

58 Womack, J. P.; Jones, D. T.; Roos, D.: The Machine That Changed The World, New York 1990.

nissen der Hersteller anliefern. JiT ist auch kein Projekt oder Konzept, um Bestände zu reduzieren (obwohl das Ergebnis von JiT niedrigere Bestände sind), was es zu einem Anliegen der Materialwirtschaft oder Logisitik degradieren würde. Statt dessen wird hier unter Just-in-Time eine Vorgehensweise oder ein Prozeß verstanden, der an der Maschine oder Montagelinie beginnt, mit dem Ziel, durch Reduzierung von Verschwendung Qualität, Kosten und Durchlaufzeiten zu verbessern. JiT ist ein sehr simples Instrument. Es läßt sich nicht aus Büchern lernen, sondern muß erlebt oder praktisch angewandt werden. „Do it" hieß die Ermahnung und Anfeuerung, die der japanische Berater in einem JiT-Projekt dem lernenden Autor immer wieder ermunternd zurief. Es kostet deshalb auch nicht viel Geld und braucht weder Computer noch Software. Es benötigt ebenfalls keine langen Zeiträume, um es einzuführen. Es stellt also auch kein Planungskonzept dar, das von einem Stab von Ingenieuren, Professoren oder sonstigen hochkarätigen Fachleuten in irgendeinem schön eingerichteten Büro ausgedacht wurde, sondern eine Vorgehensweise, die von Meistern, Vorarbeitern oder einigen Beratern direkt und spontan an der Maschine zusammen mit den betroffenen Mitarbeitern eingeleitet wird[59]. Damit ist JiT also mehr. Es stellt zugleich ein Instrument dar, um Kosten, Schrott und Nacharbeit zu senken, um ein effizientes Firmenlayout zur Erhöhung der Ausbeute und Verkürzung der Durchlaufzeit als auch eine ausbalancierte Fertigungslinie zu erzielen und um die Einbeziehung sowie Motivation der Mitarbeiter zu verbessern. Just-in-Time stellt also ein Instrument zu einer ganzheitlichen Verbesserung von Fertigungsprozessen dar. In diesem Zusammenhang besteht das wichtigste Ziel von JiT darin, alle Prozesse auf die rein wertschöpfenden Tätigkeiten zu reduzieren. Dafür müssen drei Prinzipien berücksichtigt werden:

- die Taktzeit (engl. Takt-Time)
- das Fließprinzip
- das „Pull"-Prinzip

59 Y. Iwata, ehemals Mitarbeiter von Taiichi Ohno und heute Präsident des New Technology Institute in Tokyo, meinte einmal während eines JIT-Projekts gegenüber dem Autor: „Ihr Leute aus dem Westen habt immer so eindrucksvolle akademische Grade und denkt entsprechend kompliziert. Wir sind dagegen nur Meister oder Gruppenleiter, aber Praktiker und tun deswegen nur einfache Dinge."

Die Taktzeit

Den Begriff Taktzeit haben sich die Japaner aus der deutschen Musikersprache geholt. In der Musik gibt der Dirigent den Rhythmus an, auf den er mit Hilfe seines Taktstockes das ganze Orchester einstellt. In gleicher Weise treibt in der Wirtschaft der Konsument aufgrund seiner Nachfragegeschwindigkeit die Fertigungslinien zu einem bestimmten Rhythmus oder Takt an.

Bei der sog. Taktzeit handelt es sich um die zentrale Kennziffer des JiT-Systems[60]. Sie gibt die Verkaufsgeschwindigkeit an, das heißt in wieviel Sekunden der Betriebszeit ein Stück verkauft wird oder auch die Zeit, in der der nächste Prozeß ein Werkstück weiterverarbeitet und benötigt. Damit hat die Taktzeit mit der eigentlichen Produktion wenig zu tun, sondern ist eine Maßzahl für die Kundenbedürfnisse. Dazu ein Beispiel: Wenn ein Auto in einer Menge von 20000 Einheiten pro Monat verkauft wird, bedeutet das, daß 1000 Einheiten jeden Tag (bei 20 Arbeitstagen) produziert werden müssen. Bei einem 8-Stunden-Tag müssen also 1000 Einheiten in 480 Minuten (verfügbare Arbeitszeit) produziert werden. Das bedeutet, daß alle 0,48 Minuten eine Einheit vom Band laufen muß. Wenn die Firma nicht in dieser Geschwindigkeit produziert, kann sie die Marktnachfrage nicht befriedigen. Wenn sie dies aber tut, muß sie, wie der Dirigent die Musiker seines Orchesters, alle Prozesse im Betrieb auf diese Tätigkeit einstellen. Dann ist sie unmittelbar an den Bedürfnissen des Kunden orientiert. Sie produziert genau die Menge, die nachgefragt wird, kein Stück mehr aber auch keines weniger. Es entsteht keine Überproduktion und damit keine Verschwendung.

Die Philosophie zur Realisierung der Taktzeit ist die Beseitigung von Verschwendung, im Japanischen „MUDA" genannt. Nach T. Ohno[61], dem Begründer von JiT bei Toyota, gibt es 7 Arten der Verschwendung:

– Verschwendung durch Überproduktion
  Ohno stellt fest, daß Überproduktion die schlimmste Art der Ver-

---

60 Die Taktzeit wird definiert:

$$\text{Takt Time} = \frac{\text{reine monatliche Arbeitszeit in Min or Sek}}{\text{Anzahl der verkauften Einheiten pro Monat}}$$

61 Ohno, T.: Toyota Production System, Cambridge, Mass. 1988, p. 19.

schwendung sei. Sie entsteht, wenn Waren über den jeweiligen Bedarf des Marktes hinaus produziert werden. Dann wird mehr Rohmaterial verbraucht, unnötige Arbeitszeit muß bezahlt werden und überhöhte Bestände werden erzeugt. Dies wiederum erfordert zusätzlichen Behandlungsaufwand, zusätzlichen Platz für Lagerung und zusätzliche Kosten für die in Anspruch genommenen Finanzierungsmittel.

- Verschwendung durch Wartezeit
  Viele Arbeitsvorgänge in einer Fabrik sind dadurch gekennzeichnet, daß sie aus Maschinenlaufzeit bestehen, die von den Werkern lediglich beobachtet werden. Dies führt zu der Frage, wie die Bearbeitungszeit eines Werkstückes von der Maschinenlaufzeit getrennt werden kann. Bei Toyota führte dies zu der Schlußfolgerung, daß der Mitarbeiter während dieser Zeit mehrere Maschinen bedienen kann.

- Verschwendung durch Transport
  Viele Layouts in den Fabriken sind noch immer verfahrensorientiert. Dies bedingt lange Transportwege von einer Maschinenkonfiguration zur anderen. Mit Hilfe von produktorientierten Layouts mit Fließfertigung lassen sich diese Wege drastisch verkürzen.

- Verschwendung durch den Arbeitsprozeß.
  Aufwendige Materialflußeinrichtungen, wie zum Beispiel automatisch geleitete Fahrzeuge statt manuell bedienter Bänder, können schon eine Problemstelle sein, die unnötige Verschwendung zur Folge hat, da die Aufwendungen dafür relativ hoch sind.

- Verschwendung durch hohe Bestände
  Hohe Bestände verursachen hohe Produktkosten, da zusätzlicher Aufwand entsteht. Hohe Bestände sind aber immer auch zugleich Hinweise auf verdeckte Probleme, wie schlechte Planung, Maschinenausfälle, Lager-Transportwege, Qualitätsprobleme, lange Rüstzeiten usw. Dieses Phänomen wird in Japan häufig mit Hilfe folgender Graphik dargestellt (Abbildung 32). Viele japanische Firmen senken deswegen bewußt und gezielt die Bestände, um dabei auftauchende Probleme den Mitarbeitern deutlich zu machen und durch korrektive Maßnahmen auf Dauer zu lösen.

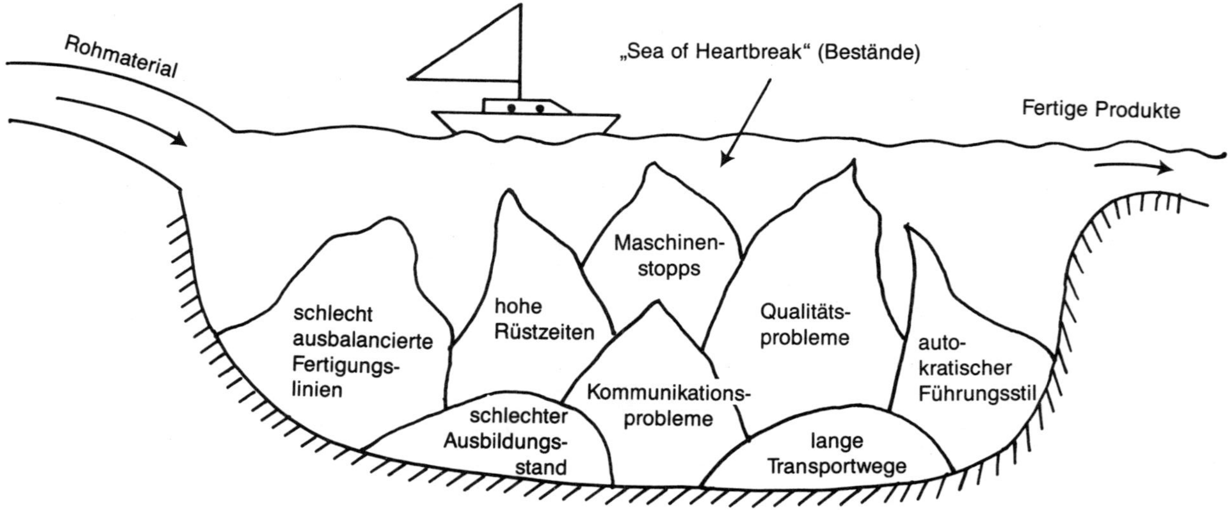

Quelle: Vgl. dazu auch: Suzaki, K.: op. cit., p. 17, Imai, M.: KAIZEN Workshop, Brüssel Oktober 1990, Sandres, W. A.: Just-in-Time: Making it happen, Essex Junction, 1989, p. 20.

Abbildung 32: Bestände verschleiern Probleme in der Fertigung

- Verschwendung durch Bewegung
  Aufheben, Holen, Absetzen und Wegbringen von Werkzeugen oder Werkstücken sind Bewegungsvorgänge, die nicht unmittelbar der Wertschöpfung dienen. Aus diesem Grunde können sie durch Vorrichtungen reduziert werden, die es erlauben, die Teile ohne unnötige Bewegungen an ihren Platz zu bringen.
- Verschwendung durch Produktionsfehler
  Maschinenstörungen verursachen Wartezeiten. Sie erhöhen damit die Produktionskosten und verlängern die Durchlaufzeit. Große Bedeutung kommt aus diesem Grunde der Prozeßregelung zu, deren Ziel es ist, Prozesse einzurichten, die beherrscht und fähig sind.

Das Fließprinzip

Das zweite Grundprinzip von JiT heißt „Fließfertigung", und zwar in der Regel „Einstück-Fließfertigung". Das „Fließen" bezieht sich dabei auf die Bewegung des Materials durch die Linie. Es besagt, daß der Fluß des Materials vom Eingang des Rohmaterials bis zum Versand des fertigen Produktes nicht ins Stocken gerät. Um einen derartigen stetigen Fertigungsfluß zu gewährleisten, müssen folgende sechs Voraussetzungen erfüllt sein:

- Produkt- oder kundenorientiertes Layout
  Bei einem verfahrensorientierten Layout werden Maschinen mit gleichen oder ähnlichen Verfahren wie zum Beispiel Drehen, Fräsen, Bohren etc. zu Gruppen zusammengefaßt (Abbildung 33 a und 33 b) Die Nachteile dieses Layouts liegen vor allem in folgender Verschwendung:
  - ○ lange Transportwege
  - ○ Anhäufung von Beständen durch Losgrößen
  - ○ mehrfache Werkstückbehandlung
  - ○ extrem lange Durchlaufzeiten

  Demgegenüber fließt beim produkt- oder kundenorientierten Layout das Material in der Weise, wie es die Arbeitsfolge erfordert. Die Vorteile liegen auf der Hand. Vor allem werden die Bestände verringert. Auch Schrott- und Nacharbeiten nehmen drastisch ab, denn

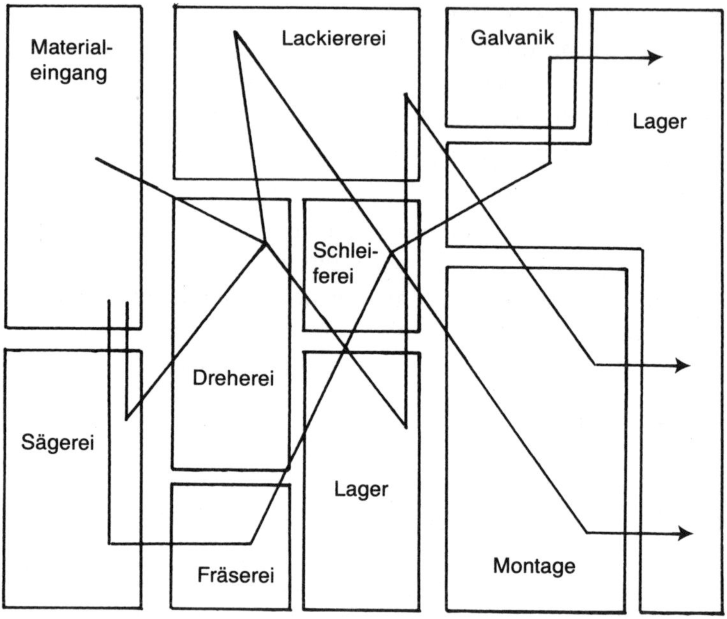

Quelle: Suzahi,K.: Japanese Manufacturing Techniques: Their Importance to U.S. Manufacturers, Journal of Business Strategy, Winter 1985, 14

Abbildung 33a: Materialfluß im verfahrensorientierten Layout

wenn ein Werker ein Stück herstellt und dies sofort an seinen Kollegen weitergibt, erhält er sogleich die Rückmeldung, wenn das Teil nicht für den nächsten Prozeß geeignet ist. Als optimales Layout hat sich in diesem Zusammenhang die U-Form oder auch das Hufeisen in entgegengesetztem Uhrzeigersinn erwiesen. Fast alle Layouts bei Toyota besitzen diese Form. Die Japaner sind keine Liebhaber von Fließbändern, da sie teuer sind und oft auch stehen bleiben. Die U-Form erscheint deshalb so vorteilhaft, weil durch diese Form Mitarbeiter eingespart werden können, wenn ein Mitarbeiter sowohl das Be- als auch das Entladen der Maschinen erledigen kann (Abbildung 34).

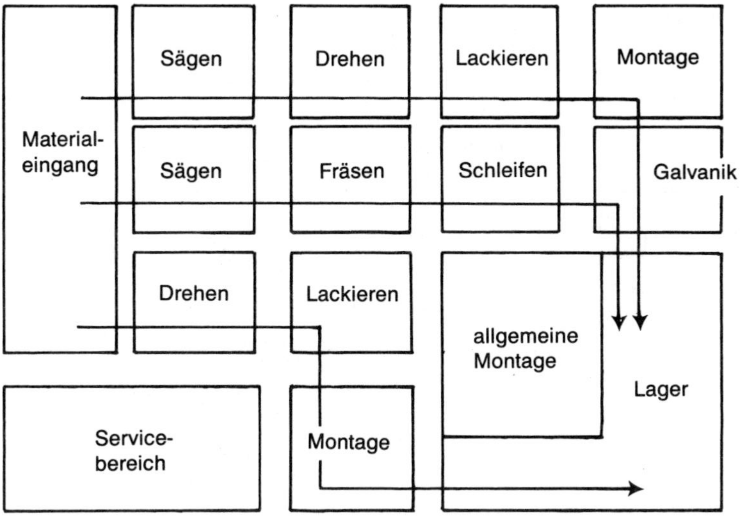

Quelle: Suzahi,K.: Japanese Manufacturing Techniques: Their Importance to U.S. Manufacturers, Journal of Business Strategy, Winter 1985, 14

Abbildung 33 b: Materialfluß im produktorientierten Layout

Der entgegengesetzte Uhrzeigersinn resultiert daraus, daß die meisten Menschen Rechtshänder sind, und es einfacher erscheint, in dieser Richtung zu arbeiten. Allein dadurch können, so Y. Iwata, sich Produktivitätsgewinne von 20–30% ergeben.

– Ausbalancierte Fertigungslinien
  Wie bereits erwähnt, werden, um die gleichmäßige Auslastung einer Linie zu gewährleisten, alle Prozesse an der Taktzeit ausgerichtet, (Abbildung 35). Wenn sich die Arbeitsverteilung an einer Linie jedoch wie die in der oberen Abbildung darstellt, so muß die Arbeit neu verteilt werden, da Herr B und Herr C nicht ausgelastet sind. Eine Neuverteilung ergibt, daß A und B jeweils 60 Sekunden zugewiesen bekommen, während Herr C 30 Sekunden erhält. C ist jetzt

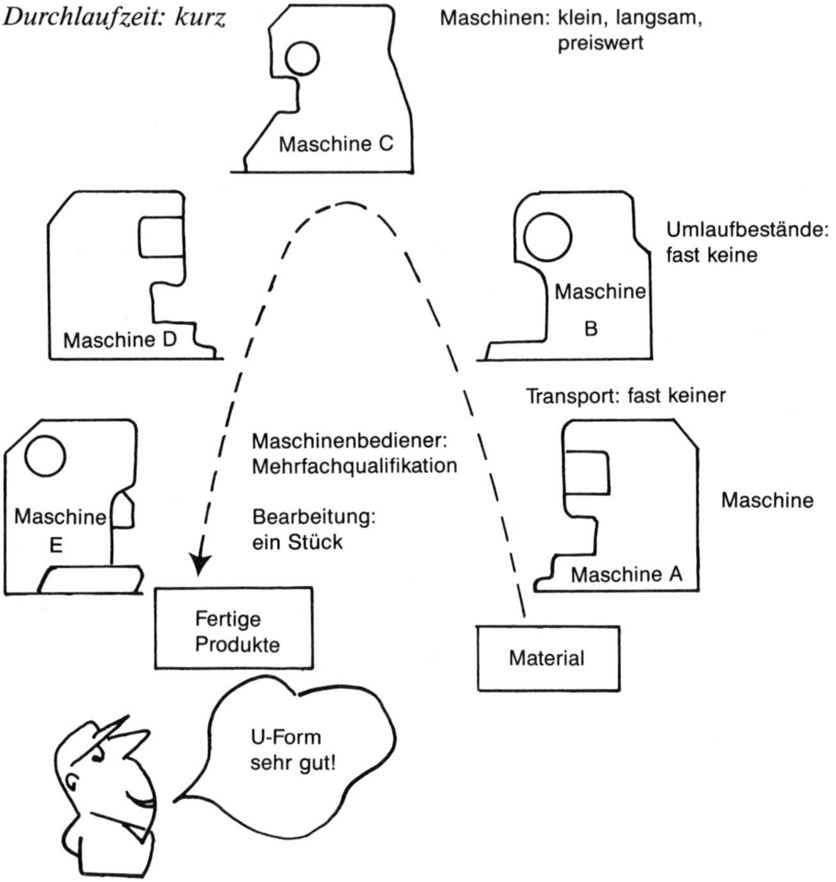

Abbildung 34: Layout in U-Form

also nicht voll ausgelastet. Durch neue Maßnahmen, zum Beispiel von Quality Circle, kann die Arbeit weiter vereinfacht oder zusammengefaßt werden, so daß auch die 30 Sekunden wegfallen und der ganze Prozeß von nun an nur noch von 2 Mitarbeitern bewältigt werden kann. Dazu muß jedoch jeder Mitarbeiter so ausgebildet werden, daß er alle Tätigkeiten verrichten kann. Wenn die Nachfrage nun auf 30 Einheiten zurückgeht, muß ein Arbeiter den gan-

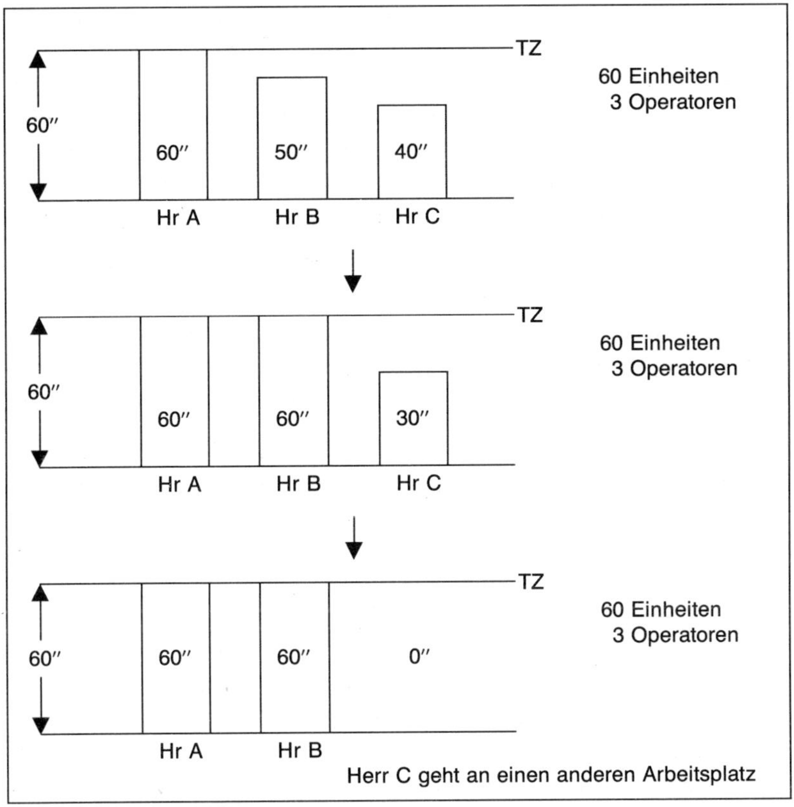

Abbildung 35: Ausbalancieren einer Fertigungslinie

zen Prozeß bewältigen. Auf diese Weise wird der ganze Prozeß recht elastisch und flexibel gehalten.

Erst die ausbalancierte Einstück-Fließfertigung ermöglicht auch eine reibungslose Modellmix-Fertigung, das heißt die Fertigung unterschiedlicher Modelle auf der gleichen Linie, wie zum Beispiel Limousinen, Caravans und Coupés oder Motorräder, „Wave Runners“ (Einpersonen-Wasserfahrzeug) und Enduromaschinen, weil nur durch die Hand-zu-Hand-Weitergabe eine exakte Zuführung der verschiedenen Teile gewährleistet und damit ihre eventuelle Vertauschung sofort entdeckt werden kann.

Aber auch die Einstück-Fließfertigung kann stets verbessert werden. Wenn Japaner eine Fabrik besuchen, fragen sie meistens sofort danach, wie lange das bestehende Layout schon existiert. Erfahren sie, daß diese Form schon zum Beispiel drei Jahre besteht, fragen sie sogleich danach, wann die letzte Gehaltserhöhung stattfand. Damit wollen sie den Mitarbeiter darauf hinweisen, daß er bei einer eventuellen Differenz sich scheinbar wenig Gedanken um die Verbesserung des Layouts gemacht und deshalb sein Gehalt nicht wirklich verdient hat.

Eine weitere Bedingung für einen gleichmäßigen und optimalen Fertigungsprozeß ist die Standardisierung der Arbeit. Standardisierte Arbeit besteht wiederum aus 3 Elementen[62]: (Abbildung 36)

- Taktzeit
  Wieviel Zeit hat der Werker, um ein Stück zu fertigen. Diese Zeit wird vom Kunden bestimmt und nicht von der Produktion.
- Arbeitsfolge
  Darunter wird die Folge von Tätigkeiten, in der die Arbeit vom Werker ausgeführt wird, verstanden, vom Holen des Materials, vom Be- und Entladen der Maschine, bis zum Weiterreichen. (muß nicht mit dem Materialfluß übereinstimmen).
- Standardmenge von Umlaufbeständen (Work in Process)
  Dabei handelt es sich um das Minimum an Umlaufbeständen, das für die Aufrechterhaltung eines gleichmäßigen Flußes benötigt wird. Bei der Einstück-Fließfertigung besteht es aus einem Stück. Es beinhaltet auch Teile, die auf Maschinen aufgespannt sind.

– Geringe Rüstzeiten und Werkzeugwechsel
  Aufgrund der größeren Produktvielfalt, die heute nötig ist, um den unterschiedlichen Bedürfnissen der Kunden gerecht zu werden, muß an den Maschinen oder Linien häufig umgerüstet werden. Dies kostet viel Zeit und Geld. Um deshalb konkurrenzfähig zu bleiben, sind immer kürzere Rüstzeiten von großer Bedeutung. Auch hier hat Toyota Pionierarbeit geleistet. Das SMED (Single Minute Exchange of Die = Einziffer-Rüstzeit)-Programm, entwickelt von

62 Ohno, T.: op. cit., pp. 22–23.

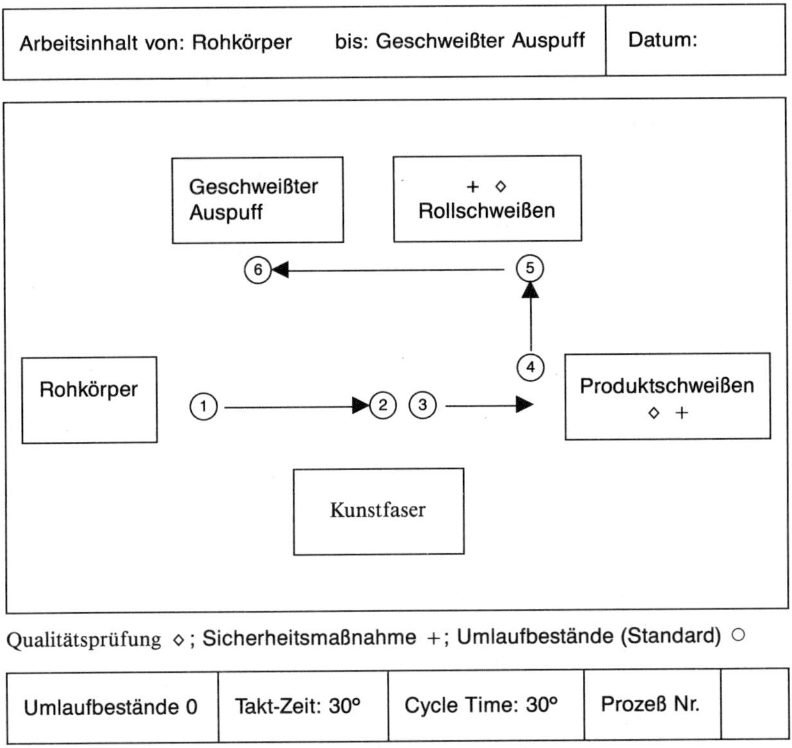

Abbildung 36: Standardarbeitsbogen

S. Shingo[63], hat beeindruckende Ergebnisse zu Tage gefördert und wird heute zum OTED (One Touch Exchange of Die = Knopfdruck-Rüstzeit) weiterentwickelt. So gelang es, verschiedene Maschinen-Rüstzeiten von 8 Stunden auf 12 Minuten und von 4 Stunden auf 3 Minuten zu reduzieren.

Verkürzt dargestellt, verläuft das SMED-Konzept ungefähr wie folgt[64]:

63 Shingo, S.: A Revolution in Manufacturing: The SMED System, Cambridge, Mass. 1985, pp. 26–31.
64 Shingo, S.: op. cit., pp. 26–31.

- ○ Trennen von internem und externem Umrüsten
  Arbeit, die unbedingt bei stillstehender Maschine verrichtet werden muß (internes Umrüsten), wird von derjenigen Arbeit getrennt, die auch während des Betriebes der Maschine erledigt werden kann (externes Umrüsten)
- ○ Umwandlung von internem zu externem Umrüsten
  Hierbei wird versucht, soviel wie möglich interne Rüstzeit in externe Arbeit umzuwandeln, wie z. B. das Vorwärmen von Elementen, die früher während des Rüstens erhitzt wurden oder die Umwandlung von Justierungen in einen externen Vorgang.
- ○ Reduzierung der Gesamtrüstzeit
  Die dritte Phase besteht dann in einer detaillierten Analyse sowohl des internen als auch des externen Rüstzeitvorganges. Mit anderen Worten, es wird eine Analyse des Rüstprozesses durchgeführt, um die Gesamtrüstzeit zu reduzieren.

– Keine Maschinenausfälle
Wenn Produktlinien stocken, sammeln sich Bestände an.
Auch hier haben die Japaner etwas Neues geschaffen, das den Namen TPM – Total Productive Maintenance erhalten hat und im nächsten Abschnitt behandelt wird.

– Keine Qualitätsprobleme
Auftretende Fehler verursachen Maschinenstops. Um diese zu verhindern, muß die ganze Firma durch TQM auf den Grundsatz eingestellt werden „Do it right the first time".

– Gut ausgebildete und motivierte Mitarbeiter
Dies stellt hohe Anforderungen vor allem an das soziale System wie Information, Kooperation, Aus- und Weiterbildung, Teamarbeit und Führungsstil.

Das Pull-Prinzip

Das Pull-Prinzip baut auf dem Grundsatz des „the next process is your customer" auf. Es bedeutet, daß ein Prozeß B die von ihm benötigten Teile in der gewünschten Menge, zum gewünschten Zeitpunkt und in der gewünschten Qualität erhält. Am einfachsten läßt sich dieses Prinzip bei der Einstück-Fließfertigung („one piece flow") realisieren, bei dem ein Prozeß A den folgenden Prozess B das jeweils benötigte Werkstück in die Hand gibt. Bevor B nicht auf A zukommt, um das Werkstück abzuholen, kann A kein weiteres herstellen. Der Zettel oder die Karte, auf der Teilenummer, Menge, Herkunft und Bestimmungsort vermerkt sind und der ein Begleitpapier des Transportes darstellt, wird als „Kanban"[65] bezeichnet. Durch die Übergabe der Karte wird gleichzeitig der Produktionsbefehl für ein weiteres Stück an A gegeben. Kanban ist also ein Informationssystem zur Produktionssteuerung. Damit der Fluß aufrechterhalten werden kann, müssen einige Voraussetzungen erfüllt sein. Zum einen muß die Linie ausbalanciert sein und zum anderen dürfen niemals fehlerhafte Produkte weitergegeben werden, nach dem Prinzip: „Don't get it, don't make it, don't send it".

Es wird sicherlich deutlich, daß dies eine sehr einfache, aber sehr effiziente Art der Produktionssteuerung darstellt. Allerdings erfordert ein Kanban-System eine sehr präzise Synchronisation der einzelnen Tätigkeiten und Prozesse, da das System ansonsten nichjt funktionieren kann. Das System erfordert auch, daß Maschinen- und Qualitätsprobleme sofort gelöst werden, denn wenn ein Problem an der Maschine auftritt, stoppt sofort die ganze Linie. Dieses Phänomen wird allerdings von Toyota auch gezielt dazu eingesetzt, Probleme in der Linie aufzuzeigen und sofort von den Mitarbeitern beheben zu lassen, um die Mitarbeiter für derartige Probleme zu sensibilisieren und die Effizienz noch weiter zu steigern.

- *JIDOKHA (Autonomation)*

Autonomation, ein ebenfalls in Japan entwickeltes Konzept, darf nicht mit Automation verwechselt werden. Es stattet Maschinen mit der Fähigkeit aus, gewisse einfache Entscheidungen autonom zu treffen. Es wird deswegen auch als Automation mit einem „human touch" bezeichnet. Bei Autonomation wird die Maschine mit einem Instrumentarium – meistens einem Sensor – versehen, das die Maschine automatisch zum Anhalten veranlaßt, wenn ein außergewöhnliches Ereignis in bezug auf Qualität oder Maschine auftritt. In bezug auf

65 Japan Management Association: KANBAN – Just-in-Time at Toyota, Cambridge, Mass. 1989.

auftretende Fehler sollte dieses Instrumentarium in der Weise geschaltet werden, daß nicht mehr als ein Stück weiter produziert wird, um größere Mengen Schrott oder Nacharbeit zu vermeiden. Als Beispiel soll ein Zählwerk, das in eine Maschine eingebaut wurde und das die Anzahl der Arbeitsakte aufzeichnete, erwähnt werden. Wenn die verlangte Produktionsmenge erreicht wurde, gaben Summer und Leuchttafeln dem Arbeiter entsprechende Signale[66].

Das Jidokha-Konzept ist jedoch nicht nur für Einzelmaschinen-Prozesse geeignet, sondern kann selbstverständlich auch für den Linienbetrieb verwendet werden.

Eine Variante stellt das schon erwähnte Poka-Yoke[67] Konzept dar. Poka-Yoke, das am besten mit narrensicherem Mechanismus übersetzt werden kann, beseitigt Probleme, die mit Störungen, Sicherheit und Bedienungsfehlern von Prozessen zusammenhängen, ohne die Aufmerksamkeit des Werkes übermäßig zu beanspruchen. Mit einem Taktschalter kann zum Beispiel ein Arbeitsvorgang überwacht werden. Wenn er falsch ausgeführt wird, läuft die Maschine nicht an. Auch auf diese Weise kann das wichtigste Ziel, fehlerfreie Teile an den nächsten Prozeß zu liefern, gewährleistet werden.

Zusammenfassung

Hiermit zeigt sich, daß JiT einer der wichtigsten Partner von TQM ist. In Wirklichkeit jedoch sind JiT und TQM zwei Seiten derselben Medaille. Beide widmen sich wichtigen Fragen, die für den Kunden von unmittelbarem Interesse sind. Kunden wollen kurze Durchlaufzeiten, für die JiT unmittelbar sorgt. Kunden wollen aber auch hohe Qualität, die das Ergebnis von TQM-Aktivitäten ist.

Während JiT Probleme deutlich macht und zu bestimmten Aktivitäten zwingt, stellt TQM ein Werkzeug dar, um diese Störung zu verstehen und eventuell zu eliminieren. Es wäre deshalb wenig sinnvoll, TQM ohne JiT einzuführen. Ja, der Beginn von JiT fordert den Einsatz von TQM geradezu heraus. Beide ergänzen sich auf wundervoll effiziente Weise.

Abbildung 37 versucht diese Zusammenhänge zwischen TQM und JiT aufzuzeigen. Aufgrund schwankender Qualität erfordert die traditio-

---

66 Suzaki, K.: op. cit. p. 87.

67 Shingo, S.: op. cit.

Just-in-Time und TQM

Phänomen	JiT/Qualitätseffekt
Pufferbestände sind notwendig wegen schwankender Qualität	Schwankungen werden ausgeschaltet durch – Behebung von Q-Problemen – Fließprinzip wird möglich
Je mehr Roh-und Umlaufmaterial im Prozeß ist, um so mehr Ausschuß und Nacharbeit entsteht (große Lose)	Reduzierung des Roh- und Umlaufmaterials durch JiT senkt Ausschuß und Nacharbeit und damit Q-Kosten
Die Zeit verschleiert die Ursachen der Fehler und damit der Variabilität	JiT senkt die Durchlaufzeiten und trägt dazu bei, daß – Teileprüfungen unmittelbar im Fluß von A zu B erfolgen und daß – Datenmaterial für Ursachen aufgezeigt wird

Quelle: Vgl. dazu auch Schonberger, R. J.: Produktion auf Weltniveau, Frankfurt 1988, p. 169.

Abbildung 37: Just-in-Time und TQM

nelle Fertigung Pufferbestände. Durch TQM-Maßnahmen läßt sich eine konstante Qualität auf Dauer nur durch Behebung der zugrundeliegenden Ursachen erzielen. Das Fließprinzip wird damit möglich. Andererseits erhöht JiT durch die Reduzierung des Umlaufmaterials automatisch die Qualität und senkt damit die Qualitätskosten. Auf diese Weise trägt JiT darüber hinaus dazu bei, daß aufgrund der durch die Mitarbeiter unmittelbar im Prozeß ausgeführten Prüfungen die Ursachen für Qualitätsprobleme sofort deutlich und behoben werden können. TQM und JiT sind also wie ein Topf mit Deckel, in dem ein exquisites Mahl zubereitet wird.

Die Effizienz des Zusammenwirkens der Systeme Just-in-Time und TQM läßt sich am besten am Beispiel der Automobilindustrie aufzeigen. Stellt man nämlich die japanischen, amerikanischen (Ford, Chrysler, GM) und europäischen Massenhersteller (Fiat, Peugeot,

Renault, Volkswagen) gegenüber, so ergibt sich in bezug auf Produktivität und Qualität folgendes Bild (Tabelle 5):

Tabelle 5: Produktivität und Qualität der Automobil-Massenhersteller in Japan, USA und Europa 1989 (Durchschnitt)

	Japan	USA	Europa
Produktivität (Std./Fahrzeug)	16,8	24,9	35,5
Qualität (Montagefehler/ 100 Fahrzeuge)	52,1	78,4	76,4

Quelle: IMVP World Assembly Plant Survey, zitiert nach: Womack, J. P.; Jones, D. T.; Ross, D.: The Machine that changed the world, New York/Toronto 1990, pp. 85–91

Zwar mögen die Zahlen für Volkswagen ein wenig besser sein im Vergleich zu den anderen europäischen Herstellern, doch bleibt das Ergebnis für Europa, einst die Wiege der Automobilindustrie, äußerst bitter: Europa ist zum Nachzügler geworden.

Bei den Luxuswagen (Mercedes, BMW, Jaguar, Volvo, Audi) sieht die Bilanz für die Europäer in bezug auf Produktivität noch schlechter aus. Mercedes-Benz zum Beispiel wendet insgesamt für Nacharbeit mehr auf, als Toyota für die Gesamtproduktion seiner Luxuswagen. Toyota braucht auch nur ein Sechstel der Arbeit von Mercedes für seine Wagen. Nur in bezug auf Qualität liegt der beste Europäer (Mercedes) noch vor den Japanern[68].

Es scheint, daß die Europäer die Revolution in der Fertigung, wie sei von den Japanern entwickelt wurde und heute praktiziert wird, noch gar nicht richtig zur Kenntnis genommen haben. Statt den Ursachen nachzugehen und zum Beispiel die in Japan bewährten Systeme wie TQM und JiT zu übernehmen sowie den eigenen betrieblichen Verhältnisse entsprechend anzupassen, schreien die europäischen Hersteller nach Importbeschränkungen, was, wie die Erfahrung von anderen Märkten zeigt, die Situation auf Dauer eher noch verschlimmern wird.

68 Womack, J. P.; Jones, D. T.; Roos, D.: op. cit. aber auch: Taylor, A. III: Why Toyota keeps getting better and better and better, in: Fortune, Nov. 19, 1990, pp. 32–49.

9.4.6 Total Productive Maintenance (TPM)

Wenn ein westlicher Besucher japanische Produktionsstätten betritt, in denen TPM praktiziert wird, fällt ihm sofort die peinliche Sauberkeit auf. Es handelt sich allerdings dabei nicht um eine kulturelle Kuriosität der Japaner, sondern um einen äußerst effektiven Ansatz, um Null-Maschinenausfall zu erreichen. Die Japaner haben dem System stolz den Spitznamen „Wohnzimmer-Fabrik“ gegeben. Wer zum Beispiel die Pumpenfabrik von Aishin Seiki[69], einem prominenten TPM-Unternehmen, betritt, muß die Straßenschuhe ausziehen. Nach dem Eintritt findet der Besucher eine solche Sauberkeit vor, daß er kaum glaubt, in einer Fabrik zu sein, die Metallteile herstellt. Der Boden glänzt, und es gibt keine Ölflecken oder Staubteile. Auch die Maschinen werden in einem blitzsauberen Zustand gehalten. Unnötige Teile werden auf diese Weise von den Maschinen fern gehalten. Der Grund für all diese Anstrengungen liegt einfach darin, daß es in einer derartigen Umgebung viel leichter ist, Problemteile zu entdecken, wie zum Beispiel heruntergefallene Schrauben, Kratzer oder Verformungen. Zugleich erhöht ein sauberer Arbeitsplatz die Disziplin, die Moral und die Motivation der Mitarbeiter.

- *Ziel und Inhalt von TPM*

TPM stellt ein weiteres von den Japanern entwickeltes System dar, das zur Sicherung und Verbesserung der Qualität beiträgt. Auch TPM stellt kein revolutionär neues System dar. Es unterscheidet sich von der traditonellen, im Westen gut bekannten, vorbeugenden Instandhaltung lediglich durch den Zusatz „Total“, der allerdings enorme Konsequenzen mit sich bringt. Er soll anzeigen, daß, wie bei TQM, die ganze Firma, Menschen und Maschinen von der Spitze bis zur Basis in den Verbesserungsprozeß einbezogen werden. Das Produktionssystem wird in allen Bereichen effektiv gemacht, indem alle Mitarbeiter, das heißt ihr Verstand und ihre Seele (deshalb auch Total), in vorbeugende Instandhaltungsarbeiten einbezogen werden. Die Japaner denken auch hier wieder an den Mitarbeiter und an die Auswirkungen auf das

69 Nakajima, S.: Introduction to TPM, Cambridge, Mass. 1988, p. 4.

soziale System. Ziel von TPM ist, die Zahl der maschinenbedingten Störungen und die Fehler auf Null zu bringen. Wenn Störungen ausgeschaltet werden, verbessert sich die Verfügbarkeit der Anlagen, die Kosten sinken, Bestände können minimiert werden und die Arbeitsproduktivität steigt. So konnte der Gewinner des japanischen TPM-Preises durch diesbezügliche Aktivitäten die Anzahl der Maschinenstörungen auf 1/50 und die Fehler um 90% reduzieren[70].

Natürlich können solche Ergebnisse nicht über Nacht erzielt werden. Normalerweise werden im Durchschnitt 3 Jahre benötigt, um von der Einführung zu derartigen Ergebnissen zu gelangen.

Nach Nakajima beinhaltet das TPM System im wesentlichen 5 Elemente[71]:

- Die Behebung sämtlicher Maschinenstörungen
- Einrichtung eines autonomen Instandhaltungsprogrammes für Maschinenbediener
- regelmäßige Wartung durch die Abt. Instandhaltung
- Ausbildung der Maschinenführer
- Einbau von Wartungsfreiheit in Maschinen und Anlagen

● *Die Behebung sämtlicher Maschinenstörungen*

Zwar macht die zunehmende Roboterisierung und Automation die Maschinen immer leistungsfähiger und komplexer, ihre grundlegende Funktionsweise bleibt jedoch erhalten. Allerdings ergeben sich daraus erhöhte Anforderungen an Maschinen in bezug auf Laufzeit und an ihre Bediener hinsichtlich auszuübender Fähigkeiten. Aufgrund der hohen Investitionen erhält die störungsfreie Funktionsweise der Maschinen und Anlagen zentrale Bedeutung. Eine Maschine, die stehenbleibt, ihre Geschwindigkeit verlangsamt, Präzision vermissen läßt und Fehler produziert, funktioniert nicht optimal und verfehlt damit den ihr zugedachten Zweck.

---

70 Nakajima, S.: op. cit., p. 3.
71 Ibid. p. 49.

Ziel kann aus diesem Grunde nur die völlige Ausschaltung von Maschinenstörungen sein. Sie geschieht durch die Beseitigung der 6 großen Verluste („six big losses“):[72]

- Maschinenstillstände
  - ○ Stopps durch Maschinenfehler
  - ○ Rüstzeiten
- Reduzierung der Geschwindigkeit aufgrund von
  - ○ Leerzeiten durch mangelhafte Funktion von Sensoren oder Blockierung von Zuführungen etc.
  - ○ Diskrepanz zwischen geplanter und aktueller Laufgeschwindigkeit
- Fehler
  - ○ Prozeßfehler
  - ○ niedrige Ausbeute

Zu diesem Zweck werden Teams aus Mitarbeitern von Engineering und Instandhaltung sowie Leiter von Fertigungslinien gegründet, die es sich zur Aufgabe machen, die „großen Verluste“ anzugehen und auszuschalten. Selbstverständlich werden sie sich zunächst auf Maschinen konzentrieren, bei denen zu erwarten ist, daß sich schnelle und für alle Mitarbeiter deutlich sichtbare Verbesserungen erreichen lassen. Die Erfolge der Anfangsprojekte haben eine doppelte Funktion. Sie sollen einmal Vertrauen in die Bemühungen der TPM-Teams schaffen und zum anderen erste Erfahrungen vermitteln, die für den weiteren Verlauf überaus wichtig sind.

Während jedoch Maschinenstillstände und verlangsamte Geschwindigkeit hauptsächlich von den schon erwähnten Teams angegangen werden, erscheint für die Beseitigung der Fehler die Einbeziehung von Mitarbeitern der Qualitätssicherung angebracht. Schon hier greifen beide Systeme ineinander.

---

72 Nakajima, S.: op. cit., p. 14.

- *Einrichtung eines autonomen Instandhaltungsprogrammes für Maschinenbediener bzw. -führer*

Die Arbeitsteilung hat bewirkt, daß die Bedienung von Maschinen und ihre Instandhaltung von jeweils unterschiedlichen Abteilungen vorgenommen wird, nach dem Prinzip: „Ich bediene – du wartest." Operatoren haben sich daran gewöhnt, sich ganz der Fertigung und das Wartungspersonal, sich ganz der Instandhaltung zu widmen. Was die Einführung von TPM anbelangt, so muß jeder in der Firma überzeugt sein, daß es für die Operatoren sinnvoll ist, selbst einen Teil der Instandhaltung zu übernehmen und damit für ihre Anlage selbst verantwortlich zu sein. Dies kann jedoch erst dann geschehen, wenn die Mitarbeiter dafür entsprechend motiviert sind und eine Umwelt geschaffen wurde, die autonome Wartungsaktivitäten auch zuläßt. Die Schaffung dieser Bedingungen sowie die Festlegung von Zielen und einer darauf abgestimmten Politik ist allerdings Aufgabe des Managements. So wie bei TQM sich jeder für Qualität verantwortlich zeichnet und eine entsprechende Organisation erforderlich ist, gilt dies in entsprechender Weise auch für die vorbeugende Instandhaltung. In diesem Sinne ähnelt TPM in sehr starkem Maß TQM.

In der Regel beginnt TPM mit einem Einführungsprogramm, das mit den 5 S (Abbildung 38) verbunden ist. Ziel dieser Ausbildung ist nicht nur, die Maschinisten zunächst einmal über den konkreten Inhalt und die Bedeutung dieser Prinzipien zu informieren, sondern sie auch für TPM-Aktivitäten zu begeistern und vorhandene Widerstände, wie zum Beispiel die bequeme Beibehaltung der traditionellen Arbeitsteilung, abzubauen. Darüber hinaus müssen die Maschinenbediener ein echtes Verantwortungsbewußtsein für ihre Maschinen entwickeln. Nur in dem Fall sehen sie ein, daß es durchaus Sinn macht, obwohl sie sich anfänglich sicherlich dagegen wehren, bestimmte Instandhaltungsarbeiten selbst zu übernehmen. Sie brauchen die Einsicht, daß es sich bei Reinigung um eine Art Inspektion handelt. Dann sind sie gerne bereit, kleine elementare Wartungstätigkeiten wie Abschmieren, Nachziehen von Schrauben, Reinigen und ähnlichem zu erlernen sowie sorgfältig auf Maschinenprobleme zu achten.

Seiri:	Beseitige alles Unwichtige! (Beschränkung auf das Wichtigste)
Seiton:	Räume alles an den richtigen Platz! (Ordentlichkeit)
Seiketsu:	Halte alles sauber! (Sauberkeit)
Seiso:	Säubere alles nach der Arbeit! (Saubermachen)
Shitsuke:	Halte die Regeln am Arbeitsplatz ein! (Disziplin) evtl. noch
Shikari-Yarou:	Bemühe dich nach allen Kräften!

Quelle: Japan Management Association: Canon Production System, Cambridge, Mass. 1987.

Abbildung 38: Die 5-S-Kampagne

Darin liegt im übrigen ein wichtiger Nebenaspekt der ganzen Sache. Je schwieriger ein Reinigungsjob wird, umso stärker wird der Wunsch beim Maschinisten nach Sauberhaltung seiner Maschine und Reduzierung der von ihm benötigten Reinigungszeit. Deshalb müssen vorbeugende Maßnahmen zur Beseitigung der Ursachen von Staub, Schmutz, Rattern, Heißwerden und ähnlichem ergriffen werden. Dies geschieht wiederum mit Hilfe von Teams, zusammengesetzt aus Mitarbeitern von Engineering, Instandhaltung und Maschinenführern. Sie sind es auch, die Standards für schnelle und effektive Instandhaltung aufzustellen haben. Der Maschinenbediener kann zum Beispiel nicht eine Stunde seiner Arbeitszeit pro Tag mit Wartung verbringen (10 Minuten sind hierfür realistischer). Aus diesem Grunde müssen die Teams darauf hinarbeiten, daß die Wartungspraktiken laufend überprüft, verbessert und verkürzt werden.

- *Regelmäßige Wartung durch die Abteilung Instandhaltung*

Wenn die generelle Instandhaltung Teil der Arbeit des Maschinenführers geworden ist – in der Übergangszeit werden die beiden Personengruppen natürlich kurzfristig stark beansprucht – muß sich die Abteilung Instandhaltung verstärkt mit der Organisation ihrer eigenen Abteilung beschäftigen. Jetzt muß ein Programm zur regelmäßigen generellen Instandhaltung geschaffen werden. Die Instandhaltung muß unabhängig von der Fertigung Wartungsstandards festlegen, so daß diese mit denen der Fertigung verglichen und abgestimmt werden können, um zum einen nichts zu vergessen und Doppeltätigkeit zu vermeiden und zum anderen zu gewährleisten, daß die Wartungsaktivitäten innerhalb der geplanten Zeitgrenzen bleiben. Eine klare Abgrenzung der Tätigkeiten beider Personengruppen wird deshalb an dieser Stelle erforderlich und stellt den Schlüssel für eine effiziente Instandhaltung dar.

Auch muß ein langfristiger Wartungsplan zum Beispiel für die Dauer eines Jahres aufgestellt werden. Damit läßt sich die Politik verfolgen, Verschleißteile wie zum Beispiel Lager oder Zahnräder vorbeugend auszutauschen, weil dies stets ökonomischer ist als sie vollständig abnutzen zu lassen. In diesem Fall wird der Verschleiß beschleunigt und die Kosten nehmen noch mehr zu. Gleichzeitig erscheint es sinnvoll, daß die Instandhaltung ihre Lagerhaltung von Ersatzteilen, Gesenken, Formen, Werkzeugen, Wartungshilfsmittel und Zeichnungen überprüft, um damit eine effiziente regelmäßige Wartung zu gewährleisten.

- *Ausbildung der Mitarbeiter*

Viele plötzlich auftretende Störungen werden durch Fehler bei der Bedienung ausgelöst. Eine Firma, die TPM einführen will, muß deshalb in Training investieren, damit sie ihre Mitarbeiter in die Lage versetzt ihre Maschinen und Anlagen optimal zu bedienen und zu warten. Sie müssen nicht nur über die grundlegenden Funktionen ihrer Maschinen Bescheid wissen, sondern auch die ersten Anzeichen für Maschinenstörungen erkennen lernen, damit sie bei der Fehlersuche mit dem Wartungspersonal zusammenarbeiten und die Störungsursachen bestimmen und beseitigen können. Um Störungen auf Dauer abzustellen, müssen die Mitarbeiter darüber hinaus lernen, die eigentlichen Ursachen zu finden, wozu ihnen unter anderem die 5 „Warum“-

Fragetechniken vermittelt werden[73]. Bei einem Maschinenstopp läßt sich diese zum Beispiel wie folgt einsetzen:

1. Warum stoppte die Maschine?
   Sie war überladen.
2. Warum war sie überladen?
   Die Lager waren nicht ausreichend geschmiert.
3. Warum waren sie nicht ausreichend geschmiert?
   Die Schmierpumpe arbeitete mangelhaft.
4. Warum arbeitete die Pumpe mangelhaft?
   Der Schaft der Pumpe war ausgeleiert.
5. Warum war der Schaft ausgeleiert?
   Er war nicht durch ein Sieb geschützt, deshalb konnten Metallspäne hineingelangen.

Fünfmaliges Wiederholen der Frage „Warum" kann häufig dazu verhelfen, wichtige Ursachen zu finden und zu korrigieren. Wenn in diesem Fall nicht so intensiv gefragt worden wäre, hätte die Wartung sicherlich nur den Schaft ausgewechselt und das Problem wäre nach kurzer Zeit wieder aufgetaucht.

Bei Nihon Zeon, dem Gewinner des TPM-Preises von 1982, besteht die Ausbildung der Operatoren zum Beispiel darin zu lernen, tägliche Instandhaltung und kleine Reparaturen auszuführen. Zusätzlich lernen die Maschinisten jedoch auch unter simulierten Bedingungen, außergewöhnliche und krisenhafte Situationen erfolgreich anzugehen[74].

- *Einbau von Wartungsfreiheit in Maschinen und Anlagen*

Wenn neue Anlagen installiert werden, zeigen sich häufig schon beim Aufbau und der Erprobung die ersten Probleme, obwohl Konstruktion und Herstellung scheinbar problemlos verliefen. Deshalb müssen Technik und Instandhaltung dort noch vor Inbetriebnahme wichtige Korrekturen vornehmen. Selbst danach ist es häufig noch äußerst schwierig kleinere Reparaturen, Nachziehen von Schrauben, Kontrollen, Abschmieren und Reinigungen durchzuführen.

---

73 Ohno, T.: op. cit., p. 17.
74 Nakajima, S.: op. cit., p. 94.

Aus diesem Grunde sollten derartige Mängel bereits in der Entwicklung und Konstruktion berücksichtigt werden. Sie lassen sich durch Einbau entsprechender Vorrichtungen in die Anlagen vermeiden. Die Qualität einer effizienten Instandhaltung hängt deshalb im wesentlichen davon ab, ob die Entwickler und Konstrukteure bei der Erstellung des Entwurfs gewillt waren, ihre eigenen diesbezüglichen Erfahrungen und die des Wartungspersonals dabei zu berücksichtigen.

Den Abteilungen Technik und Instandhaltung und ihrer Zusammenarbeit kommt deshalb für die vorbeugende Instandhaltung, mit dem Ziel einer wartungsfreien Konstruktion, eine außergewöhnlich hohe Bedeutung zu. Dieses Ziel läßt sich durch Einbeziehung ihrer Erfahrungen und die der Maschinenbediener sowie -führer in den verschiedensten Phasen vor dem Normalbetrieb erreichen, wie zum Beispiel in der

- Investitionsphase für Maschinen
- Konstruktions- und Herstellungsphase
- Installations- und Erprobungsphase
- Anlaufphase.

Durch die Zusammenarbeit von Entwicklung und Konstruktion, Technik und Instandhaltung lassen sich die meisten Probleme schon an der Quelle vorbeugend verhindern. Gleichzeitig dient die Zusammenarbeit aber auch der Weiterentwicklung der Fähigkeiten und Kenntnisse für zukünftige wartungsfreie Konstruktionen.

- *Zusammenfassung*

Wenn wir TPM mit TQM vergleichen, so finden wir eine Reihe von überraschenden Gemeinsamkeiten (Abbildung 39). TPM zielt neben der Behebung von Maschinenstörungen wie TQM auf die dauerhafte Beseitigung von Fehlern. Genau wie TQM betont TPM die Einbeziehung der ganzen Firma von der Basis bis zur Spitze und legt besonderen Wert auf Vorbeugung durch Wartungsfreiheit sowie umfangreiche Ausbildung der Mitarbeiter. Gleicherweise wird auch bei TPM die Spezialisierung beträchtlich aufgeweicht, indem der Mitarbeiter zu seiner eigentlichen Aufgabe zusätzlich Tätigkeiten übertragen bekommt. Sein Job wird angereichert, und er erhält mehr Verantwortung. Auch

Merkmale \ System	TQM	TPM
Ziele	Sicherung und Verbesserung von Qualität	Beseitigung von Maschinenstörungen und Fehlern
Strategie	Vorbeugung durch Einbau von Qualität	Vorbeugung durch Einbau von Wartungsfreiheit
Beteiligung	Einbeziehung aller	Einbeziehung aller
Training	Alle Mitarbeiter	Alle Mitarbeiter
Arbeitstechniken	„7 Tools" QC Story	5 „Warum"
Qualifikation des Mitarbeiters	Multiple Fertigkeiten	Multiple Fertigkeiten
Verantwortung des Mitarbeiters	Größer	Größer

Abbildung 39: Total Quality Management (TQM) und Total Productive Maintenance (TPM)

die Organisation für die Durchführung der TPM-Aktivitäten, wie zum Beispiel Steuerungsteam und Aktionsteams, kann unmittelbar von TQM übertragen werden.

Gegenüber TQM und JiT gibt es jedoch einen wichtigen Unterschied. Beide beschäftigen sich direkt mit Fragen, die den Kunden unmittelbar betreffen: Kunden wollen ihr Produkt möglichst sofort. Dafür sorgt JiT durch niedrige Durchlaufzeiten. Kunden wollen auch hohe Qualität. Dafür sorgt TQM. Im Gegensatz dazu führt TPM nur indirekt über den Umweg der Ausschaltung der Maschinenstörungen zu kürzeren Durchlaufzeiten.

Dennoch sind alle drei Systeme von großer Wichtigkeit und unterstützen sich gegenseitig. Am treffendsten hat es vielleicht Schonberger[75] ausgedrückt, indem er meinte: TQM ohne Just-in-Time – und umge-

75 Schonberger, R. J.: Produktion auf Weltniveau, Frankfurt/New York 1988, p. 246.

kehrt – ist wie das Messer ohne Gabel. Mit dem Löffel, dem TPM, wird ein einladendes Gedeck daraus. Auf diese Weise schaffen alle drei zusammen Engagement und Begeisterung bei den Mitarbeitern wie es bisher noch keiner westlichen Management-Philosophie gelang.

9.4.7 Das soziale System

- *Gestaltung des sozialen Systems: Humanisierung der Arbeit*

Die Fertigung war und ist zum größten Teil heute immer noch das Land der unbegrenzten Möglichkeiten für das westliche traditionelle Modell, d.h. der Inbegriff des Taylorismus, mit u.a.:

- hoher Spezialisierung (Planen, Ausführen)
- steilen Hierarchien (5 und mehr Ebenen)
- sequentiellen Abläufen (keine Teams)
- autokratischer Führung (Befehl und Gehorsam)
- „overpowering mit Engineering"

Gegen diese Kultur vor allem wandte sich die Anfang der 70er Jahre im Zusammenhang mit der Studentenbewegung initiierte Humanisierungsbewegung auf breiter Front in Skandinavien, England, USA, Italien und Deutschland. Namen wie Volvo, Kloeckner-Moeller, General Electric, General Food, Procter & Gamble, TRW Inc., Cummins Engine, Inc. und andere tauchten in einschlägigen Kreisen in allen Fachzeitschriften auf. Neue Begriffe wie „Job Rotation" (Arbeitsplatzwechsel), „Job Enlargement" (Arbeitserweiterung), „Job Enrichment" (Arbeitsbereicherung) und „teilautonome Gruppen" wurden fast über Nacht Schlüsselwörter moderner Unternehmensführung. Ziel aller Aktivitäten war in erster Linie die Humanisierung der Unternehmen, im Ausland „Quality of Working Life" (QWL) genannt[76], das heißt die Verbesserung ihres sozialen Systems in Richtung Partizipation, Autonomie, Erweiterung der Handlungs- und Entscheidungsspiel-

---

76 Cherns, A. B.; Davis, L. E.: The Quality of Working Life, Vol. I + II, New York/London 1975.

räume, Selbstverwirklichung und Persönlichkeitsentfaltung und gegen die Entfremdung und Versklavung des Menschen bei der Arbeit[77].

● *Ergebnisse der Humanisierung der Arbeit*

Die Ergebnisse dieser Bewegung lassen sich wie folgt zusammenfassen:

- Zwar wurden auf internationaler Ebene zahlreiche Mitwirkungs- und Mitbestimmungsmodelle entwickelt und ausprobiert, bewährt haben sich aber nur ganz wenige. Obwohl deren Ergebnisse über denen der traditionellen Firmen lagen, funktionieren sie nur mittelmäßig, da sie einige chronische Probleme aufweisen.
- In Deutschland entstanden ca. 2000 Erfolgs-, Vermögens- und Kapitalbeteiligungsmodelle, ca. 1000 Alternativbetriebe und 20 Mitarbeitergesellschaften[78].

Das Fazit muß insgesamt jedoch lauten, daß der große Durchbruch zur mitarbeiterorientierten Firma nicht stattfand. Im großen und ganzen wird im Westen weiterhin in den alten Strukturen gefertigt. Obwohl die Führungskräfte genau wissen, daß die traditionelle Form des sozialen Systems ungenügend ist, bleiben sie der alten Form verhaftet. Trotz aller schlechten Beispiele von zentral verwalteten Systemen, wie zum Beispiel im Ostblock, haben Führungskräfte immer noch Angst, Verantwortung an die ausführenden Bereiche zu delegieren, um ihr Know-how-Potential voll auszuschöpfen und damit die Ernte in Form von nachhaltigen Produktivitätszuwächsen einzufahren. Allerdings geht dies nur mit Aufgabe von Kontrolle bzw. Macht an der Spitze bei gleichzeitiger stärkerer persönlicher Präsenz und Delegation von Verantwortung, das heißt Mitwirkung oder Einbeziehung der Betroffenen. Dies stellt einen der wichtigsten Gründe dar, warum das große Ziel bis heute nicht erreicht werden konnte[79].

In Deutschland wurden darüber hinaus einige besondere Lösungen geschaffen, die für uns spezifisch sind und die Tradition haben, wie

---

77 Gottschall, D.: 15 Jahre Humanisierung, in: Management Wissen 6/86, pp. 31–32.
78 Gottschall, D.: op. cit.
79 Gottschall, D.; Derschka, P.: Die Betroffenen gehen leer aus, in: Manager Magazin 3/80, pp. 40–47.

zum Beispiel Verrechtlichung, Normierung und staatliche Überwachung in bezug auf Arbeitszeit, Arbeitsschutz und gesetzliche Mitbestimmung (allerdings nicht der direkt Betroffenen), also viel Bürokratie. Für diese Entwicklung zeichnen sich vor allen Dingen folgende Gründe verantwortlich:

- Weltverbesserungspathos der Veränderer
  Viele der Anstöße zur Veränderung des sozialen Systems in Richtung Humanisierung waren politisch, idealistisch motiviert und versuchten das Muster der Basisdemokratie auf die Betriebe zu übertragen. Dies mußte einfach scheitern, weil es den Protagonisten an Glaubwürdigkeit und Überzeugungskraft fehlte. Es gab auch keine praktischen Modelle dafür. Im Vergleich zu politischen Systemen müssen Führungskräfte in Unternehmungen mehr erreichen als Mehrheiten von z. B. 51 Prozent. Ein Unternehmen, bei dem 49 Prozent der Mitarbeiter gegen eine bestimmte Politik, Strategie oder Maßnahme sind, ist im Gegensatz zu einem politischen System einfach nicht handlungs- und damit existenzfähig.
- Die Einmischung des Staates
  Die Umgestaltung des sozialen Systems in Deutschland sollte mit Hilfe eines Regierungsprogrammes (Humanisierung des Arbeitslebens) bewerkstelligt werden. Dieses Projekt degenerierte indessen schon sehr früh zu einem Subventionsprogramm für Gutachter, Projektleiter und Rationalisierungspläne. Auch bestanden von Anfang an keine klaren Zielsetzungen mit der Folge, daß ein Dauerkonflikt zwischen Technologie- und Arbeitschutzpolitik auf politischer Ebene vorprogrammiert war[80]. Doch schon die Beschäftigung eines Ministeriums mit diesem Thema stellt einen Anachronimus dar. Humanisierung kann niemals von einem Minister qua Gesetz, sondern nur konkret direkt am Arbeitsplatz (japan. Gemba) definiert werden. Was für ein Menschenbild.
- Einseitige Ausrichtung auf die soziale Dimension
  Die meisten der propagierten Konzepte der Humanisierung betonten fast ausschließlich die soziale Komponente ohne Rücksicht auf

80 Ibid. Peter, G.: Das ungeliebte Kind, in: Management Wissen 12/84 pp. 90–96.

das technische System oder Kunden- bzw. Marktbedürfnisse. Sie wurden einfach ausgeklammert.

Dazu ein Beispiel:

Anfang der 80er Jahre wurden im Kaltwalzwerk der Hoesch Stahl AG neue Arbeitsstrukturen, insbesondere Gruppenarbeit, zusammen mit der Sozialforschungsstelle in Dortmund eingeführt[81]. Die Zielsetzung des Projektes lautete (verkürzt):

- größere Flexibilität beim Ausführen der Arbeitsaufgabe,
- die Wirtschaftlichkeit des Betriebes absichern und erhöhen,
- die fachliche und soziale Kompetenz sowie die Arbeitszufriedenheit verbessern,
- Wissen und Erfahrungen der Mitarbeiter sollten eingebracht werden.

Die alte und neue Organisation wird in Abbildung 40 dargestellt.

Hier zeigt sich bereits die ganze Problematik. Obwohl die Neuorganisation für alle Beteiligten in vielen Bereichen, auch dem finanziellen, befriedigender war als die alte – alle erhielten höhere Löhne, und alle die Firma sparte trotzdem dabei – kann sie kein Optimum für die Beteiligten sein, da sie statischer Natur ist. Es wurde auch nicht überprüft, ob die gesamte Fertigung über die Taktzeit an den Kundenbedürfnissen bzw. am Markt orientiert war. Die Verantwortung über Durchlaufzeiten, Qualität, Kosten und Ablaufverbesserungen des Gesamtprozesses wurden ebenfalls nicht an die Gruppen delegiert. Die Anzahl und der Inhalt der Arbeitsplätze wurde aufgrund von abstrakten „arbeitswissenschaftlichen Gesichtspunkten“ gebildet. Grundeinheit war das Aggregat bzw. das Arbeitssystem, jedoch nicht der Gesamtprozeß. Die Kaltbandstraße, das Glühen, das Dressiergerüst (zu Oberflächenfinish und Strukturverbesserung) sowie die Inspektionsanlage müssen jedoch als Einheit und als Grundlage für die Aufteilung der Tätigkeiten auf der Basis der Taktzeit betrachtet werden. Dies ist die Grundbedingung, um eine für alle vorteilhafte und befriedigende soziale Organisation zu

81 Hoesch AG: Entwicklung und Einführung neuer Arbeitsstrukturen in einem Kaltwalzwerk, o. J. und Kemmer, H.-G.: Jeder muß alles können, in: Die Zeit vom 14. 2. 1986, p. 31.

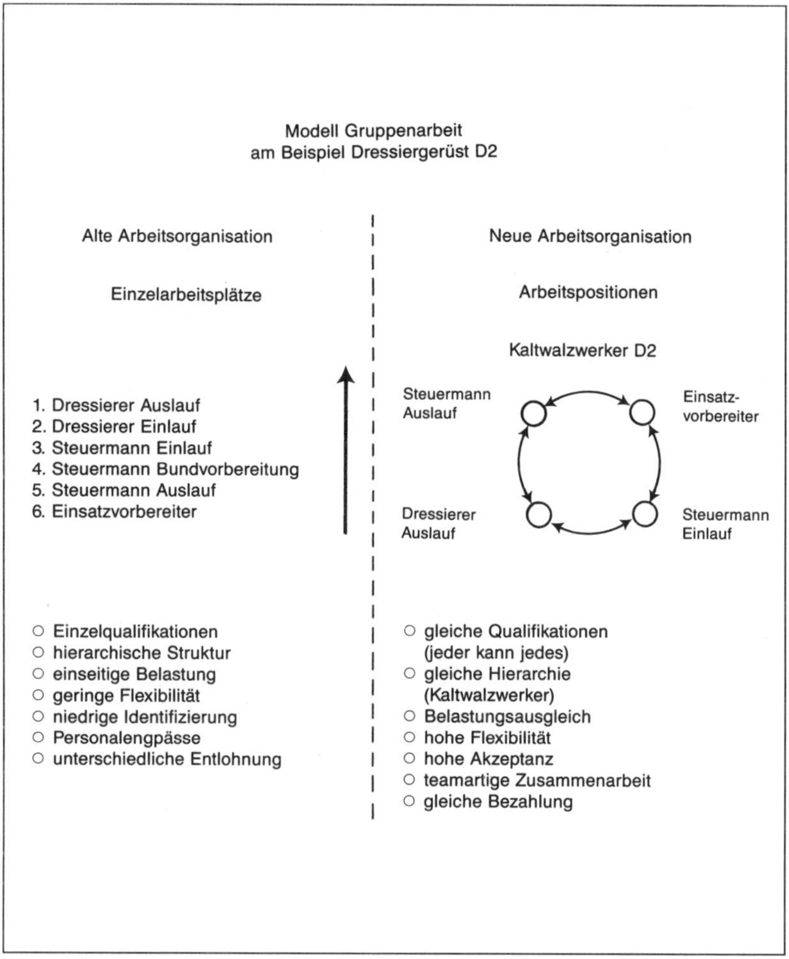

Quelle: Hoesch Stahl AG

Abbildung 40: Alte und neue Arbeitsstrukturen in einem Kaltwalzwerk

schaffen und um das Gesamtsystem zu dynamisieren. Das technische System kann nicht, wie in diesem Fall, einfach konstant gehalten werden. Die „ceteris-paribus"-Klausel (=alles übrige konstant) kann in diesem Zusammenhang nicht angewendet werden. Nur auf diese Weise läßt sich volle Flexibilität erreichen, die bei steigender oder sinkender Nachfrage ein Herauf- bzw. Herunterfahren des Gesamtprozesses durch schnelles Abziehen bzw. Hinzufügen von Mitarbeitern möglich macht.

Selbst die Konzepte der Humanisierung oder QWL, die als einigermaßen erfolgreich betrachtet werden können, weisen einige chronische Probleme auf[82]:

- Mangel eines Sicherungs- und Verbesserungssystems
  Lawler stellte fest, daß in allen Firmen Systeme fehlen, die, wie bei den Japanern, sowohl eine Sicherung als auch eine Verbesserung der Effizienz der Firma, ihrer Struktur und ihrer Systeme gewährleisten. Viele Firmen bleiben deswegen auf einem einmal erreichten Stand stehen oder fallen sogar wieder ab und werden selbstzufrieden. Es mangelt einfach am Drang und der Motivation zur Verbesserung.
- Mangelhafte Funktionsfähigkeit von Teams
  Die teilautonomen Teams funktionieren recht unterschiedlich, viele sogar mangelhaft. Sie werden auch selten vom technischen System unterstützt. Aus diesem Grunde benötigen die Teams ungeheuer viel Training, Supervision und Unterstützung. Dies kostet viel Zeit und Geld.
- Geringe Motivation
  Da die Systeme oft statisch sind und kein System der Verbesserung besteht, sind die Weiterentwicklungsmöglichkeiten der Mitarbeiter begrenzt. Das erzeugt Gleichgültigkeit und Frustration.
- Widerstand der Führungskräfte
  Die Umstellung von einem autokratischen zu einem kooperativen oder mitarbeiterorientierten Führungsstil ist schwierig. Sie wird jedoch noch schwieriger, ja sogar unmöglich, wenn die Fabriken weitgehend isolierte Systeme innerhalb traditioneller Großunternehmen darstellen. Warum sollte auch eine Führungskraft, die von einer traditionellen Fabrik kommt und weiß, daß sie in einigen Jahren dorthin wieder zurückkehrt, sich solch einem mühevollen

82 Lawler III, E. E.: The New Plant Revolution Revisited, in: Organizational Dynamics, Autumn 1990, pp. 4–14.

Unterfangen unterziehen? Ihre Motivation, vom traditionellen Stil abzugehen, wird nicht gerade entflammt durch die Ankündigung einer derartigen Versetzung.

- *Das soziale System bei TQM/JiT*

Bei der Firma Toyota und ihren Zulieferern wird anders vorgegangen. Betrachten wir dazu einmal die Fertigung eines autoelektrischen Teils, das in Losgrößen von ca. 60 Stück produziert wird. Die Linie besteht aus elf Operationen, die von je einem Mitarbeiter im Sitzen ausgeführt werden (Abbildung 41). Jeder ist für seinen Job verantwortlich. Die Entfernung vom Anfang bis zum Ende der Linie ist recht hoch. Die Umlaufbestände (WIP) sind groß.

Nachdem verschiedene Mitarbeiter entsprechend ausgebildet worden waren und verschiedene Verbesserungen durchgeführt wurden, konnte die Mitarbeiterzahl verringert und eine Einstück-Fließfertigung in U-Form eingeführt werden. Jetzt kann jeder alle Operationen ausführen und von Maschine zu Maschine gehen. Die Wege sind kurz. Auch die riesigen Zwischenbestände wurden drastisch reduziert. Die sieben Mitarbeiter werden zu einem Team zusammengeschweißt. Dazu erhält der Linien- oder Zellenleiter und seiner Mitarbeiter die Verantwortung für alle wichtigten Parameter ihrer Linie, wie Durchlaufzeit, Qualität, Kosten, Flexibilität. Sie sind auch gemeinsam dafür zuständig, daß der Prozeß weiter verbessert und die Mitarbeiterzahl weiter verringert wird, worauf dann jeweils der beste Mitarbeiter einen neuen Arbeitsplatz erhält. Sie greifen auch ein, wenn bestimmte Dinge schiefgehen und fühlen sich eng miteinander verbunden, so daß sie bei eventuell auftauchenden Problemen schnell handeln können. Humanisierung wird quasi uno actu mit der Entwicklung des technischen Systems erreicht. Technisches System und soziales System werden auf diese Weise fest miteinander verwoben. Wenn sich eines davon ändert, wird das andere schnell angepaßt, beide sind extrem flexibel.

Zur QWL oder Humanisierungsbewegung der 70er Jahre gibt es jedoch einen zentralen Unterschied. Selbstverwirklichung, Persönlichkeitsentwicklung, Einbeziehung der Mitarbeiter und sich selbst

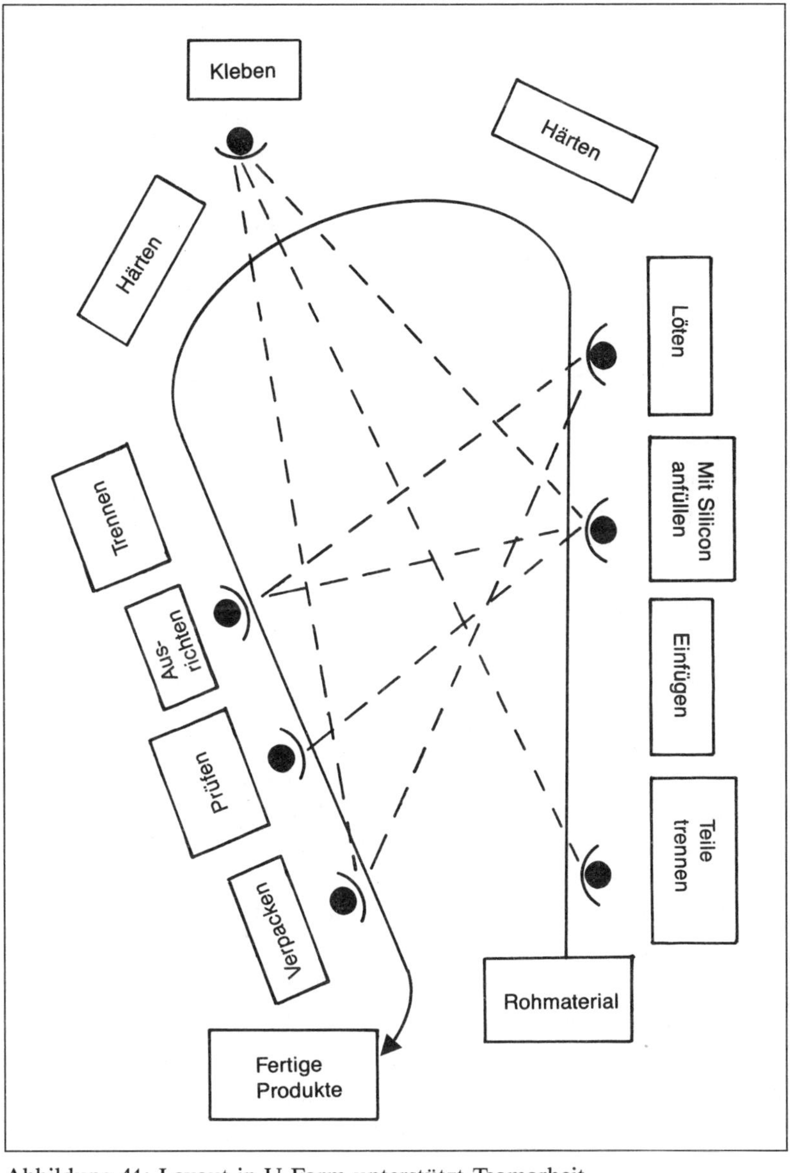

Abbildung 41: Layout in U-Form unterstützt Teamarbeit
(nach einem Programm von Productivity, Inc.)

steuernde Teams sind bei Humanisierung und QWL mit einem sehr großen Maß an Autonomie der Betroffenen in bezug auf die Gestaltung und Ausübung ihrer betrieblichen Tätigkeit verbunden[83]. Die Freiheit der Mitarbeiter ist – innerhalb einiger weniger Regeln („certain guidelines“) – grenzenlos. Humanisierung wird hier als letztes Ziel angesehen. Sie ist quasi Selbstzweck. Dies ist bei TQM/JiT anders. Eine autonome, von sämtlichen Bedingungen losgelöste Selbstverwirklichung gibt es bei den Japanern nicht. Bei ihnen existiert eine zusätzliche Dominante: die Bedürfnisse des Kunden. Die Freiheit ist nicht grenzenlos.

Selbstverwirklichung endet dort, wo die Bedürfnisse der Kunden berührt werden. Insofern kann bei JiT/TQM ein gewisser Verlust von persönlicher Freiheit und Autonomie gegenüber dem Humanisierungskonzept, ein Gewinn jedoch gegenüber dem traditionellen Modell festgestellt werden. Bei JiT/TQM ist alles an den Kunden gebunden und auf ihn ausgerichtet. Er steuert und dynamisiert quasi das ganze System sowohl in qualitativer als auch in quantitativer Hinsicht. Der Angriff auf Fehler, Verschwendung und Verluste geschieht sozusagen unter dem Banner des Kunden. Die Erfahrungen der letzten Jahre haben sogar gezeigt, daß dieses Konzept in seiner Schlagkraft auch unserem westlichen zentralistischen System eindeutig überlegen ist. Die Humanisierung dagegen, die dieses Ziel immer propagierte und anstrebte, jedoch nie erreichte, schreibt dem Kunden kaum eine Bedeutung zu. Seine Erwartungen haben hinter den Selbstverwirklichungsbedürfnissen der Mitarbeiter zurückzustehen. Sie spielen keine Rolle. Sie werden noch nicht einmal erwähnt. Auf die Konsequenzen dieser Auffassung braucht an dieser Stelle nicht weiter hingewiesen zu werden. Ist das vielleicht einer der Gründe, warum das Konzept Humanisierung bei den ersten Anzeichen einer Abschwächung der Konjunktur Ende der 70er Jahre in der Versenkung verschwand und damit letztlich nicht erfolgreich war?

Zum Schluß muß jedoch noch auf eine ungelöste Frage des TQM/JiT-Systems hingewiesen werden. Alle positiven Auswirkungen gelten

83 Klein, J. A.: The Human Costs of Manufacturing Reform, in: HBR March–April 1989, pp. 60–66.

natürlich nur unter derr Voraussetzung ständiger Aufwärtsentwicklung der Unternehmung. Es bleibt bis jetzt ungeklärt, wie sich die Systeme entwickeln, wenn die Konjunktur auf Dauer rückläufig für die Unternehmen wird und für die in den Prozessen freiwerdenden Mitarbeiter kein Platz mehr vorhanden ist. Dann kehrt sich die Humanisierung um und wird zum Nachteil der Mitarbeiter. Wir können nur hoffen, daß dieser Fall in naher Zukunft nicht in zu starkem Maße auftreten wird.

9.5 Qualitäts-Management im Vertrieb

Die Qualitätssicherung beim Umgang mit den Produkten sowie bei Aufgaben nach der Produktrealisierung beinhalten[84] gewöhnlich Lager, Versand, Auslieferung, den eigentlichen Vertrieb, Kundendienst, Ersatzteilversorgung und die Abfassung von Marktberichten, wie zum Beispiel Kundenbeschwerden, Reparaturberichte, verwendete Ersatzteile. Es handelt sich also um Aktivitäten, die in den meisten Unternehmen dem Vertrieb zugeordnet sind und Dienstleistungen darstellen. Normalerweise neigt der Vertrieb ähnlich wie das Marketing dazu, Qualitätssicherung ausschließlich bei der Fertigung oder bei verwandten Abteilungen anzusiedeln. Doch wenn ein Mitarbeiter eine Ware oder eine Dienstleistung vertreibt, muß er für die Qualität dieser Tätigkeit auch verantwortlich sein. Insofern stellen Dienstleistungen ebenfalls Prozesse dar. Prozesse dieser Art sind fließend und lassen sich schlecht greifen. Sie verhalten sich anders als diejenigen mit physischen Gütern. Sie finden oft in Umgebungen statt, in denen die Randbedingungen schlecht kontrollierbar sind, wie zum Beispiel bei der Reparatur eines Autokrans nachts um drei Uhr auf der Autobahn. Sie sind personalintensiv, was bedeutet, daß die Qualität im Zeitablauf weniger konstant ist. Darüber hinaus werden sie oft in Zusammenarbeit mit dem Kunden durchgeführt, zum Beispiel bei der Aufstellung einer Telefonanlage, eines PC, eines Roboters oder einer komplexen Hi-Fi-Anlage.

84 Wie Anmerkung 38, p. AL–37.

Das Ergebnis sollte jedoch für den Verbraucher immer einen Nutzen darstellen, aus dem er über einen gewissen Zeitraum hinweg profitieren kann. Insofern läßt sich Qualität auch hier auf zweierlei Weise betrachten: Einmal die Qualität des Prozesses, durch den die Dienstleistung erbracht wird und zum anderen die Qualität der Ergebnisse, die den zukünftigen Nutzen der Dienstleistung bestimmt.

Alle erwähnten Bedingungen deuten darauf hin, daß Dienstleistungen nicht in dem Maße standardisiert werden können wie physische Güter. Die Mitarbeiter, die Serviceaufgaben ausführen, werden permanent mit neuen und unerwarteten Situationen konfrontiert, aufgrund derer sie schnelle Entscheidungen treffen müssen. Dies hat zwei Konsequenzen. Einmal müssen Systeme geschaffen werden, um sich häufig wiederholende Situationen besser in den Griff zu bekommen und zu optimieren, das heißt Dienstleistungen, wo immer möglich, zu vereinheitlichen. Zum anderen müssen die Mitarbeiter in den betreffenden Abteilungen besser ausgebildet und vorbereitet werden, um auf unerwartete Situationen flexibel zu reagieren.

Da Dienstleistungen Aktivitäten darstellen, können sie nicht gelagert werden wie physische Produkte. Der Verbraucher will aber nicht warten, wenn zum Beispiel der PC am Samstag abend ausfällt. Aus diesem Grunde ist es wichtig, dem Verbraucher leichten Zugang zu Dienstleistungen zu verschaffen, durch die er die Leistung bekommt, die er wünscht, beispielsweise durch einen Service rund um die Uhr, auch an Wochenenden.

Qualität bei Dienstleistungen hat bisher noch wenig Beachtung gefunden und wurde teilweise als Belastung empfunden, im Gegensatz zur Produktqualität. Allmählich ändert sich jedoch diese Einstellung, und heute erhalten Dienstleistungen in vielen Firmen beträchtlich mehr Aufmerksamkeit, was auch dringend nötig ist. Dienstleistungen und ihre Qualität müssen genauso behandelt werden wie Produkte. Dies gilt auch für betriebliche Dienstleistungen, aufgrund des Konzepts des „innerbetrieblichen Kunden“. Sie sind genauso wichtig wie physische Güter. Der generelle Trend in Firmen, die TQM betreiben, geht dahin, Service-Abteilungen klar zu definieren, sie in Profit-Centers umzuwandeln und für ihre Leistungen Preise zu erheben. Bei Ericsson[85] in Schweden wurde bereits vor geraumer Zeit eine bestimmte Anzahl von Leistungen der Zentrale, wie Computer Service, Gesundheitsvorsorge, Finanz Service, Besucherdienste, als Serviceabteilung definiert und in speziellen Einheiten zusammengefaßt. Bei einigen Stabsabteilungen hat es sich allerdings nicht als zweckmäßig erwiesen, für ihre Leistungen besondere Preise zu erheben, sie werden wie bisher weitergeführt[86]. Da Dienstleistungen ebenfalls Prozesse darstellen, gelten die gleichen Gesetzmäßigkeiten und Abläufe zur Verbesserung der Qualität wie sonst auch[87]:

- Den Kunden und seine Anforderungen definieren
  Zum Beispiel Handwerker, die einen PC geliefert bekommen.
- Den gegenwärtigen Prozeß zur Befriedigung dieses Bedürfnisses beschreiben
  Mit Hilfe eines Flow-Charts, das alle Aktivitäten in ihrer logischen Reihenfolge auflistet, den Prozeß transparent machen.
- Die Probleme im Prozeß bestimmen
  Welche Situationen in dieser Phase sind Hindernisse auf dem Weg zur Zufriedenheit des Kunden? Ergebnis muß für jeden Schritt eine Liste von Problemen sein. Danach müssen Daten zur Verifizierung der Probleme gesammelt werden.
- Die Probleme analysieren
  Diese Analyse kann verschiedene Formen annehmen. Sie kann sehr einfach, wie mit einem Ishikawa Diagramm, oder eine tiefgehende, statistische Analyse sein. Ein wichtiges Instrument ist die Prozeßanalyse, bei der zwischen zufälligen und speziellen Fehlern unterschieden werden muß. Ziel der Analyse ist immer, die Ursache herauszufinden.

---

85 Gummesson, E.: Quality – The Ericsson Approach, op. cit., p. 196.

86 Ibid.

87 Nash, M. J.: Quality Improvement in Administrative Functions, Process Management Institute, 1986, aber auch Striening, H.-D.: Prozeß-Management, Frankfurt/Bern/New York/Paris 1988.

– Den Prozeß verbessern
  Ziel in dieser Phase ist, alle speziellen Probleme zu identifizieren und zu eliminieren, um einen stabilen Prozeß zu erhalten, damit wiederum dieser verbessert werden kann.
– Kontinuierliche Verbesserung planen und steuern
  Es gibt keinen Prozeß, der nicht verbessert werden kann.

Dazu ein Beispiel: Bei der gebrauchsfertigen Installation eines Computers fallen durchschnittlich zehn Fehler an. Der Eintrag in eine Regelkarte ergibt, daß die Variabilität zufällig und eingebaut ist (Abbildung 42). Der Prozeß gibt nicht mehr her (bis Periode 10). Er muß, wenn die Qualität verbessert werden soll, verändert werden. Dies kann nur durch Überprüfung und Neugestaltung der ganzen Aufstellprozedur geschehen.

Die Problemlösungsstrategie ändert sich, wenn sich Werte ergeben für Fehler, die außerhalb liegen (ab Periode 11). In diesem Fall ist keine Veränderung des Prozesses notwendig. Hier müssen die Ursachen gesucht, gefunden und beseitigt werden.

Es ist von zentraler Bedeutung zu erkennen, ob ein Fehler Bestandteil des Prozesses ist oder ob er spezielle und ungewöhnliche Ursachen hat.

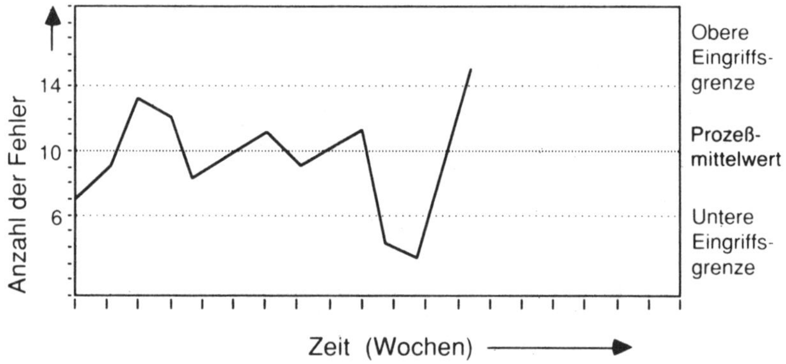

Abbildung 42: Anzahl der Fehler bei der Installation eines Computers

Wenn zufällig Ursachen als beständige Probleme behandelt werden, ändert sich der Prozeß nicht, die gleichen Fehler bleiben bestehen. Verbesserung bedeutet hier, nicht den Prozeß in seiner Struktur zu verändern, sondern die speziellen Ursachen dieser Fehler zu finden und sie zu beseitigen. Wenn andererseits spezielle Fehler als Systemfehler angesehen werden, verschlechtert sich der Prozeß weiter und wird noch unstabiler.

Unternehmen, die nicht in der Lage sind, derartig komplexe Analysen durchzuführen, wird ein einfacheres Vorgehen für die Verbesserung ihrer Dienstleistungen empfohlen[88]:

- Dienstleistungen zu entwickeln, die genau auf die Kundenbedürfnisse abgestimmt sind;
- den Dienstleistungsprozeß in einer systematischen Weise beschreiben;
- bestimmen, wie der Service gemessen werden soll;
- geeignete Mitarbeiter, die diesen Service ausführen können, rekrutieren und ausbilden;
- die Art der Einbeziehung des Kunden bestimmen;
- die kostengünstigste Vorgehensweise auswählen;
- den Service verfügbar machen.

Auch bei diesen Aspekten spielen persönliche Gesichtspunkte eine wichtige Rolle. Gute persönliche Beziehungen, eine Sprache, die der andere auch versteht (kein Computerkauderwelsch), höfliches Auftreten und ein angenehmes Äußeres können nicht unwesentlich zur höheren Effizienz von Dienstleistungen beitragen, obwohl sie so schwer zu greifen und noch schwieriger zu gestalten sind.

Prozeßmanagement bei IBM, New York[89]

Diese Überlegungen wurden bei IBM in Purchase, New York, weiterentwickelt und auf betriebliche funktionsübergreifende Prozesse über-

88 Gummesson, E.: Quality – The Ericsson Approach op. cit., p. 196.

89 Kane, E. J.: IBM's Quality Focus on the Business Process, Quality Progress, April 1986; Pall, G. A., Papay, L. J.: The IBM Quality Experience, unveröffentliches Manuskript, o. J.; Papay, L. J.: Quality Improvement Effort in IBM, unveröffentlichtes Manuskript, o. J.

tragen, wie Planung, Entwicklung, Produkteinführung, Auftragseingang, Versand, Beschaffung und Rechnungsstellung, um auch dort Produktivität, Qualität und vor allem die Flexibilität zu erhöhen.

Da die Organisationsstruktur der meisten Unternehmen jedoch so gestaltet ist, daß das Management der Arbeit in vertikaler Richtung erfolgt, wird durch die Optimierung der einzelnen Funktions-, Bereichs- oder Abteilungsziele das unterstützt, was eigentlich vermieden werden soll: Kästchendenken und damit Suboptimierung.

Da die von IBM ausgewählten Prozesse funktionsübergreifend und unternehmensweit waren, konnte die herkömmliche Organisationsstruktur keinen Beitrag für die Verbesserung leisten. Deshalb wurde eine neue Position geschaffen, die als „Prozeß-Owner“ (Prozeß-Verantwortlicher) bezeichnet wurde. Seine Aufgabe ist es, den jeweiligen Prozeß wettbewerbsfähig zu halten. Auf diese Weise wird bei IBM eine neue, integrierende Organisationsstruktur geschaffen, ähnlich einer Matrix-Organisation, jedoch gesteuert von den Funktionen, die sich innerhalb des Prozesses befinden. Mitarbeiter der wesentlichen Funktionen sind auch Mitarbeiter des Prozesses.

Erste äußerst beeindruckende Erfahrungen wurden mit einer 600 Mitarbeiter umfassenden Software-Vertriebs-Mannschaft gemacht. Danach wurde der Prozeß der Rechnungserstellung angegangen. Dieser Prozeß besteht aus 14 interfunktionalen Hauptaktivitäten, die zwar logisch miteinander verknüpft, aber physisch auf 255 Marketingabteilungen und 25 regionale Büros sowie eine ähnliche Anzahl von Kundendienstbüros, Betriebsstätten und sonstige Stellen verteilt sind. Die Aktivitäten des Prozesses laufen quer durch alle Funktionen und sind nicht sequentiell. Sie werden durch ein komplexes Informationssystem zusammengehalten.

Zwar waren 96 Prozent der Rechnungen in fehlerfreiem Zustand, doch die Kosten zur Vermeidung oder Korrektur von Fehlern verschlangen 54 Prozent der zur Verfügung stehenden finanziellen Mittel. Dies unterstreicht die Bedeutung von Vorbeugung im Gegensatz zur nachträglichen Korrektur.

Neben dem bereits erwähnten Prozeß-Verantwortlichen zeichnet sich Prozeß-Management bei IBM durch folgende Elemente aus:

- Prozeßdefinition, Analyse, Dokumentation;
- Einrichtung eines Prozeß-Management-Gremiums mit Vorsitz des Verantwortlichen und Mitarbeitern aus allen wichtigen Funktionen innerhalb des Prozesses;
- Definition der Meßgrößen (Produktivität, Qualität);
- Prozeßregelung (Qualitätskosten, Vereinbarungen über Umfang der Dienstleistungen);
- kontinuierliche Prozeßverbesserung (Prozeßanalysen, Ursachenermittlung);
- periodische Prozeßbewertung (Zertifikation).

Obwohl die in diesem Zusammenhang ergriffenen Maßnahmen für die betroffenen Führungskräfte ein beträchtliches Ausmaß an zusätzlicher Arbeit brachten, wurden schnelle und eindrucksvolle Ergebnisse erzielt. Die Prozeß-Verantwortlichen begannen ihre Prozesse systematisch zu analysieren und ihre Effizienz zu verbessern, was wiederum zu Qualitätsverbesserungen und zur Ausschaltung von zahlreichen mehrfach vorhandenen Tätigkeiten führte. Die Aufgabe der kommenden Jahre sieht IBM darin, vor allem die Flexibilität der Prozesse zu verbessern, um sie damit noch wettbewerbsfähiger zu machen.

10. Der Beitrag der Basis: Quality Circles und Quality in Daily Work (QiDW)

10.1 Geschichte der Quality Circles[1]

Die Japaner setzen die Geburt der Quality Circles auf das Jahr 1962 an, als die Herausgeber der Zeitschrift „Statistical Quality Control" beschlossen, ein Schwesterblatt mit dem Namen „gemba-to-QC" (Qualitätssicherung für Meister) zu gründen. In der ersten Ausgabe im April 1962 wurde zur Gründung von Quality Circles aufgerufen. Zur gleichen Zeit organisierten die Herausgeber dieser Zeitschrift die Zentrale für Quality Circles, um die Registrierung von derartigen Gruppen zu ermöglichen und die Idee zu propagieren[2].

Die erste Quality-Circle-Konferenz fand im Mai 1963 in Sendai statt, wo bereits 149 Teilnehmer 22 Projekte präsentierten. Im darauffolgenden Jahr, 1964, fanden vier weitere Konferenzen statt.

Der Grund für die Einbeziehung der Meister und danach der Basis lag, nach Ishikawa, daran, daß die Japaner erkannten, daß nur mit Hilfe des Top-Managements und den Technikern auf Dauer kein Qualitätsprodukt zu erzeugen war. „Wir brauchten die volle Kooperation der Linie, die die Produkte herstellt[3]."

Mitte der 80er Jahre belief sich die Zahl der Quality Circles in Japan auf circa 1,3 Millionen.

---

1 Die Japaner sprechen nicht von Quality Circle, sondern von Quality Control Circle.

2 Eine sehr detaillierte Übersicht über die Geschichte der Quality Circles findet sich bei: Engel, P.: Japanische Organisationsprinzipien, Zürich 1981.
Eine sehr gute deutschsprachige Übersicht über das Gesamtkonzept befindet sich in: Zink, K. J.; Schick, G.: Quality Circles. Problemlösungsgruppen. Qualitätsförderung durch Mitarbeitermotivation, München 1984.

3 Ishikawa, K.: What is Total Quality Control?, op. cit., p. 138.

Diese förmliche Explosion der Quality Circles fand jedoch nicht nur in Japan, sondern auf der ganzen Welt statt. Im Zuge der japanischen Qualitätsoffensive entwickelten sich auch die Quality Circles zu einem Exportschlager. Quality Circles gibt es heute in Deutschland, Frankreich, Italien, aber auch in Ländern wie der Elfenbeinküste, Tunesien und Rotchina in ständig zunehmendem Maße.

Die Anzahl der Quality Circles in einigen Ländern Europas wird wie folgt eingeschätzt (Stand 1986):

Länder	**Quality Circles**
Schweden	3000
Belgien	2000
Österreich	300
Italien	5000
Spanien	400
Frankreich	30000
Großbritannien	8000
Deutschland	10000

Quelle: Dorr, H. J.: Qualitätszirkel in Europa – eine quantitative Analyse, Vortrag gehalten auf dem 1. Europäischen QC-Kongreß, Brüssel 1987, unveröffentlichtes Manuskript.

Es wird deutlich, daß innerhalb Europas die Quality Circles in Frankreich am populärsten sind. Dort haben sie sich wie eine Epidemie auf alle Bereiche wie Krankenhäuser, Stadtverwaltungen, Ministerien und Industrie ausgeweitet. Bei uns in Deutschland verlief die Entwicklung gemäßigter und weniger spektakulär, ähnlich in Italien und Großbritannien. Es bleibt abzuwarten, ob die deutschen Unternehmen willens und fähig sind, das Potential und Know-how ihrer Mitarbeiter auf Dauer zu nutzen.

10.2 Was ist ein Quality Circle?

Zur Unterstützung und Promotion ihrer Aktivitäten veröffentlichte die QC-Zentrale, die heutige JUSE, 1970 die „General Principles of the QC Circle“ (QC Circle koryo) und 1971 „How to Operate QC Circle

Activities". Sie legten die Grundlagen der Quality-Circle-Arbeit nieder. Darüber hinaus erläutert sie, was ein Quality Circle ist:

„Ein Quality Circle ist eine kleine Gruppe, die freiwillig Qualitäts-Sicherungs-Aktivitäten innerhalb des gleichen Arbeitsfelds betreibt",

und es heißt darin:

„Diese kleine Gruppe betreibt kontinuierlich im Rahmen unternehmensumfassender Qualitäts-Sicherungs-Aktivitäten Entwicklung ihrer Mitglieder sowie Verbesserung und Sicherung der Qualität innerhalb des gemeinsamen Arbeitsbereichs mit Hilfe von Qualitäts-Sicherungs-Aspekten unter Beteiligung aller ihrer Mitglieder[4]."

Auch diese Formulierung zeigt das bekannte japanische Phänomen, daß Verbesserungen nicht nur im technischen, sondern auch im sozialen System angestrebt werden.

Diese Zielsetzung wurde auch von westlichen Firmen übernommen. Bei BMW strebt das Modell unter anderem folgende Ziele an[5]:

- „Produktqualität erhöhen,
- Arbeitsbedingungen und Arbeitsabläufe optimieren,
- persönliche Entfaltung in der Gruppe fördern,
- eigene Entwicklungsmöglichkeiten erkennen",

und bei ICL, dem englischen Computerhersteller[6]:

- „die Qualität und Produktivität erhöhen,
- die persönliche Entwicklung und Arbeitszufriedenheit verbessern".

Die Quality-Circle-Arbeit nur auf die technische Dimension zu beschränken und sie zu einem verlängerten Arm der Interessen des Managements zu machen, würde unweigerlich zu Mißerfolgen führen. Wünsche und Vorstellungen der Mitarbeiter könnten nicht hinreichend eingebracht und verfolgt werden. Mißerfolge bei vielen abgebrochenen Projekten verdeutlichen dies.

---

4 How to operate QC Circle Activities, JUSE, Tokyo, 1985, p. 4.
5 BMW Lernstatt, München, 1983, p. 7.
6 ICL Quality Circles Handbook, 24. 11. 1985, p. 5.

10.3 Themen von Quality-Circle-Arbeit

Die von Quality Circles behandelten Themen sind in japanischen und westlichen Firmen ähnlich. Zum Vergleich einige Aufstellungen über die in der Quality-Circle-Arbeit dargelegten Inhalte in verschiedenen Firmen und Ländern:

– Behandelte Themen bei Nippon Steel (Abbildung 43)

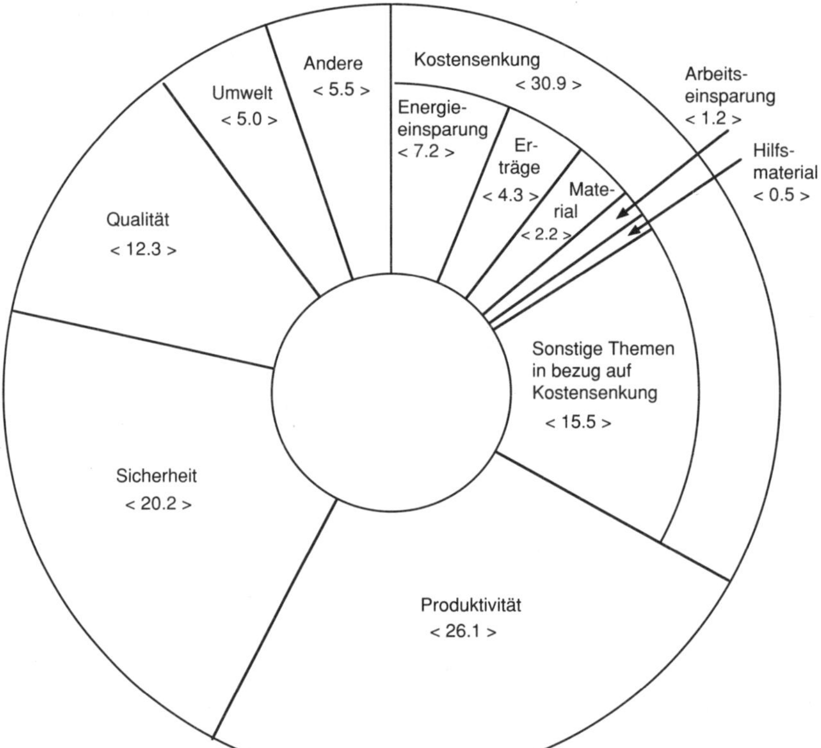

Quelle: Nippon Steel, Tokyo

Abbildung 43: Quality Circle Themen bei Nippon Steel (1985)

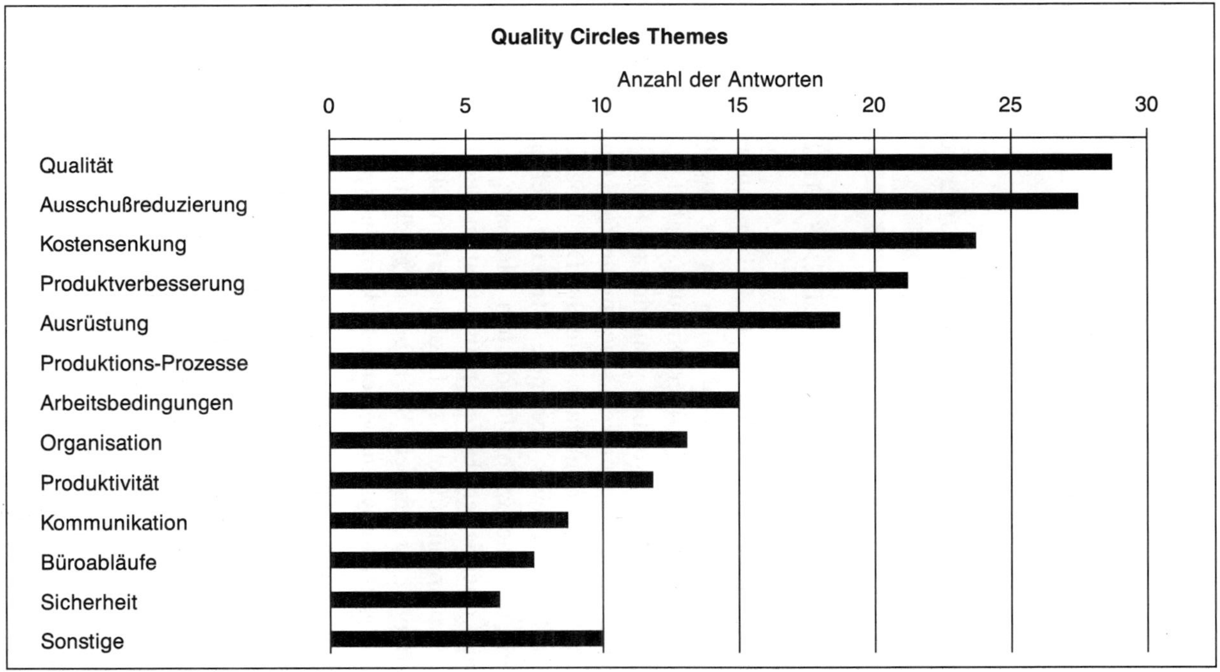

Quelle: Galgano & Associati, Milano

Abbildung 44: Ergebnisse einer Umfrage in der Lombardei, 1985

- Behandelte Themen bei Hilti AG, Schaan, Liechtenstein

Qualität	11 – 17,7%
Technik	12 – 19,4%
Ablauf/Organisation	28 – 29,0%
Arbeitsplatzgestaltung	11 – 17,7%
Lernen/Information	20 – 26,2%

Quelle: Raid, S.: Hilti Qualitätszirkel-Report, Jan. 88, p. 2.

- Eine 1985 in der Lombardei durchgeführte Untersuchung weist in die gleiche Richtung (siehe Abbildung 44).

10.4 Funktion der Quality Circles im TQM

Das Instrument der Quality Circles stellt die konsequente Fortsetzung des Feigenbaumschen Ansatzes dar, daß jeder für Qualität verantwortlich ist, bis hin zur Basis einer Unternehmung. Damit wird jeder Mitarbeiter für Qualität verantwortlich gemacht, am Prozeß der Verbesserung der Qualität beteiligt und ein sogenanntes Total Quality Management, das alle Mitarbeiter umfaßt, erreicht. Die Japaner haben damit für dieses Konzept eine geeignete Struktur gefunden, die die kreativitäts- und motivationsfeindlichen Elemente der rigiden, am Taylorismus orientierten Linienorganisation in der Fertigung und anderen Abteilungen aufhebt, sie flexibilisiert und dynamisiert, ohne ihr die Effizienz zu nehmen. Sie haben es geschafft, lange Zeit für unvereinbar geltende Systemelemente zu kombinieren.

QC-Arbeit läßt sich noch unter einem anderen Aspekt betrachten. Wenn man den Systemgedanken auf sie anwendet, sind Quality Circles der menschliche Systemteil, der sich auf eine spezielle organisatorische Einheit, eine Gruppe oder eine Abteilung bezieht. Die Arbeit der Quality Circles dient dazu, die Beziehung oder die Schnittstelle zwischen menschlichem und technischem System zu verbessern und damit das Gesamtsystem zu optimieren. Es ist der Beitrag der Basis zur Optimierung des Systems, das erst dann weiter verbessert werden kann, wenn alle Zusammenhänge, die Gegenstand der QC-Arbeit sind, überprüft und verbessert wurden.

Insofern mag die von Juran genannte 15prozentige Qualitätsverbesserung, zu der die Zirkel beitragen, zwar stimmen, unter Systemgesichtspunkten dürfte sie jedoch weitaus größer sein, denn das Ganze ist oft mehr als die Summe seiner Teile.

10.5 Quality Circles in Japan heute

10.5.1 Ergebnisse der Quality-Circle-Arbeit in Japan

Der Amerikaner Juran[7], einer der Mitbegründer der japanischen Qualitätsbewegung, hat 1978 die Erfahrungen mit Quality Circles in Japan zusammengefaßt. Er sieht vor allem:

- Die zahllosen kleinen Verbesserungen haben beträchtliche Summen Geld eingespart (Juran beziffert die Einsparungen auf mehrere Milliarden Dollar).
- Da die Ursachen von Kundenreklamationen beseitigt wurden, verbesserten sich die Verkaufschancen der japanischen Produkte. Dies führte zu einer günstigeren Wettbewerbsposition japanischer Unternehmen und dadurch zu einer Sicherung der Arbeitsplätze.
- Durch die Projektarbeit wurde vor allem das Interesse der Mitarbeiter an der eigenen Arbeit gestärkt und die Motivation insgesamt erhöht.
- Die enge Zusammenarbeit mit dem Management hatte den Effekt, daß die Mitbestimmung der Mitarbeiter in Japan bei bestimmten Projektentscheidungen, wie der Auswahl der Projekte, der Analyse der Vorgehens- und Verfahrensweise und bei Vorschlägen über Art und Weise von Veränderungsprozessen, eingeführt wurde.
- Schließlich erhöhte die Zirkelarbeit die Kompetenz und die Führung bei den Mitarbeitern.

---

7 Juran, J. M.: International Significance of the QC Circle Movement, Reports of Statistical Application Research, Vol. 25, No 2, Sept. 1978, JUSE, pp. 101–110.

10.5.2 Gegenwärtige Entwicklung in Japan

Seit Beginn der QC-Bewegung im Jahre 1962 haben sich jedoch in der QC-Arbeit eine Reihe von Änderungen ergeben:

- Es gibt einen Trend zu kleineren Gruppen mit vier bis fünf Mitgliedern.
- Es bilden sich immer mehr kombinierte Quality Circles zwischen verschiedenen Abteilungen oder verschiedenen Firmen, zum Beispiel zwischen Hersteller und Zulieferer.
- Während früher nur Vorgesetzte Leiter von Quality Circles waren, üben diese Tätigkeit nunmehr auch einfache Mitarbeiter aus.
- Die Themen werden ausgeweitet, beispielsweise auf Fragen der Sicherheit am Arbeitsplatz.
- Es findet eine starke Ausweitung auf andere Bereiche, wie Lager, Einkauf, Verwaltung und Dienstleistungen statt.
- Ein Zuviel an statistischen Techniken artete in intellektuelle Spielerei ohne Produktivitätssteigerung aus. Es wird jetzt dazu übergegangen, Bewegungs- und Zeitstudien, Wertanalyse und Netzplantechnik auszubauen.
- Es besteht eine nationale QC-Organisation mit entsprechenden Institutionen, regelmäßigen Kongressen und einer Zeitschrift.

10.6 Die Einführung von Quality Circles

Obwohl Quality Circles ursprünglich im Rahmen von TQM-Konzepten entwickelt wurden und nach Meinung der Japaner auch nur dort ihre optimale Wirkung entfalten können, weil eben das Umfeld stimmt, haben sie überraschenderweise auch Erfolge in Unternehmen erzielt, die kein TQM anwendeten. In derartigen Fällen empfehlen sich folgende Schritte zur Einführung von Quality Circles:

I. Verfügbare Informationen über QC-Programme beschaffen und auswerten (externe Berater, Literatur, Management-Seminare etc.).

II. Ergebnisse entsprechend aufbereiten, der Unternehmensleitung präsentieren.

III. Entscheidung über die Durchführung eines Pilot-Programmes durch die Unternehmensleitung herbeiführen.

IV. Das Vorhaben mit der oberen Führungsebene beraten. Dabei grundsätzliche Fragenkomplexe wie Programmziele, Organisation, Hinzuziehung eines externen Beraters und finanzielle Absicherung des Programms klären.

V. Information des Betriebsrates und des mittleren Managements über das geplante Programm und die weiteren Schritte. Einbeziehen dieser Ebenen durch Diskussion des Programms.

VI. Steuergruppe bilden.

VII. Geeignete Bereiche, Koordinatoren und Leiter auswählen (durch Steuergruppe) und Absprache mit eventuell betroffenen Bereichsleitern.

VIII. Unternehmensspezifisches Programmkonzept für die weiteren Einführungsaktivitäten sowie die spätere Programmdurchführung ausarbeiten (Steuergruppe, externer Berater, Koordinatoren, Betriebsrat, Ausbildungsabteilung und andere betroffene Fachabteilungen).

IX. Alle Mitarbeiter über die geplante, versuchsweise Einführung des Programms informieren (nach Bereichen oder Betriebsversammlungen).

X. Istzustand aufnehmen (Qualitäts- und Produktivitätsdaten, mitarbeiterbezogene Daten, eventuell durch Mitarbeiterbefragung über Arbeitszufriedenheit).

XI. Ausbildungsunterlagen entwickeln (externer Berater und/oder Aus- und Weiterbildung).

XII. Koordinator eventuell zusammen mit QC-Leitern ausbilden.

XIII. Gruppen bilden durch die Auswahl von Freiwilligen (höchstens drei bis fünf Zirkel).

XIV. Klärung aller Bedingungen für eine erfolgreiche Durchführung (zum Beispiel Räume, Protokollerstellung, Information über Ergebnisse).

XV. Einführung der Gruppenmitglieder in die Arbeitsmethodik von Quality Circles.

XVI. Start und Durchführung des Pilotprogrammes.

XVII. Pilotprogramm hinsichtlich der erreichten Ergebnisse sowie konzeptioneller Schwachstellen überprüfen und korrigieren (durch Koordinator, Besprechung in der Steuergruppe).

XVIII. Über Programmausweitung und gegebenenfalls die Modifikation einzelner Programminhalte entscheiden (Koordinator und Steuergruppe).

XIX. Start und Durchführung des Ausbauprogrammes.

10.7 Schwierigkeiten von Quality Circles

Erfahrungen mit Quality Circles in vielen Unternehmungen haben gezeigt, daß es zahlreiche Möglichkeiten gibt, derartige Projekte im Verlauf ihrer Einführung oder Durchführung zu gefährden. Japanische Methoden lassen sich nicht ohne Anpassung auf die westliche, speziell deutsche Mentalität, übertragen. Es hat sich erwiesen, daß Probleme vor allem in den im folgenden aufgeführten Bereichen auftreten[8].

10.7.1 Mangelnde Unterstützung durch die Unternehmensleitung

Ein QC-Programm wird langfristig nur dann erfolgreich sein, wenn Mitarbeiter erleben, daß die Unternehmensleitung hinter dieser Philosophie steht. Das bedeutet nicht nur die Bereitstellung von finanziellen Mitteln, sondern beispielsweise auch die Einrichtung neuer Konferenzen oder Einstellung neuer Mitarbeiter. Es benötigt darüber hinaus Zeit, Interesse, eine Managementphilosophie, die den Mitarbeiter in den Mittelpunkt stellt, und vor allem Geduld. Wenn eine Unternehmung nicht bereit ist, dieses aufzubringen, ist das Konzept von vornherein zum Scheitern verurteilt.

---

8 Crocker, O. L.; Sik Leung Chiu, J.; Charney, C.: Quality Circles, New York/Bicester/Engl. 1984, pp. 37–45.

10.7.2 Mangelnde Unterstützung des mittleren Managements

Bei vielen Quality-Circle-Projekten wird das Mittelmanagement scheinbar ausgespart oder übergangen. Viele Mittelmanager empfinden sich in diesem Fall als Verlierer, weil Aufgaben, die sie als die ihren ansehen, auf die Basis delegiert werden. Außerdem empfinden sie Vorschläge, die von der Basis kommen, häufig als Kritik an ihrer Führungsfähigkeit, denn eigentlich hätten sie selbst viel früher auf diese Mängel kommen müssen. In manchen Fällen liegt es auch an der Persönlichkeitsstruktur der Führungskräfte der mittleren Ebene, wenn sie aufgrund ihrer langjährigen Karrierbemühungen über ein Selbstverständnis von ihrer Funktion verfügen, das den Mitarbeitern nur ausführende Tätigkeiten zuschreibt. Ein egalitäres Bild würde ja ihren langjährigen Kampf ad absurdum führen. Aus diesem Grund existiert im Führungskonzept dieses Managers kein Platz für QC-Arbeit. Das Ergebnis kann nur Widerstand sein.

10.7.3 Widerstand der Gewerkschaften

Selbstverständlich ist eine frühzeitige Einbeziehung der Gewerkschaftsvertreter bei der Einführung von Quality Circles unumgänglich. Dennoch bleiben die Gewerkschaftler mißtrauisch, weil sie befürchten, ausgehebelt zu werden. Bislang verstanden sie sich als Sprachrohr der Mitarbeiter. Jetzt melden sich die Mitarbeiter mit der Hilfe der Quality Circles selbst zu Wort. Obwohl in der Praxis durch ein QC-Programm noch niemals Gewerkschaftsvertreter an Macht, Ansehen oder Status verloren, bleibt die Angst um den Verlust der eigenen Aufgabe.

Ein weiterer Faktor, der eine Einführung verhindern kann, sind eventuelle Spannungen zwischen Unternehmensleitung und Gewerkschaften aufgrund langer, unangenehmer Erfahrungen aus der Vergangenheit. Nicht eingehaltene Versprechungen, unfaires Verhalten oder Festhalten an der Tradition, haben ein Klima der Zwietracht gesät, das eine Einführung unmöglich oder als schwierig erscheinen läßt. Diese Probleme kann nur die Bereitschaft beider Partner beseitigen, einen neuen Versuch der vertrauensvollen Zusammenarbeit zu wagen und die alten Zwistigkeiten beiseite zu legen.

10.7.4 Auswahl der Mitarbeiter

Schwierigkeiten, die das Projekt gefährden, können auch daraus resultieren, daß

- die Vermittlung der von den Führungskräften benötigten Fähigkeiten und Fertigkeiten auf Trainings nur oberflächlich stattgefunden hat, weil einfach zu wenig Zeit für die Ausbildung vorgesehen war;
- nicht der richtige Mitarbeiter als Koordinator ausgewählt wurde. Die Koordinatorenaufgabe erfordert ein hohes Maß an sozialen Fähigkeiten, die nicht jeder mitbringt. Es kann auch passieren, daß sich der Koordinator zuviel zumutet und zu viele Gruppen betreut, so daß er keine Zeit für seine eigentliche Aufgabe hat;
- das Steuerungskomitee nicht mit den richtigen Führungskräften besetzt wurde.
  Wenn Führungskräfte diese Funktion nur als Statusfunktion oder als „Feierabendtätigkeit" ansehen, werden die Mitarbeiter dies sehr bald spüren und ihre Engagement entsprechend einschränken.

10.7.5 Reifegrad der Organisation

Quality Circles können nur in einem Klima des Vertrauens und der Zusammenarbeit wachsen und gedeihen, oder wenn das Management bereit ist, Schritte in dieser Richtung zu unternehmen. Mit anderen Worten: eine Unternehmung muß reif für Quality Circles sein.

10.7.6 Mangel an Anerkennung

Erfolgreiche QC-Arbeit braucht öffentliche Anerkennung. Dies ist eine der Erfahrungen und Lehren, die wir von den Japanern übernehmen können. Unternehmen müssen deshalb darauf achten, daß sowohl die Arbeitsergebnisse publiziert werden, als auch den Beteiligten öffentliche Anerkennung über die Ergebnisse ausgesprochen wird.

10.7.7 Führungsstil

Eine Untersuchung von Goodfellow[9] in 29 Unternehmungen mit QC-Programmen zeigte, daß nur acht wirklich erfolgreich waren. Der für den Erfolg aller Programme ausschlaggebende Faktor bestand in der Art der Führungskräfte-Ausbildung für die Meister und das mittlere Management. Erfolgreiche Trainings zeichnen sich danach durch folgende Eigenschaften aus:

- Sie waren darauf gerichtet, meßbare Erfolge wie Fluktuation, Abwesenheit, Rückgaben, Unfälle, Produktivität zu erzielen.
- Sie waren gezielt auf ganz bestimmte Mitarbeiter, zusammen mit ihren Vorgesetzten, abgestimmt.
- Sie berücksichtigten das spezielle organisatorische Umfeld.
- Sie waren darauf fixiert, bei den trainierten Meistern Verständnis für die Motivation ihrer Mitarbeiter zu vermitteln. Das bedeutete vor allem zuhören, helfen und unterstützen zu lernen, mit anderen Worten: einen nicht-direktiven Führungssstil zu erwerben.

Erfahrungen in Deutschland und anderen europäischen Ländern weisen in die gleiche Richtung. Es läßt sich also der Schluß ziehen, daß Quality Circles vor allem ein neues Klima und einen neuen Führungsstil benötigen, der es den Mitarbeitern ermöglicht, ihre eigenen Wünsche und Vorstellungen einzubringen und zu realisieren.

---

9 Goodfellow, M.: Quality control circle programs – what works and what doesn't, in: Quality Progress, Aug. 1981, pp. 30–33.

10.8 Quality Circles in Deutschland

10.8.1 Geschichte

Erste Ansätze der Quality Circles in Deutschland gehen auf den Kongreß „Humanisierung der Arbeit" 1976 in Essen und den ersten „Organisations-Entwicklungs-Kongreß" 1978 in Aachen zurück, wo diesbezügliche Projekte, allerdings unter anderem Namen, vorgestellt wurden. Konkrete Schritte wurden jedoch erst 1979/80 eingeleitet, als Mitarbeiter der Firmen Ford, Zeiss und Philips nach einem Japanbesuch Konzepte für ihre Unternehmen zu entwickeln begannen.

Beim ersten Deutschen Quality Circles Kongreß 1982 in Düsseldorf zeigte sich ein enormes Interesse. Mehr als 300 Führungskräfte nahmen an dem Kongreß teil, obwohl die Einladungen erst sechs Wochen vorher abgesandt worden waren. Inzwischen hat der 7. Deutsche Quality Circles-Kongreß stattgefunden, ein Verband, die Deutsche Quality Circles Gesellschaft wurde gegründet, eine Verbandszeitschrift aus der Taufe gehoben und diverse Arbeitskreise initiiert, was für die Kontinuität des Interesses und die zunehmende Bedeutung dieser Bewegung spricht.

10.8.2 Bedeutung und Modelle der QC-Arbeit in Deutschland

Einer schon erwähnten Untersuchung von Bungard und Antoni aus dem Jahre 1986 zufolge setzten Mitte der 80er Jahre von den hundert größten deutschen Unternehmen vierzig Quality Circles ein, weitere 15 beschäftigten sich mit Überlegungen zur Einführung. Auch im mittelständischen Bereich steigt die Zahl der Unternehmen mit Quality Circles enorm an. Die Anzahl der Quality Circles in Deutschland wird inzwischen auf etwa 10000 geschätzt.

Unter dem Sammelbegriff Quality Circles verbergen sich in der Bundesrepublik jedoch sehr unterschiedliche Konzepte. An Modellen der QC-Arbeit haben sich dabei herausgebildet[10]

10 Oess, A.: Qualitätszirkel; Bestandsaufnahme vor dem Kongreß, in: Congress und Seminar, 8 + 9, 16–19, 1983.

Die klassische japanische Methode

Sie wird von japanischen Tochterfirmen in Deutschland, wie Sony, NTN sowie von Firmen wie Ford, Philips, Zeiss, Black & Decker angewandt.

Die Lernstatt[11]

Dieses Konzept wird von BMW, Hoechst sowie mehreren mittleren Firmen, wie der Hannen-Brauerei, praktiziert. Hinter dieser Methode steht ein sozial-therapeutisches Modell. Es geht von der Grundannahme aus, daß der Mitarbeiter mehr leistet, wenn er Einsichten über den Zusammenhang seiner Arbeit und die Bedeutung seiner Leistung vermittelt erhält. Dieser Lernaspekt ist die Voraussetzung für höhere Produktivität. Die Lernstatt wurde 1976 auf dem „Humanisierung der Arbeit“-Kongreß in Essen vorgestellt und ist unter dem Aspekt der Quality Circles in der Zwischenzeit verbessert und ausgeweitet worden.

Werkstatt-Zirkel[12]

Diese Methode führten zunächst Bosch und VW ein, sie wurde dann aber in eigene Modelle umgewandelt. Es handelt sich im wesentlichen um einen Task-Force-Ansatz, bei dem vor allem eine Kommunikationstechnik, die sogenannte Metaplan-Methode, im Vordergrund steht. Werkstatt-Zirkel mit acht bis zwölf hierarchisch gemischten Teilnehmern behandeln Themen nach Vorgaben des Managements und des Betriebsrates. Themenauswahl und Bearbeitung durch die Mitarbeitergruppen selbst, wie beim QC-Konzept, ist nicht vorgesehen. Nach der Lösung eines Problems, das heißt nach etwa fünf vorstrukturierten Sitzungen, lösen sich die Werkstatt-Zirkel wieder auf – unabhängig davon, ob sie zu einem Ergebnis gekommen sind oder nicht.

---

11 Dunkel, D./Hammer, O.: Lernstatt – Zusammenarbeit und Arbeitsumfeld aktiv gestalten lernen, 2. Deutscher Quality Circle Kongreß, Bonn 1983.

12 Mauch, H.: Werkstattzirkel, Quickborn 1981.

10.8.3 Die Haltung der Gewerkschaften

Die Gewerkschaften in Deutschland standen dem QC-Konzept Anfang der 80er Jahre äußerst ablehnend gegenüber. Horst Hinz[13] von der IG Metall bezeichnete deren Tätigkeit 1981 als „technokratische Ausbeutung eines menschlichen Grundbedürfnisses nach Selbstverwirklichung und Engagement“. Dennoch mußten die Erfolge der Quality Circles anerkannt werden. Es werde „so etwas wie Zufriedenheit erzeugt (...)“, meinte Hinz 1981.

Der entscheidende Grund der gewerkschaftlichen Ablehnung lag in der Befürchtung, daß die Quality Circles mit ihren Möglichkeiten der Mitentscheidung über betriebliche Belange zu einer Konkurrenzorganisation der Gewerkschaften werden und damit die Interessenvertretung der Arbeitnehmer untergraben könnten. Horst Klaus[14], Vorstandsmitglied der IG Metall, sah diese Befürchtungen Ende 1987 vor allem in zwei Punkten bestätigt:

- Verbesserungsvorschläge, die aus dem Kreis von QC-Moderatoren kamen, seien verschiedentlich weitaus schneller realisiert worden, als dies bei Vorschlägen aus dem Bereich der Vertrauensleute oder Betriebsräte geschehen sei.
- Es besteht tendenziell die Gefahr, daß die Aufgaben der Betriebsräte durch Quality Circles schlicht übernommen würden, das heißt der Betriebsrat werde vor vollendete Tatsachen gestellt. Überdies wurden oft Themen aufgegriffen, deren Behandlung nach Gesetz oder Tarifvertrag Aufgabe des Betriebsrates war.

Die Position der Gewerkschaften besteht jedoch darin, daß es keine Gremien der Mitbestimmung neben Betriebsrat und Vertrauenskörper geben darf.

Kritisiert wird von Gewerkschaftsseite vor allem, daß die Unternehmer die Quality Circles mit dem Ziel der Senkung von Arbeitskosten einset-

13 Hinz, H.: Die japanische ‚Qualitäts-Revolution‘ in: Die Neue Gesellschaft 7, 1981, pp. 601–604.

14 Klaus, H.: Es gibt realistische und begründete Gegenpositionen, Interview mit H. Klaus, in: Die Mitbestimmung, Düsseldorf 11/87, p. 669.

zen. Damit würden die Gruppen zu einem Instrument der Rationalisierung und Optimierung der Arbeitsabläufe. Bei dem Partizipationsgedanken wittern die Gewerkschaften das Aufkommen eines an Japan orientierten „feudalistischen“ Treueverhältnisses, das der Pflege einer Betriebsgemeinschaftsideologie nahekommt.

Da den Gewerkschaften bewußt ist, daß die QC-Arbeit nicht aufzuhalten ist, sind sie in jüngster Zeit von ihrer grundsätzlich ablehnenden Haltung abgerückt. Sie fordern jetzt, daß bei der Einführung von Quality Circles Betriebsvereinbarungen getroffen werden, die deren Arbeit einvernehmlich mit den Forderungen des Betriebsrates regeln. Ihrer Meinung nach bedürfen Einrichtung und Durchführung der Quality Circles der Zustimmung des Betriebsrates. Es müsse von vornherein festgestellt werden, welche Konzepte und Methoden angewandt würden, welche Aufgaben und Ziele sie verfolgten, in welchen Bereichen sie eingesetzt und welche Moderatoren nach welchen Kriterien beschäftigt würden. Vor allem legt die Gewerkschaft Wert darauf, daß es aufgrund der Ergebnisse der Quality Circles keine Arbeitsplatzverluste geben darf.

Erste Betriebsvereinbarungen dieser Art sind bereits mit einigen Firmen, beispielsweise Bayer, abgeschlossen worden. Es wird sich zeigen, welche Konsequenzen sich daraus für die QC-Arbeit in den Betrieben ergeben.

Weiterhin dürften nach Ansicht der Gewerkschaften nicht nur Probleme, die sich auf den konkreten Arbeitsbereich beziehen, Gegenstand der QC-Arbeit sein. Die Gestaltung des Arbeitsprozesses insgesamt, aber auch die sozialen Belange der Arbeitnehmer, müßten berücksichtigt werden, so auch in Fragen der Menschenführung.

Um eine Gleichstellung zu erreichen, fordert die Gewerkschaft, daß dem Vertrauenskörper ein ähnliches Zeitbudget und ähnliche Handlungsmöglichkeiten zur Verfügung gestellt werden wie den Quality Circles, damit er die sozialen Belange der Arbeitnehmer diskutieren kann. Diese sehr weitgehenden Forderungen sind jedoch bisher nur in seltenen Fällen erfüllt worden.

10.9 Quality in Daily Work (QiDW) bei FPL[15]

Ein besonderes System, mittels dessen die gesamte Basis einbezogen wird, hat die Florida Power and Light Co. mit ihrem Quality in Daily Work (QiDW) entwickelt. Das System wird gewöhnlich für Routineaufgaben eingesetzt, wie zum Beispiel für die Vorbereitung und Verteilung eines Berichtes oder die Rechnungsstellung an einen Kunden. Da fast jeder Mitarbeiter gewöhnlich einen Kunden hat, dem er etwas zu „liefern" oder für den er etwas zu tun hat, wurde dieses System entwickelt, um die Qualität der Aktivitäten eines jeden Mitarbeiters zu gewährleisten. Das Ziel von QiDW besteht demzufolge vor allem darin, die Erfüllung der internen und externen Kundenwünsche zu sichern und zu verbessern. Darüber hinaus trägt dieses System dazu bei, die Beiträge der einzelnen Mitarbeiter zu klären, die Qualität der Aufgabe zu verbessern und das Prozeßergebnis zu standardisieren bzw. zu stabilisieren.

In diesem Zusammenhang versucht jeder Mitarbeiter, jede Gruppe oder Abteilung von seinen Kunden zu erfahren, inwieweit er seine Bedürfnisse zum Beispiel in bezug auf Pünktlichkeit und Inhalt erfüllt. Jeder Mitarbeiter (oder Gruppen mit gleichen Aufgaben) etabliert dann zu diesem Zweck ein Kontrollsystem, um seine Arbeit bzw. seinen Prozeß zu überprüfen. Wenn zum Beispiel eine Rechnung, die am 5. des Monats verschickt werden soll, nicht zu diesem Termin rausgeht, erscheint im Kontrollsystem des Mitarbeiters ein Hinweis, der den Mitarbeiter veranlaßt, entsprechende Gegenmaßnahmen zu ergreifen. Die einzelnen Schritte des Prozesses von QiDW und Erläuterungen dazu sind in Abbildung 45 erläutert.

Dieses System wurde in den Jahren 1986/87 eingeführt, indem als Unterstützung zur Einführung und Praktizierung dieses Systems alle Vorgesetzten umfangreiche Trainingsprogramme durchliefen. Wenn dieses System von den Vorgesetzten vernünftig gehandhabt wird, indem sie in regelmäßigen Gesprächen mit ihren Mitarbeitern diese

---

15 Qualtec, Inc.: Energizing for Excellence, FPL's Quality Improvement Seminar, Hotel Hilton, Miami 31. 7. 1990.

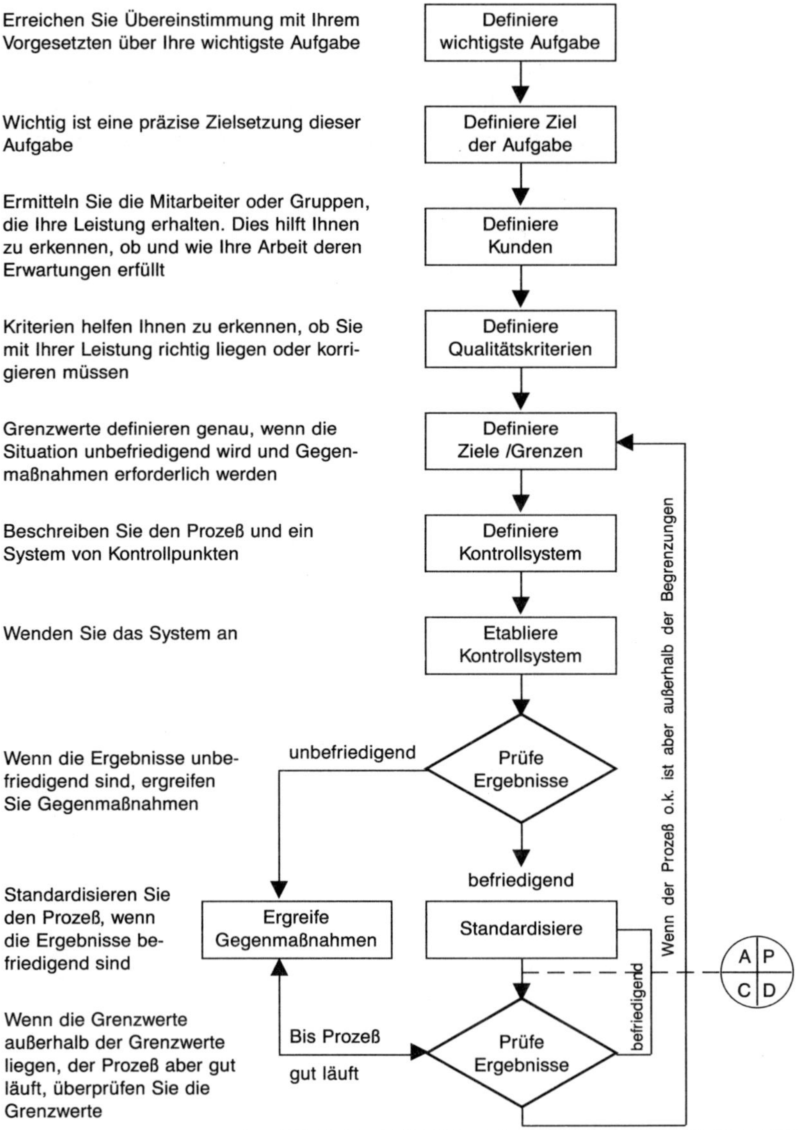

Quelle: Qualtec, Inc.: op. cit.

Abbildung 45: Quality in Daily Work: Schritte

Fragen klären, läßt sich die Umsetzung der Philosophie der Qualitätsverbesserung bis zum letzten Mitarbeiter erreichen.

Außerdem stellt dieses System einen wesentlichen Schritt zum prozeßorientierten Führungsstil dar, denn die Mitarbeiter können, wenn sie ihren Prozeß definiert haben, ohne Eingriffe und Anleitung von oben ihre Tätigkeit ausfüllen.

11. Die Analyse von Qualitätsproblemen[1]

Während Qualität sich mit den Eigenschaften von Produkten und Prozessen sowie ihrer Analyse beschäftigt, wird unter Management die Fähigkeit verstanden, diese Eigenschaften gezielt in die gewünschte Richtung zu lenken. Diese Chance ist um so größer, je besser wir unsere Produkte und Prozesse verstehen. Wenn deshalb defekte Produkte auftauchen, müssen ihre Ursachen gefunden und neue Verfahren entwickelt werden, um ein nochmaliges Auftauchen der gleichen Fehler zu verhindern.

Die Vorgehensweise zur Findung der Ursachen wird Diagnose genannt. Der erste Schritt bei einer derartigen Diagnose besteht darin, die wahren Ursachen herauszufinden, da sonst die Fehler nicht eliminiert werden können. Zu diesem Zweck werden im allgemeinen Daten verschiedenster Art aus dem Herstellungsprozeß der Fabrik benötigt, die nach bestimmten Kriterien aufbereitet werden. Dazu verwenden die Japaner einige recht einfache statistische Methoden, die auch unter den Namen 7 Tools bekannt geworden sind. Diese sind

- Histogramm
- Stratifikation
- Streuungsdiagramme
- Strichlisten
- Ursache-Wirkungs-Diagramme
- Pareto-Diagramme
- Regelkarten.

1 Kume, H.: Statistical Methods for Quality Improvement, Tokyo 1985 sowie Ishikawa, K.: Guide to Quality Control, Tokyo 1976.

11.1 Methoden zur Aufbereitung und Analyse von Daten („7 Tools“)

Die 7 Tools lassen sich wie folgt beschreiben:

- Strichlisten
  Die einfachste Form der Datensammlung geschieht mit Hilfe von Strichlisten. Bei einer Strichliste handelt es sich um ein Formblatt, auf dem die Kriterien, die erfaßt werden sollen, bereits aufgeführt sind, so daß der Erheber nur mit Hilfe von Strichen oder anderen Symbolen das Vorhandensein kennzeichnet. Die Strichliste dient vor allem dem Zweck, die Datensammlung einfach zu gestalten.

- Histogramm
  Die charakteristische Darstellung einer Häufigkeitsverteilung ist das Histogramm. Dabei handelt es sich um ein Säulendiagramm mit der Eigenart, daß die Fläche der einzelnen Säule Ausdruck für die in der einzelnen Gruppe beobachtete Häufigkeit des Auftretens des Merkmalswertes ist. Das Histogramm hat die Eigenschaft, daß sich die Art der Verteilung auf den ersten Blick erkennen läßt.

- Stratifikation
  Für die verschiedenen Zwecke einer Diagnose müssen Daten oft nach den unterschiedlichsten Merkmalen aufbereitet werden. Kundenbeschwerden können zum Beispiel einerseits nach der Art der Beschwerde – fehlerhaftes Produkt, unzureichende Anzahl, Lieferverzug, unsachgemäße Ladung etc. – analysiert werden. Sie lassen sich jedoch auch nach der Ursache der Beschwerde (im Lager, beim Transport etc.) oder nach der zuständigen Abteilung wie Vertrieb, Fertigung, Konstruktion usw. ordnen. Durch eine derartige Differenzierung wird das Problem von allen Seiten betrachtet, deshalb besser verstanden und häufig auch leichter gelöst.

- Streuungsdiagramme
  In der Praxis ist es oft wichtig, die Beziehung zwischen zwei Merkmalen, Variablen oder Größen zu betrachten. Zu diesem Zweck werden die Wertpaare der beiden Merkmale als Punkte in ein Koordinatensystem eingetragen. Aufgrund der Lage der Punkte wird die Art

der Beziehung zwischen den beiden Variablen daraufhin unmittelbar erkennbar.

– Pareto-Diagramm
Der Italiener Vilfredo Pareto stellte Ende des 19. Jahrhunderts fest, daß 20 Prozent der Menschheit 80 Prozent des Reichtums der Erde besaßen. Aus dieser Beobachtung entwickelte er die 80/20 Analysetechnik, auch ABC-Analyse genannt. Durch sie läßt sich eine unüberschaubare Menge von Einzelergebnissen zu einer übersichtlichen Relation verdichten. Beispiele dazu sind: 80 Prozent aller Verkehrsunfälle ereignen sich auf 20 Prozent aller Straßen. 80 Prozent aller Arztbesuche werden bei nur 20 Prozent der Patienten gemacht[2].
Juran übertrug diese Technik auf Qualitätsprobleme, um aus den „trivial many" von Ursachen die „vital few" herauszukristallisieren. Bei eingehender Betrachtung der Qualitätskosten fällt zum Beispiel auf, daß sie in der Regel auf einige wenige Fehler zurückgeführt werden können, die wiederum durch einige wenige Ursachen ausgelöst werden. Durch das Pareto-Diagramm läßt sich diese Problemstellung auf einfachste Art lösen.

– Ursache-Wirkungs-Diagramm
Anfang der 50er Jahre hat K. Ishikawa eine einfache von jedem Mitarbeiter schnell zu erlernende Arbeitstechnik zur Analyse von Qualitätsproblemen und deren Ursachen entwickelt. Die Technik wird auch als Tannenbaum- oder Fischgrätdiagramm bezeichnet. Es handelt sich dabei um ein Diagramm, das die Beziehung zwischen einem Qualitätsmerkmal und seinen Ursachen aufzeigt. Als Ursachen werden in der Regel Menschen, Material, Methode und Maschinen angesehen. Das Diagramm wurde in der Zwischenzeit auch auf viele andere Problemkreise übertragen und hat inzwischen weltweite Verbreitung gefunden. Die Analyse geht so vor sich, daß zunächst das zu analysierende Problem benannt wird. Danach werden die Hauptursachen, die das Problem beeinflussen, aufgelistet.

---

2 Dorr, H.-J.; Flocken, P.: Wie setze ich Qualitätszirkel in der Praxis ein?, Eschborn 1988, p. 17.

In einem Brainstorming werden dann die wahrscheinlichsten Einzelursachen ausgewählt und genauer untersucht. Diese werden am Arbeitsplatz („go to gemba") auf ihr Zutreffen überprüft und gegebenenfalls langfristig abgestellt.

– Regelkarten
  Regelkarten wurden bereits in Kapitel 9 erläutert. Die Ausführungen darüber sollen deswegen an dieser Stelle nur kurz wiederholt werden. Es gibt zwei Arten von Fehlern: zufällige und spezielle. Spezielle Fehler können einer bestimmten Ursache zugeordnet werden, zufällige Fehler dagegen werden durch das System bedingt. Regelkarten dienen dazu, diese Fehler und eventuell zugrundeliegende anomale Trends graphisch darzustellen. Wenn die Kurven über eine bestimmte Eingriffsgrenze nach unten oder oben hinausgehen, weiß der Mann an der Maschine, daß er eingreifen muß. Der Prozeß ist außer Kontrolle.
  Es gibt zwei Typen von Regelkarten. Einer gilt für kontinuierliche Merkmale (Länge, Gewicht, Konzentration), auch Variable genannt, während der andere für diskrete Werte (gut/schlecht), auch Attributive genannt, verwendet wird. Der Sinn der Verwendung von Regelkarten liegt darin, Prozesse mit Hilfe dieser Erkenntnisse zu analysieren, zu steuern und zu verbessern.

11.2 Die QC (Quality Control) Story[3]

Zur Diagnose und Analyse von Qualitätsproblemen wurde in Japan eine Vorgehensweise entwickelt, die als QC-Story oder auch als Quality Journal bezeichnet wird. Sie umfaßt die folgenden 7 Schritte:

– Definiere das Problem
  In dieser Phase ist es wichtig, daß die Bedeutung des Problems und seine Auswirkungen auf das Gesamtsystem herausgearbeitet werden. Hilfreich wirkt dabei die Aufstellung eines Flow-Charts, mit dessen Hilfe der Prozeß visualisiert werden kann. Auch eine schrift-

3 Die beste und ausführlichste Erläuterung dieses Prozesses findet sich bei Kume, H.: op. cit., pp. 191–206.

liche Formulierung des Problems, in der die Gründe für die Auswahl, der Hintergrund, die bisherigen Maßnahmen und die Fakten, die bereits bekannt sind, angeführt werden, hat sich als nützlich erwiesen. Die oben erwähnten 7 Tools dienen dabei als wertvolle Hilfsmittel. Der Prozeß läßt sich mit Hilfe des Flow-charts daraufhin überprüfen, ob er zuviel Komplexität, Redundanz oder unnötige Aktivitäten enthält. Insgesamt empfiehlt sich an dieser Stelle, den gesamten Problemlösungsprozeß in bezug auf Daten, Kosten, Zeiten und einzelne Schritte mit Hilfe von Planungstechniken, wie zum Beispiel Balkendiagrammen zu strukturieren.

– Beobachte das Problem
  Zweckmäßigerweise wird ein Problem von den verschiedensten Blickwinkeln wie zum Beispiel verschiedene Zeiten, Orte, Typen, Symptome betrachtet. Dabei hat es sich als sinnvoll erwiesen, die Werker in den Datensammlungsprozeß einzubeziehen. Aber: „Go to Gemba"! Mit anderen Worten, um sich einen realistischen Eindruck von der Problematik und seinen Auswirkungen zu verschaffen, darf das Problem nicht nur im Konferenzraum, das heißt am grünen Tisch, diskutiert werden. Ein Besuch an der Maschine oder Linie bringt oft überraschende Erkenntnisse.

– Bestimme die Hauptursachen des Problems
  Eigentlich besteht diese Phase aus zwei Schritten:
  - der Aufstellung von Hypothesen in bezug auf Ursachen
    Dazu wird ein Ishikawa-Diagramm, in das alle durch die Datensammlung ermittelten möglichen Ursachen eingetragen werden, benutzt. Die Elemente, die die höchste Wahrscheinlichkeit als Hauptursache aufweisen, werden gekennzeichnet.
  - dem Test der Hypothesen
    Hierbei werden die Ursachen in der Realität dahingehend überprüft, welche Art von Einfluß sie auf das Problem besitzen. Diese Daten werden ausgewertet und auf ihre Relevanz überprüft.

– Ergreife Maßnahmen zur Behebung des Problems
  Mit Hilfe der Daten lassen sich die verschiedenen Lösungsvorschläge für das Problem untersuchen. Es ist wichtig, sich hier auf

die Wurzeln zu stürzen und nicht auf die Symptome. Auch eventuelle, nicht gewünschte Probleme und negative Nebeneffekte müssen beachtet werden. Nach Analyse der Vor- und Nachteile der verschiedenen Möglichkeiten muß man sich für eine Lösung entscheiden, die dann eingeführt wird.

- Überprüfe die Lösung
  Für den eingeführten Lösungsvorschlag sind nun Daten zu sammeln, um die Effizienz der ergriffenen Maßnahmen zu belegen. Auch eine Überprüfung der Situation vor- und nachher ist erforderlich. Wenn allerdings die Ergebnisse nicht den Erwartungen entsprechen, sollte zuerst geprüft werden, ob die Maßnahmen so durchgeführt wurden, wie sie geplant waren. Im anderen Falle muß eine neue Lösung geplant werden.
- Standardisiere das Ergebnis
  Zeigen die Maßnahmen das gewünschte Ergebnis, ist die Lösung zu standardisieren. Der neue Standard ist dann an jeden am Prozeß beteiligten Mitarbeiter zu kommunizieren, was unter bestimmten Bedingungen mit Hilfe von Trainings geschehen kann. Um die Einhaltung des neuen Standards zu gewährleisten, hat sich in vielen Fällen ein Kontrollsystem als außerordentlich nützlich erwiesen.
- Überprüfe den Lösungsprozeß (Prozeß-Review)
  Nach Abschluß des Problemlösungsprozesses ist es oft nützlich, den gesamten Prozeß noch einmal Revue passieren zu lassen und daraufhin zu analysieren, was gut und was nicht so gut geklappt hat. Daraus lassen sich wertvolle Hinweise für die zukünftige Arbeit mit dieser Methode und hinsichtlich der Problemlösung gewinnen. Dazu kann der Prozeß-Review mit der Frage eingeleitet werden: „Was haben wir gelernt“, so daß jeder Beteiligte seine Erfahrung kundtun und jeder vom anderen profitieren kann.

12. Qualitätskosten

12.1 Entwicklung des Konzeptes

Es gehörte zu den Grundüberzeugungen der Vergangenheit, daß bessere Qualität gleichbedeutend ist mit höheren Kosten. Diesen Standpunkt, der im Westen über lange Jahre eiserne Regel war, kehrten erst die Japaner ins Gegenteil. Sie haben bewiesen, daß hohe Qualität zugleich gute Ausnutzung der vorhandenen betrieblichen Ressourcen und geringere Kosten bedeutet.

Was im Westen zu dieser Fehleinschätzung des Verhältnisses von Qualität und Kosten geführt hat, war das Nichtvorhandensein brauchbarer Daten, aufgrund des weitverbreiteten Glaubens, daß Qualität nicht in quantitativer Form erfaßt werden könne. Gefördert worden war diese Überzeugung durch die traditionelle Betriebswirtschaftslehre, die lange Zeit keinen Versuch zur Quantifizierung von Qualität unternommen hatte. Daher tauchten Qualitätskosten in den älteren Kostenrechnungen nie auf.

Das Konzept der Qualitätskosten taucht erstmals in Kapitel I des von J. M. Juran verfaßten „Quality Control Handbook" aus dem Jahr 1951 auf. Der Titel lautet „The Economics of Quality" und enthält eine Diskussion über die „Cost of Quality" und die bereits zur Legende gewordene Analogie vom „gold in the mine". Einen weiteren Meilenstein stellt Kapitel V – „Quality Costs" – in A. V. Feigenbaums 1961 erschienenem Klassiker „Total Quality Control" dar. Es gehörte zu den ersten Abhandlungen, in denen Qualitätskosten nach Kosten der Verhütung, Prüfungs- und Beurteilungskosten, internen und externen Fehlerkosten unterschieden wurden. Als im Dezember 1963 das amerikanische Verteidigungsministerium in seinen MIL-Q-9858A für viele Aufträge „Costs Related to Quality" zu einer Vertragsbedingung erhob, stand zumindest in den USA einer raschen Verbreitung des Konzepts nichts mehr im Weg[1].

Heute ist das Messen von Qualitätskosten für fortschrittliche Unternehmen eine Selbstverständlichkeit und stellt einen entscheidenden Faktor des modernen Total Quality Managements dar. Bei dem Bestreben von Unternehmen, ihre Wettbewerbsposition auf dem Markt zu halten beziehungsweise zu verbessern, nehmen die Qualitätskosten heute einen wichtigen Stellenwert ein, um Qualität an sinnvollen ökonomischen Kriterien zu orientieren.

12.2 Gliederung der Qualitätskosten

Um allen Mißverständnissen vorzubeugen: Bei den Qualitätskosten handelt es sich nicht um die Ausgaben der Abteilung Qualitätssicherung. Stattdessen fallen immer dann Kosten für Qualität an, wenn eine Arbeit, eine Aktivität oder eine Operation zweimal ausgeführt werden muß. Dazu gehören die Nacharbeit bei einem hergestellten Erzeugnis, das Nachbauen eines nicht einwandfeien Werkzeugs, die Beantwortung einer Kundenreklamation oder auch die Nachbestellung eines Teiles. Alle Kosten, die nicht angefallen wären, wenn das Produkt einwandfrei gewesen wäre, stellen Qualitätskosten dar.

In Anlehnung an A. V. Feigenbaum[2] und die Schrift „Qualitätskosten“[3] lassen sich Qualitätskosten wie folgt gliedern:

- Fehlerverhütungskosten
  Hierbei handelt es sich um Kosten, die für die vorbeugende Sicherung der Qualität in bezug auf Fehler anfallen, wie Kosten für Qualitätsplanung, Lieferantenbeurteilung, Training in QS.

1 Campanella, J.; Corcoran, F. J. : Principles of Quality Costs, in: Quality Progress, April 1983, pp. 16–22.
2 Feigenbaum, A. V.: Total Quality Control, op. cit., pp. 109–145.
3 Qualitätskosten – Rahmenempfehlungen zu ihrer Definition, Erfassung und Beurteilung, DGQ 17, 4. Aufl., Berlin.

– Prüf- und Beurteilungskosten
  Unter diesen Begriff fallen diejenigen Kosten, die für die routinemäßige Feststellung, Prüfung, Beurteilung und Aufdeckung von Mängeln oder Fehlern anfallen, wie Wareneingangsprüfung, Fertigungs-, Zwischen- und Endprüfungen sowie Tests.

– Fehlerkosten
  Fehlerkosten sind als Kosten definiert, die durch Fehler entstehen. Sie können gewöhnlich in zwei Arten unterteilt werden:

  a) Interne Fehlerkosten
     Bei internen Fehlerkosten handelt es sich um Kosten, die sich aus Fehlern ergeben, die vor der Auslieferung des Produktes an den Verbraucher gefunden werden, wie Kosten für Nacharbeit, Ausschuß, Wertminderungen und Materialprüfungen.

  b) Externe Fehlerkosten
     Mängel oder Fehler, die sich nach der Auslieferung des Produktes an den Kunden zeigen, wie Kosten für die Bearbeitung von Kundenreklamationen, Rückgaben, Kunden- oder Ersatzteillieferungen, Garantieleistungen werden als externe Fehlerkosten bezeichnet.

Die Summe dieser Positionen ergibt die gesamten Qualitätskosten (Total Quality Costs). Sie stellt die Differenz zwischen den tatsächlichen Kosten eines Produktes abzüglich der (geringeren) Kosten für ein fehlerfreies Produkt dar. Diese Differenz ist es, was Juran[4] als „gold in the mine" beschreibt, das nur darauf wartet, geschürft zu werden. Qualitätskosten belaufen sich in einzelnen Firmen auf bis zu 15 oder 20 Prozent, in anderen auf nur zwei bis drei Prozent des Umsatzes. Im deutschen Maschinenbau werden jährlich über sechs Milliarden DM für direkte Qualitätskosten aufgewendet. Bei einem Umsatz von 160 Milliarden DM sind das circa vier Prozent. Dieser Betrag entspricht der Höhe der jährlichen Investitionen des Maschinenbaus. In der Realität liegen die Qualitätskosten wesentlich darüber, denn die Erfassung beschränkt sich auf die drei Kostenarten: Fehlerverhütungskosten,

4 Juran, J. W.: Quality Control Handbook, Third Edition, McGraw Hill, 1974.

Prüfkosten, Fehlerkosten. Kosten für Konstruktions-Nachbesserungen oder für neue Arbeitspläne werden in der Regel nicht als Qualitätskosten erfaßt[5]. Für viele Unternehmen ein lohnenswertes Unterfangen, diese Ressourcen zu mobilisieren.

12.3 Qualitätskosten-Management

Ziel einer optimalen Gestaltung der Qualitätskosten kann nur sein, die gesamten Qualitätskosten auf ein Minimum zu reduzieren bei gleichzeitiger Einhaltung des angesteuerten Qualitätsniveaus. Dazu ist es wichtig, die Auswirkungen von Änderungen in einer Kostenkategorie wie den Verhütungskosten, auf andere Klassen und auf die gesamten Qualitätskosten zu untersuchen.

Eine Grundregel besteht darin, daß ein Anstieg in den Kosten für Fehlerverhütung zu einer größeren Reduzierung der Ausgaben für Fehler führen sollte, um nach dem Prinzip „ein Gramm Fehlerverhütung entspricht dem Wert eines Pfundes von Fehlern"[6] zu insgesamt niedrigeren Qualitätskosten zu gelangen. Wenn diese Bemühungen keine Senkung der Fehlerkosten mehr herbeiführen, dann haben sich die Verhütungskosten erschöpft. Von jetzt an werden die zusätzlichen Kosten für Fehlerverhütung größer sein als die Einsparungen durch reduzierte Fehlerkosten. Weitere Versuche zur Verbesserung der Qualität auf diese Art sind unwirtschaftlich.

Feigenbaum[7] schätzt die Verteilung der Qualitätskosten auf die einzelnen Kategorien in traditionellen Unternehmen wie folgt ein:

Interne/externe Fehlerkosten	65–70%
Prüf- und Beurteilungskosten	20–25%
Fehlerverhütungskosten	5–10%

5 Füssinger, G.: Produktion aus der Sicht der Qualitätssicherung, in: Qualitätssicherung, Neue Herausforderung an den Produktions-Ingenieur, op. cit., pp. 37–57.
6 Campanella, J.; Corcoran, F. J.: op. cit., p. 17.
7 Feigenbaum, A. V.: op. cit.

Diese Struktur betrachtet er als typisches Anzeichen für schlechtes Qualitäts-Management: Hohen Kosten, verursacht durch viele Produktfehler und das Aussondern schlechter Produkte, stehen so gut wie keine Ausgaben für Vorbeugemaßnahmen gegenüber.

In der Vergangenheit wurden wachsende Qualitätsmängel stets durch eine Steigerung von Inspektionen beantwortet. Dies bedeutete allerdings gestiegene Kosten für Prüfungen. Dieser Teufelskreis kann nur durch vorbeugende Maßnahmen unterbrochen werden, die nach Feigenbaums Ansicht gut das Doppelte oder Dreifache des gegenwärtigen Aufwands betragen sollten. Finanziert werden sie nach den ersparten Fehlerkosten und dem eingesparten Aufwand für Prüfungen. Das Ergebnis ist nach den bisherigen Erfahrungen immer eine Reduzierung der Qualitätskosten. Gleichzeitig ist ein deutlicher Anstieg der Qualität feststellbar. Verbesserungen von einem Drittel der Qualitätskosten und mehr sind keine Seltenheit.

Die Aufstellung und Abwicklung eines Qualitäts-Kostenprogrammes geschieht in drei Phasen:

Phase 1: Identifizieren der Qualitätskostenarten

Dazu muß die Unternehmung eine Liste der Kostenarten für die im Betrieb praktizierten Formen der Qualitätssicherung aufstellen. Informationen über diese Kosten können in der Regel den Aufzeichnungen des betrieblichen Kostenrechnungssystems entnommen werden, mit Hilfe der Abteilung Kostenrechnung. Dabei müssen nicht unbedingt alle Kostenarten bis ins Detail ermittelt werden, sondern laut Campanella und Corcoran[8] genügt es meist, nur die wichtigsten Kostenarten zu erfassen und nur die direkten, verfügbaren Informationen heranzuziehen. Schon erste Versuchsläufe zeigen oft deutliche Ergebnisse, die auf die generellen Trends hinweisen.

Phase 2: Feststellen und Analysieren der Kostenstruktur

Mit Hilfe der ermittelten Informationen läßt sich eine Struktur der für das Unternehmen bedeutendsten Qualitätskosten erstellen, die wie-

8 Campanella, J.; Corcoran, F. J.: op. cit., pp. 14–20.

derum als Grundlage zur Analyse und Überprüfung der Wirksamkeit eingeleiteter Qualitätsförderungs-Maßnahmen dienen können.

Phase 3: Durchführen und Stabilisieren der Maßnahmen

In diesem Schritt wird versucht, die eingeleiteten Aktivitäten zu stabilisieren, um eine höhere Qualität zu geringeren Kosten auf Dauer zu gewährleisten.

Auf diese Weise versteht sich das Konzept der Qualitätskosten als ein wichtiges Management-Instrument zur Förderung der Qualität. Allerdings sollte betriebliches Qualitätskosten-Management nicht in übertriebenem Maß durchgeführt werden. Gelangen die Mitarbeiter zu dem Eindruck, es gehe ausschließlich um Kosten, bedeutet dies für sie nur ein neues Kostensenkungsprogramm, wie viele andere auch. In der Vergangenheit waren diese immer mit Mehrarbeit und Entlassungen verbunden. Ihre natürliche Reaktion kann also nur in nachlassendem Engagement, in Resignation und Widerstand bestehen. Wird andererseits den Qualitätskosten zu wenig Bedeutung zugemessen, fehlt die Orientierung, der Wegweiser, der Erfolgsbeweis und das Erfolgserlebnis. Das Management der Qualitätskosten ist wie die Qualität selbst mit intensiven Gefühlen der Mitarbeiter verbunden, es muß deshalb die richtige Balance gegeben sein, um den Erfolg zu gewährleisten.

12.4 Die Philosophie der FPL[9]

Wie bereits erwähnt, wurde die Philosophie der Qualitätskosten in erster Linie von den Amerikanern, und hier vor allem von J. Juran und Ph. Crosby, begründet und beeinflußt. Im Zusammenhang mit der Erfolgsstrategie von ITT unter Harold Geneen in den 60er und 70er Jahren, als Ph. Crosby dort für Qualität zuständig war, kam sie auch über die europäischen Töchter auf diesen Erdteil und fand dann hier ihre Verbreitung.

9 Qualtec, Inc.: op. cit.

In Japan selbst werden Qualitätskosten in den seltensten Fällen ermittelt. Die Unternehmen verzichten weitgehend darauf. Scheinbar braucht in Japan niemand mehr zu begründen, daß mehr Qualität von Nutzen für eine Unternehmung ist.

Auch die Florida Power & Light Co., Gewinner des Deming Preises 1989, verzichtet auf eine Ermittlung jeglicher Kosten von Qualität, weil die Firma es für künstlich und nicht sinnvoll erachtet. Nach Aussagen ihrer Führungskräfte[10] lautet die Philosophie der Firma: Qualität. Aus diesem Grunde ist es auch schwierig, einem daraus abgeleiteten Management-System bestimmte Kosten zuzuschreiben, ob dieses jetzt TQM, MbO oder wie auch immer heißt. Zwar wäre es theoretisch durchaus möglich, derartige Kosten zu ermitteln, doch FPL hält dies nicht für zweckmäßig, weil TQM-Kosten den Kosten der Einführung von PC's ähneln. Auch diese werden nicht gesondert erfaßt. Sie müssen auch nicht speziell begründet werden.

Da TQM alle Aktivitäten der Firma umfaßt, bleibt es äußerst schwierig zu bestimmen, welcher Zeit- oder Kostenanteil in einem solchen Fall in die Kostenrechnung eingehen sollte. Es wäre genauso, als ob ein Teil der Miete für eine Wohnung den Wänden, den Decken, den Türen und dem Boden zugeschrieben würde. TQM stellt ein System dar, mit dessen Hilfe FPL geführt wird. Aus diesem Grunde kann es auch keine zuschreibbaren Kosten geben.

---

10 Ibid.

13. Die neue Rolle der Qualitätssicherung

Die Einführung von TQM und der damit verbundene Übergang von einer fertigungsorientierten zu einer verbraucherbezogenen Qualitätsauffassung hat für jede Unternehmung weitreichende Konsequenzen. In diesem Zusammenhang kommt es jedoch weniger auf die Details der Formulierung an, als auf die Tatsache, daß der Verbraucher zum Ziel aller Bemühungen wird. Ob „fitness for use", ob ASQC[1] oder japanische Formulierung[2], die Zufriedenheit des Kunden muß im TQM-Konzept an erster Stelle stehen. Die sich daraus ergebende, umfassende Aufgabe läßt sich jedoch mit einer Abteilung Qualitätssicherung im alten Stil kaum bewerkstelligen, die Qualität ausschließlich als technische Aufgabe ansieht und die meisten interfunktionalen und sozialen Elemente außer acht läßt.

Verbraucherorientierte Qualitätspolitik oder TQM verlangt mehr. Die alte Abteilung Qualitätssicherung erhält neue, zusätzliche Aufgaben, die eine tiefe Veränderung ihrer Rolle bedeuten. Aufgrund der Anforderungen des Konzeptes und der internationalen Trends werden sich neue Aufgaben ergeben mit den im folgenden dargelegten Eigenschaften.

---

1 „The relative excellence of the composite of all product attributes in fulfilling the needs and reasonable expectations of those whom the product serves, as they perceive such fulfillment from time of offering throughout product life" in: Utzig, L. J.: Quality Reputation – A Precious Asset, 34th Annual Quality Congress Transactions, ASQC, 1980.

2 „A system of means to economically produce goods or services which satisfy customer's requirements" in: Japanese Industrial Standard (Z 8101 – 1981).

13.1 Einrichtung einer Top-Management-Funktion „Qualität"

Wenn Qualität mehr Gewicht erhalten und das Top Management die TQM Philosophie vertreten soll, ist die Einrichtung einer speziellen Geschäftsleitungs- oder Vorstandsfunktion „Qualität" unumgänglich. In einigen Fällen, wie VW, Westinghouse, Eastman Chemical, ist dies bereits geschehen. Die gezielte Gestaltung des optimalen Merkmal-Mixes[3] hinsichtlich Produktqualität und ihrer Verantwortung in bezug auf Marktanteile, Profitabilität und Image der Firma, sind Entscheidungen, die letztlich nur der Geschäftsleitung einer Unternehmung zukommen und die denen anderer Geschäftsleitungs- oder Vorstandsfunktionen wie Marketing, Finanzen oder Fertigung in ihrer Tragweite in nichts nachstehen.

Es hat sich gezeigt, daß die Verantwortung über diese Fragen nicht von einem Qualitätsleiter herkömmlicher Art, aus der Mitte der Hierarchie, übernommen werden kann. Vielmehr ist es Aufgabe der Unternehmensleitung, Entscheidungen über Leitlinien und Standards zu treffen und diese glaubwürdig vorzuleben. Dazu gehört, daß Qualität entsprechend ihrer Bedeutung gewürdigt wird, zum Beispiel durch das Formulieren von Qualitätsplänen und -zielen für die einzelnen Produkte als Teil der Unternehmensplanung. Die Unternehmensleitung muß ihrerseits die Mitarbeiter für die Einhaltung dieser Leitlinien und Standards verantwortlich erklären und sie durch entsprechende Aus- und Weiterbildungsmaßnahmen bei der Realisierung unterstützen.

13.2 Qualitäts-Management ist Schnittstellen-Management

Die neue Funktion in der Geschäftsleitung eines Unternehmens muß aus einer völlig neuen Perspektive agieren. Ihre Hauptaufgabe wird

3 Hagan, J. T.: The Management of Quality: Preparing for a Competitive Future, in: Quality Progress, December 1984, pp. 21–25, und Stanenas, Al. P.: The Metamorphosis of the Quality Function, in: Quality Progress, November 1987, pp. 30–33.

darin liegen, durch geeignete Aktivitäten, in allen betrieblichen Bereichen, die Zufriedenheit der externen und internen Kunden zu gewährleisten. Sie erhält somit die Verantwortung für Etablierung und Pflege des gesamten Qualitätssystems, vom Marketing über die Fertigung zum Service[4]. Das bedeutet, daß die neue Funktion „Qualität" unternehmensumfassende, abteilungsübergreifende, planerische und bewertende Aufgaben zu erfüllen hat statt, wie bisher, ausführende und auf eine Abteilung, sprich die Fertigung, bezogene. Daraus folgt, daß ihr Einfluß auf Fertigung und Einkauf nachläßt, der auf Marketing und Konstruktion dagegen zunimmt. Im Prinzip läuft die Entwicklung darauf hinaus, daß jede Abteilung oder Funktion Qualitätssicherung in eigener Regie und Verantwortung ausführen muß, wobei das Ressort „Qualität" lediglich unterstützende und beratende Funktion ausübt, sozusagen Hilfe zur Selbsthilfe. „Qualität" wird ein ähnliches Management wie die Abteilung Marketing, Controlling oder Personal betreiben. Sie wird die Gesamtverantwortung für die mit den Produkten erreichte Qualität tragen, aber keine direkte Linienverantwortung zur Durchführung der damit verbundenen Notwendigkeiten. Die neuen „Qualitäts"-Führungskräfte müssen sich auf ihre persönliche Überzeugungs- und Durchsetzungsfähigkeit verlassen, um bei Marketing, Konstruktion, Fertigung, Einkauf und Vertrieb ihre Anliegen durchzusetzen.

Qualitäts-Management wird ein ständiges Schnittstellen-Management zu anderen Abteilungen, was den Vorteil hat, daß die Funktion „Qualität" ihrer Rolle nachkommen kann, beim Prozeß der ständigen Verbesserung in allen Bereichen unterstützend und helfend einzugreifen.

13.3 Marketingorientierung der Funktion „Qualität"

Eines der wichtigsten, neuen Aufgabenfelder für „Qualität" liegt im Marketingbereich. Die Interpretation der Verbraucherbedürfnisse, der

---

4 Feigenbaum, A. V.: A Job Far From Different, in: Quality Progress, November 1987, p. 17.

Marktforschungsergebnisse und der Daten über den Vergleich von Wettbewerbsprodukten zum Zweck der Ermittlung präziser Qualitätsziele für erfolgreiche, neue Produkte sind Tätigkeiten, die zu intensiver Zusammenarbeit und Diskussionen mit dem Marketing führen und die entscheidend von „Qualität" beeinflußt werden müssen. Erfahrungen haben gezeigt, daß die Marketingabteilungen in der Vergangenheit diese Aspekte allzusehr vernachlässigt oder übersehen haben. Aus diesem Grunde muß die Verarbeitung von Daten dieser Art ein integraler Bestandteil der zukünftigen Aufgabe von „Qualität" sein. Auch die Verantwortung für bestimmte Tätigkeiten in den Kundenbeziehungen muß „Qualität" übernehmen. Die Handhabung von Kundenbeschwerden, die Auswertung von Rückgaben oder Rücksendungen sowie Reparaturberichte liefern Informationen, die für die Förderung der Qualität der betreffenden Produkte und für die Entwicklung neuer Produkte von ausschlaggebender Bedeutung sind[5].

Die Funktion „Qualität" muß auch innerhalb der Unternehmung über ihre neuen, vielfältigen und bereichsübergreifenden Aufgaben zur Verbesserung der Qualität informieren, um dadurch Akzeptanz und Verständnis für sich zu fördern. Das bedeutet auch, eigene und in Kooperation mit anderen erzielte Erfolge in der Unternehmung durch alle verfügbaren Mittel der Kommunikation wie Rundschreiben, Firmenzeitungen, Informationsveranstaltungen und Videos bekanntzumachen.

13.4 Berücksichtigung des sozialen Systems

Qualität als Managementaufgabe bedeutet heute im Gegensatz zu früher, als Qualität noch als technische Aufgabe angesehen wurde, die zusätzliche Berücksichtigung von Elementen des sozialen Systems. Management heißt, persönliche Beziehungen anknüpfen, gestalten und ausbauen zu lernen. Erst dadurch wird das Verstehen und gezielte Beeinflussen von Motivation, Führung und Zusammenarbeit möglich und Qualitätsförderung nicht dem Zufall überlassen.

---

5 Hagan, J. T.: The Management of Quality – Preparing for a Competitive Future, op. cit., p. 23.

Die Verbesserung von Führungsstil, Betriebsklima und Unternehmenskultur, mit dem Ziel der Mobilisierung der Mitarbeiter, stellt eine unverzichtbare Aufgabe dar. Es ist Aufgabe der Mitarbeiter von „Qualität", dabei durch Einbeziehung der Betroffenen, Ausarbeitung und Planung von vorbereitenden Trainings sowie Entwicklung geeigneter Strukturen und Modelle zu helfen.

Als interne „Change agents"[6] ist es ihre Pflicht, Kenntnisse und Fertigkeiten auf dem Gebiet der Veränderung großer Systeme, insbesondere durch Einbeziehung der Betroffenen, zu erwerben, genauso wie Techniken für den Umgang und die Leitung von Kleingruppen. Ein Management von Prozeß-Teams, die ein wesentliches Element der neuen Philosophie darstellen, kann ohne diese Fertigkeiten nicht erfolgen. Spitzenleistungen in bezug auf Qualität sind deshalb langfristig ohne systematische, auf faktischen Daten beruhende Verhaltenssteuerung nicht möglich[7].

13.5 Training und Beratung

Die meisten Aufgaben der neuen Funktion „Qualität" werden beratender Natur sein und eines dosierten Schnittstellen-Managements bedürfen. Das bedeutet, daß ihre Mitarbeiter nicht unmittelbar in andere Bereiche eingreifen können, weil sie nicht über die entsprechenden Kompetenzen verfügen. Auch wenn sie überzeugt sind, die Rückendeckung der Unternehmensleitung zu besitzen, heißt das noch lange nicht, daß sie mit ihren Bemühungen erfolgreich sein werden. Dazu benötigen sie vor allem die Akzeptanz und die Kooperation der anderen Abteilungen. Widerstände zu erkennen und auszuräumen, wird eine ihrer Hauptaufgaben sein. Die neue Funktion muß für ihre Art von Beratung bei den anderen Abteilungen auf positive Bereitschaft

6 Moss Kanter, R.: The Change Masters, New York 1983, und Baker, E. M.: The Quality Professional's Role in the New Economic Age, in: Quality Progress, November 1987, pp. 20–28.

7 White, J. R.; Dingus, V. R.: Quality Services: A New Business Partner, in: Quality Progress, November 1987, p. 59.

stoßen. Die Fähigkeit, nicht-direktive Beratungsgespräche zu führen, erhält elementare Bedeutung, denn mit Druck von „oben“ läßt sich höchstens Gegendruck erreichen.

Die Bemühungen um „Qualität“ werden um so leichter zu realisieren sein, je mehr Informationen die Betroffenen über ihre neue Aufgabe im TQM erhalten. Die Begriffe, Konzepte, Abläufe und Inhalte von TQM müssen deshalb den Mitarbeitern in entsprechenden Workshops vermittelt werden. Das größte Mißverständnis liegt häufig darin, daß Mitarbeiter das mit viel Mühe zu Papier Gebrachte lesen, verstehen und dann auch noch gleich in die Praxis umsetzen. Nichts dergleichen geschieht in der Regel. Eine sorgfältige Hinführung erscheint deshalb unumgänglich.

Die Aus- und Weiterbildung der Mitarbeiter in den einzelnen Abteilungen ist zudem in folgenden Bereichen notwendig[8]:

- Vermittlung von Fertigkeiten zur Bewältigung der neuen Aufgabe
- Problemlösungsverfahren
- Statistische Prozeßregelung
- Teamfähigkeit

Entsprechende Einführungs- und Aufbautrainings zu entwickeln und ständig den neuen Bedingungen anzupassen, wird ebenfalls eine zentrale Aufgabe der Funktion „Qualität“.

13.6 Zahlenspiegel

„Qualität“ muß stets ihre Meinungen und Argumente mit Hilfe quantitativer Daten absichern. Es ist deshalb wichtig, ein System von Kennzahlen zu entwickeln, das die Leistung von Produkten, Abteilungen oder Bereichen in bezug auf die Qualität zum Ausdruck bringt. Zwar sind Zahlen über Ausschuß, Produktivität oder Rückgaben nützlich und sinnvoll für Abteilungen wie die Fertigung, doch eignen sie sich

8 Ibid.

wenig auf Geschäftsleitungsebene. Was Unternehmensleitungen benötigen, sind Maßzahlen für alle Aufwendungen der in der Fertigung angefallenen Mängel, verbunden mit einer Aufstellung nach Unternehmensbereichen. Für den Einkauf wären zum Beispiel die Gesamtmaterialkosten gegenüber einer Plan- oder Budgetzahl ein Indikator, während für die Konstruktion eher die Kosten für durchgeführte Korrekturen und der Aufwand für Leistungen an die Fertigung als Prozentsatz der gesamten Konstruktionskosten in Betracht zu ziehen wären[9].

Für die Entwicklung geeigneter Kennzahlen, wie sie in anderen Bereichen Gemeinkostenzuschläge oder umsatzbezogene Kennzahlen darstellen, muß „Qualität" Ansätze entwickeln und sie auf ihre Brauchbarkeit im Zeitablauf testen. Aber erst langfristige Anwendung wird die Erfahrung bringen und die Kennzahlen zu einem Instrument machen, aus dem sich Hinweise für das Erkennen von Problemursachen gewinnen lassen, damit korrektive Maßnahmen zu ihrer Beseitigung ergriffen werden können.

9 Hagan, J. T.: The Managing of Quality: Preparing for a Competitive Future, in: Quality Progress, Dec. 1984.

Literaturverzeichnis

Bücher

ABEGGLEN, J. C.; STALK, G. JR.: – Kaisha – The Japanese Corporation, New York 1985

AKAO, Y. (ED.): Quality Function Deployment, Cambridge, Mass. 1990

AKAO, Y.: Quality Functions for Product Development, JUSE 1989

ARNOLD, R.; BAUER, C.-A.: Qualitätssicherung in Entwicklung und Konstruktion, Köln 1987

ATKINSON, P. E.: Creating Culture Change: The Key to Successful Total Quality Management, Kempston 1990

AUBREY, C. A. II.; FELKINS, P. K.: Teamwork: Involving People in Quality and Productivity Improvement, New York 1988

BIROLINI, A.: Qualität und Zuverlässigkeit technischer Systeme, Heidelberg 1988

BRIEF, A. P. (ED.).: Productivity Research in the Behavioral and Social Sciences, New York 1984

BULLINGER, H.-J. (HRSG.): Forum für Management in Forschung, Entwicklung und Technologie, Tagungsunterlagen, Frankfurt a.M., November 1989, München 1989

BULLINGER, H.-J. (HRSG.): 2. F & E Management Forum, Integrierte Produktentwicklung, Tagungsband, Frankfurt a.M., November 1990, München 1990

CHASE, R. (ED.): Total Quality Management, Heidelberg/New York/ Tokyo 1988

CROCKER, O. L.; CHIU, J. S. L.; CHARNEY, C.: Quality Circles, New York, Bicester 1984

CROSBY, P. B.: Quality is Free, New York 1979

CROSBY, P. B.: Qualität bringt Gewinn, Hamburg 1986

CROSBY, P. B.: Qualität ist machbar, Hamburg 1986

DAVIS, L. E.; CHERNS, A. B.: The Quality of Working Life, Vol I + II, New York/London 1975

DEMING, W. E.: Out of the Crisis, MIT Center for Advanced Engineering Study, Cambridge, Mass. 1986

DGQ: Begriffe im Bereich der Qualitätssicherung, Schrift Nr. 11–04, Berling 1987

DGQ: EOQC, Glossary of Terms used in Quality Control, 4. Aufl., Berlin 1976

DIN 55 350 Teil II – Begriffe der Qualitätssicherung und Statistik, Begriffe der Qualitätssicherung, Grundbegriffe (Entwurf), Berlin

DORR, H.-J.; FLOCKEN, P.: Wie setze ich Qualitätszirkel in der Praxis ein? Eschborn 1988

EFQM: European Quality Management Forum, 24.–25. Oct. 1990, Proceedings, Eindhoven 1990

ENGEL, P.: Japanische Organisationsprinzipien, Zürich 1981

EVERSHEIM, W.: Organisation in der Produktionstechnik, Bd. 4, Fertigung und Montage, Düsseldorf 1981

– DERSELBE –: Organisation in der Produktionstechnik, Bd. 2, Konstruktion, Düsseldorf 1990

FEIGENBAUM, A. V.: Total Quality Control, 3rd. ed., New York 1986

FORD WERKE AG: Qualitätssystem – Richtlinie Q 101

FORD WERKE AG: Statistische Prozeßregelung, Leitfaden

FORD WERKE AG: Analyse potentieller Fehler und Folgen, Leitfaden

GALGANO, A.: La qualità totale, Milano 1990

GARVIN, D. A.: Managing Quality, New York 1988

GEERVLIET, C.: Three of a Kind. Publication of the Corporate Quality Bureau, Nederlandse Philipsbedrijven B. V. – T. E. O. Information Centre, May 1984

GENEEN, H.: Managing, New York 1984

GITLOW, H. S. und S. J.: The Deming Guide to Quality and Competitive Position, Englewood Cliffs, N. J. 1987

GITLOW, H.; GITLOW, S.; OPPENHEIM, A.; OPPENHEIM, R.: Tools and Methods for the Improvement of Quality, Homewood, Boston 1989

GITLOW, H. S.; Process Management International, Inc.: Planning for Productivity & Competitive Position, Homewood, 1990

GOODMEASURE, INC.: The Changing American Workplace: Work Alternatives in the 80's, AMA Survey, 1985

GOODMEASURE, INC.: Solving Quality and Productivity Problems: Goodmeasures Guide to Corrective Action, Milwaukee 1988

GRASING, R. E.; HESSICK, M. H.: Achieving Quality in Financial Service Organizations, New York 1988

GUASPARI, J.: I Know It When I See It, New York 1985

GUMMESON, E.: Quality – The Ericsson Approach, Stockholm 1987

HAYES, G. E.; ROMIG, H. G.: Modern Quality Control, Mission Hills, Cal. 1982

HENN, R., KÜNZI, H. P.: Einführung in die Unternehmensforschung I + II, Heidelberg/New York 1968

IIZUKA, Y.: The Japanese Way of Product Development, Workshop Unterlagen, Process Management Institute, Minneapolis, MN 1990

IMAI, M.: KAIZEN, New York 1986

ISHIKAWA, K.: What is Total Quality Control?, Englewood Cliffs, N. J. 1985

JAPAN MANAGEMENT ASSOCIATION: Kanban, Just-in-time at Toyota, Cambridge, Mass. 1989

JAPAN MANAGEMENT ASSOCIATION: Canon Production System, Cambridge, Mass. 1987

JURAN, J. M.: Managerial Breakthrough, New York 1964

JURAN, J. M.: Upper Management and Quality, New York 1982

JURAN, J. M.: Quality Control Handbook, 4th ed., New York 1988

JURAN, J. M.: Juran on Planning for Quality, New York 1988

JURAN, J. M.: GRYNA, F.: Quality – Planning and Analysis, 2nd ed., New York 1980

JUSE, QC Circle Headquarters: QC Circle Koryo, General Principles of the QC Circle, Tokyo 1980

JUSE, QC Circle Headquarters: How to operate QC Circle Activities, Tokyo 1985

KAIZEN INSTITUTE OF EUROPE: JiT/Gemba-Kaizen, Workshop Unterlagen 11.–14. 3. 1991, Brüssel 1991

KANTER, R. M.: The Change Masters: Innovation for Productivity in the American Corporation, New York 1983

KARATSU, H.: TQC Wisdom of Japan, Cambridge, Mass. 1988

KOLODNY, H.; BEINUM V. H.: The Quality of Working Life and the 1980's, New York 1983

KOTLER, PH.: Marketing Management – Analysis, Planning and Control, Englewood Cliffs, N. J. 1967

KUME, H.: Statistical Methods for Quality Improvement, Tokyo 1985

LISSON, A.: Qualität – Die Herausforderung, Berlin/Heidelberg/New York/Tokyo 1987

LUCHS, R. H.; NEUBAUER, F.-F.: Qualitäts-Management, Frankfurt 1986

MASING, W.: Handbuch der Qualitätssicherung, München/Wien 1980

– DERSELBE –: Einführung in die Qualitätslehre, Berlin 1989

MAUCH, H.: Werkstattzirkel, Quickborn 1981

MIZUNO, S.: Company-Wide Total Quality Control, Tokyo 1988

NAKAJIMA, S.: Introduction to TPM, Cambridge, Mass. 1988

NORA, J. J.; ROGERS, C. R.; STRAMY R. J.: Transforming the Work Place, Princeton 1986

OHNO, T.: Toyota Production System, Cambridge, Mass. 1988

OUCHI, W. G.: Theory Z, New York 1982

PANSKUS, G.; SCHÄPERS, H.: Betriebliche Ablauforganisation, Essen 1976

PETERS, T.; AUSTIN, N.: A Passion for Excellence, New York 1985

QUALTEC, INC.: Program: Energizing for Excellence, FPL's Quality Improvement Symposium, 31. 7. 1990 Hilton Hotel, Miami, Workshopunterlagen

ROSSER, R.: Werbung ohne Mythos, München 1967

SANDRAS, W. A. JR.: Just-in-Time: Making it Happen, Essex Junction, VT. 1989

SCHERKENBACH, W. W.: The Deming Route to Quality and Productivity, Washington, D. C.: George Washington University, 1987

SHINGO, S.: A Revolution in Manufacturing: The SMED System, Cambridge, Mass. 1985

– DERSELBE –: Zero Quality Control: Source Inspection and the Poka-yoka System, Cambridge, Mass. 1986

– DERSELBE –: A Study of the Toyota Production System, Cambridge, Mass. 1989

SCHONBERGER, R. J.: Produktion auf Weltniveau, Frankfurt 1988
– DERSELBE –: Japanese Manufacturing Techniques, New York 1982
SLOAN, A. P.: My Years with General Motors, New York 1972
STRIENING, H.-D.: Prozeß-Management, Frankfurt/ Bern/New York/ Paris 1988
SUZAKI, K.: Modernes Management im Produktionsbetrieb, München/Wien 1989
SUZUE, T.; A., K.: Variety Reduction Program (VRP): A Production Strategy for Product Diversification, Cambridge, Mass. 1990
TAGUCHI, G.: Introduction to Quality Engineering, Asian Productivity Organization, Tokyo 1986
TRIST, E.: The Evolution of Socio-technical Systems – A Conceptual Framework and An Action Research Program, Issues in the Quality of Working Life, Occasional Paper No. 2, June 1981
WALTON, M.: The Deming Management Method, New York 1986
WEISBORD, M. R.: Organizational Diagnosis, Reading, Mass. 1985
WESS, R.: Leadership Secrets of Attila the Hun, New York 1990
WICKENS, P.: The Road To NISSAN, Houndsmill/London 1987
WILLIAMS, E. E.: Made in Germany. Der Konkurrenzkampf der deutschen Industrie gegen die englische, Leipzig 1898
WÖLKE, G.: Zum Image des „Made in Germany“, Köln 1985
VDA: Sicherung der Qualität vor Serieneinsatz Frankfurt 1986
VDI Gesellschaft Produktionstechnik: Qualitätssicherung – Neue Herausforderungen an den Produktionsingenieur, Düsseldorf 1988
VOGEL, E. F.: Japan as No. 1, Cambridge, Mass. 1979
WOMACK, J. P.; JONES, D. T.; ROOS, D.: The Machine That Changed The World, New York 1990
ZINK, K. J.; SCHICK, G.: Quality Circles, Problemlösungsgruppen, Qualitätsförderung durch Mitarbeitermotivation, München 1984

Broschüren

AMERICAN SOCIETY FOR QUALITY CONTROL: Automotive Division Statistical Process Control Manual, Milwaukee 1986
BMW AG: Lernstatt, München 1983
BMW AG: 750i, 750iL, Begegnungen mit der Vollkommenheit

BMW AG: Qualität ist ein gutes Zeichen, München 1988
BMW AG: Erfahrungs-Austausch, München 1991
BMW AG: Einladung zu automobiler Partnerschaft, München 1990
DQS: Die Deutsche Gesellschaft zur Zertifizierung von Qualitätssicherungssystemen mbH stellt sich vor, Frankfurt/Berlin o. J.
FUJI HEAVY INDUSTRIES LTD.: Outline of QC Circle Activities at Subaru
GOODYEAR. Quality is the Key to Customer Satisfaction
GUMMIWERKE FULDA: TQC Mission
HAGAN, J. T.: Principles of Quality Costs, ASQC, Milwaukee 1986
HEWLETT-PACKARD: Qualität, Methoden und Beispiele, Bad Homburg o. J
HEWLETT-PACKARD: Qualitätshandbuch, Böblingen 1990
HOESCH AG: Wir schaffen Qualität, Dortmund o. J
HOESCH AG: Entwicklung und Einführung neuer Arbeitsstrukturen in einem Kaltwalzwerk, Dortmund o. J
IBM: Führungsaufgabe Qualitätssicherung Qualitäts-Verbesserung, Sindelfingen 1990
ICL: Quality Circles Handbook
ICL: Fibre Optics in Focus, Kindsgrove 1988
ISTEL: Quality Circles, Redditch, Aug. 1987
JUSE: Organization & Activities
Japanese Industrial Standards Committe, Industrial Standardization 1981
MARS, INC.: Die fünf Grundsätze von Mars, McLean, VA. 1983
MARS, INC.: Quality at Mars, 1985
NASH, M. J.: Quality Improvement in Administrative Functions Through Process Analysis, Process Management Institute, 1986
NIPPON STEEL: This is Nippon Steel
NIPPON STEEL: IK Activities at Nippon Steel Corporation
RAL e. V.: Gütezeichen, Bonn o. J.
RAL E. V.: Fakten zum Gütezeichenwesen, Bonn 1984
SKF: Qualitätssicherungs-Handbuch, Göteborg 1986
SKF Bearings: QT2a Statistical Process Control (SPC), – Control Charts – Introduction, Göteborg, March 1986

SONY: What makes SONY Quality, Tokio o. J.

VDE: Verlag GmbH: Informationskarte für Anhänger und Aufkleber der VDE Prüfzeichen, Berlin 1987

Artikel

AMES, P. J.: Guiding Museum Values, Trustees, Missions and Plans, Museum News, August 1985, pp. 48–52

ASHTON, J. E.; COOK, F. X. JR.: Time to Reform Job Shop Manufacturing, HBR, March–April 89, No. 2., pp. 106–111

BARCZAK, G.; SMITH, CH.; WILENON, D.: Managing Large Scale Organizational Change, Organizational Dynamics, Autumn 1987

BLÄSING, J. P.: Qualitätssicherungssystem und Nachweise der Qualitätsfähigkeit des Unternehmens mit Checklisten zur Selbstbeurteilung des QS-Systems nach DIN ISO 9000–9004, in: Praxishandbuch Qualitätssicherung, gmft, Bd. 2 1987

BLANK, R.: QFD – Quality Function Deployment, kundenorientierte Produktentwicklung, Verbesserung und Vermarktung, QFD als Instrument der Unternehmensplanung, in BULLINGER, H.-J.: 2. F & E Management Forum, Integrierte Produktentwicklung, Tagungsband, Frankfurt Nov. 1990, München 1990, pp. 85–98

BUNGARD, W.; ANTONI, C.: Quality Circle und andere Formen der Gruppenarbeit an der Basis, in: 5. Deutscher Quality Circle Kongreß, Dokumentation 1986, Hrsg. AGP, DQCG, IMT, RKW

BUNGARD, W.; WINDIECK, G.: Zusammenfassende Diskussion – Definition und Abgrenzung des QZ Konzepts, in: BUNGARD, W.; WINDIECK, G.: Qualitätszirkel als Instrument zeitgemäßer Betriebsführung, Landsberg 1986

BUTTLAR, A.: „Made in Germany“ noch in?, in: Interview Analyse 1981, Nr. 8/6

CAMPANELLA, J.; CORCORAN, F. J.: Principles of Quality Costs, Quality Progress, April 1983

DAMON, G. A.: Total Quality Management, presented at the NSRP 1989 Ship Production Symposium Arlington, VA, Sept. 13–15, 1989, Paper 22 Session 6B

Der Bekanntheitsgrad deutscher Produkte läßt in den Staaten noch zu wünschen übrig. Handelsblatt vom 5. 1. 1983

Derschka, P.; Gottschall, D.: Die Betroffenen gehen leer aus, in: MM 3/80, pp. 40–47

Doeblin, J. und R.: Das Image deutscher Produkte in den USA, Markenartikel 4/83

Dorr, H.-J.: Quality Circle – Weiterbildung an der Basis, Personalführung 8+9, 1983

– derselbe –: „Mit“-Arbeiter statt Mitarbeiter – Zum Qualitätsmanagement im Dienstleistungsbereich, in: Dokumentation zum QC-Kongress, Hamburg 1985

Dorr, H.-J.: Qualitätszirkel in Europa – eine quantitative Analyse, Vortrag gehalten auf dem 1. Europäischen Quality Circle und Quality Management Kongress Brüssel, 1987

Dorr, H.-J.: Menschen machen Qualität, VDI Nachrichten 1987

Drucker, P. F.: The Emerging Theory of Manufacturing, HBR. May-June 1990, pp. 94–102

Dunkel, D.; Hammer, O.: Lernstatt – Zusammenarbeit und Arbeitsumfeld aktiv gestalten lernen, Vortrag gehalten auf dem 2. Deutschen Quality Circle Kongreß, Bonn 1983

Ebeling, J.: Qualität auf neuen Wegen, BMW München 1988

Ebeling, J.: Qualität: Problem und Chance, BMW München 1989

Ebeling, J.: Methodik der Qualitätssicherung, Vertragsmanuskript 11. Europäisches Seminar der EOQC Automotive Section 24.–26. 10. 1989, Bad Homburg, v. d. H., BMW München

Ehle, Feldmann, Schiller, Rae.: EG Produkthaftungsrichtlinie vom 25. 7. 1985, Köln 1985

Ellbracht, W.: Prozeßmanagement im Dienstleistungsbereich, in: Achter Deutscher Quality-Circle-Kongress, Dokumentation 1989, „Made in Germany“ Deutsche Qualität auf dem Prüfstand, Mannheim 1990, pp. 77–92

Entscheidung auf nasser Piste, ADAC Motorwelt, München 3/88

Feigenbaum, A. V.: Total Quality Control, HBR, Nov.–Dec. 1956

– DERSELBE –: Total Quality Development into the 1990's – An international Perspective, in: EOQC Proceedings of the 31st EOQC Conference, München 1987

– DERSELBE –: A Job Different, Quality Progress, Nov. 1987

FEIGENBAUM, A. V.; JURAN, JOSEPH M., CROSBY, PHILIP B.: Top Authorities address questions on the state of quality, Quality Progress, OCt. 1984

FORTUNE-ARTICLES

– The Revolt against Working Smarter, July 21, 1981

– The Curmudgeon Who Talks Tough on Quality, June 25, 1984

– Under The Spell of the Quality Gurus, Aug. 18, 1986

FOTOMAGAZIN, 4/88

FUCHS, H. J.: Gefährlicher Zeitpoker, in: highTech 4/90, pp. 40–44

FÜSSINGER, G.: Produktion aus der Sicht der Qualitätssicherung, in: Qualitätssicherung – Neue Herausforderungen an den Produktionsingenieur, VDI Düsseldorf, 1988

GABOR, A.: The man who changed the world of Quality, International Management, March 1988

GADEK, K.: Elektro-Hausgeräte, Wettbewerbserfolg durch Qualität, in: LISSON, A.: Qualität – Die Herausforderung, Heidelberg/New York/Tokyo 1987

GARVIN, D. A.: What does Product Quality Really Mean? Sloan Management Review, Fall 1984

– DERSELBE –: Product Quality am Important Strategic Weapon, Business Horizons, March–April, 1984

– DERSELBE –: Quality on the line, HBR, Sept.– Oct. 1983, pp. 65–75

GEHRMANN, W.: Die Arbeit kommt aus dem Takt, in: DIE ZEIT vom 7. 7. 1989, pp. 17–19

GIBSON, T. C.: Leadership of Continuous Improvement: An In-Depth Critique, presented at conference on „Implementing Total Quality Management“ sponsored by Institute for International Research and Quality Magazine in Toronto, Sept. 26, 1989

GOODFELLOW, M.: Quality control circle programs – what works and what doesn't, Quality Progress, Aug. 1981

GRAF, M.: Heilsamer Zwang zur Disziplin, in: Automobil-Produktion spezial, Dezember 1990, pp. 104–107

GROLL, D.: Qualitätsaudit oder Qualitätszertifikat? Eine konsequente Qualitätspolitik, Vortrag gehalten auf dem 3. Europäischen Quality Circle und Quality Management Kongress, 21.–22. 3. 1991 London

GOTTSCHALL, D.: 15 Jahre Humanisierung, in: Management Wissen 6/86, pp. 31–32

GRÜNEWALD, C.: Die feine englische Art ist das nicht!, in: Logistik Heute 6/90, pp. 32–34

HACKL, W.: Synchrone Fertigung erfordert Totale Qualität, unveröffentlichter Vortrag, 1988

HAGAN, J. T.: The Managing of Quality: Preparing for a Competitive Future, Quality Progress, Dec. 1984

HAMEL, G.; PRAHALAD, C. K.: Strategic Intent, HBR May–June 1989, pp. 63–76

HAYES, R.: Why Japanese Factories Work, HBR July–Aug. 1981

HINSON, R.: Robots Provide Improved Quality in Manufacturing, Industrial Engineering, Jan. 1984

HINZ, H.: Die japanische „Qualitäts-Revolution“, in: Die neue Gesellschaft 7, 1981

HOFFMANN, J.: TQC-Training – ein Seminar für Qualität, H & P Firmenzeitschrift „Puls“, April 1985

HOPPER, K.: Quality, Japan and the US: The First Chapter, Quality Progress, Sept. 1985

HÜTTENRAUCH, R.: Gebrauchstauglichkeit, in: MASING, W.: Handbuch der Qualitätssicherung, München/Wien 1980

IWATA, Y.: Introduction to JiT/Toyota Production System, in: JiT-Gemba-KAIZEN, Workshop Unterlagen, KAIZEN Institute of Europe, Brüssel 1991

JEITER, W.: Das Qualitätsmerkmal Sicherheit und die staatliche Verantwortung, in: LISSON, A.: Qualität – Die Herausforderung, Heidelberg/New York/Tokyo 1987

JURAN, J. M.: International Significance of the QC Circle Movement, Reports of Statistical Application Research, Vol. 25, No. 2, Sept. 1978

KANE, E.J.: IBM's Quality Focus on the Business Process, Quality Progress, April 1986

KEMMER, H.-G.: Jeder muß alles können, in: DIE ZEIT vom 14. 2. 1986, p. 31

KIRSTEIN, H.: Qualitätsfähigkeit von Fertigungsprozessen, in: BLÄSING, J.P.: Praxishandbuch Qualitätssicherung, gmft, 1987 Bd. 2

– DERSELBE –: Prozeßsicherung durch Qualitätssicherung oder Produktion?, in: Qualitätssicherung – Neue Herausforderungen für den Produktionsingenieur, VDI Düsseldorf, 1988

KIZILOS, A. P.: A Socratic dialogue on participative management, AMA Membership Publications Division, Sept. 1982

KLAUS, H.: Es gibt realistische und begründete Gegenpositionen, Interview mit H. Klaus, in: Die Mitbestimmung, Düsseldorf 11/87

KLEIN, J. A.: The Human Costs of Manufacturing Reform, HBR March–April 89, No. 2, pp. 60–66

KLUGE, J., SAILER, E.: Das ganze Wissen des Unternehmens auf das Produkt konzentrieren, in: BdW 17. 4. 1991, p. 7

KOCHER, H.: Was ist Qualität?, in: technik, Nr. 34, 1983, p. 34

KURAKU, S.: Gibt es Gründe für japanische Erfolge in Deutschland? Blick durch die Wirtschaft, 14. 5. 1984

LAWLER, E. E.: The New Plant Revolution Revisited, in: Organizational Dynamics, Actumn 1990, pp. 4–14

LEIHKAUF, K. H.: Qualitätsregelsysteme im Fertigungsbereich, in: Qualitätssicherung – Neue Herausforderung an den Produktionsingenieur, VDI Düsseldorf, 1988

LEONARD, F. S.; SASSER W. E.: The incline of quality, HBR, Sept–Oct. 1982, pp. 163–171

MACK, M.: Optimierung der Produktentwicklung als Integrationsaufgabe, in: BULLINGER, H.-J.: F & E Management Forum, Integrierte Produktenentwicklung, Tagungsband, Frankfurt a. M., November 1990, München 1990

MALUCHE, D.: Maschinen- und Prozeßfähigkeitsuntersuchungen, in: Qualitätssicherung – Neue Herausforderungen an den Produktionsingenieur, VDI Düsseldorf 1988

MARR, J. W.: Letting the Customer Be the Judge of Quality, Quality Progress, Oct. 1986, pp. 46–49

MARSCHNER, L.: Einführung in die Qualitätssicherung, in: 5. Deutscher Quality Circle Kongreß, Dokumentation, Hrsg. AGP, DQCG, IMT, RKW

MECKLINGER, R.: Qualität als Instrument der Unternehmenspolitik, Vortrag gehalten auf dem 2. Deutschen Quality Circle Kongreß, Bonn 1983

MAYER-LIST, I.: Der Computer befiehlt, Die Zeit vom 6. 4. 1990, p. 36

MIYAUCHI, I.: Quality Strategy in NEC, TQM Workshop-Unterlagen, JUSE 1987

NAKAO, CH.: Japanese Production Control Systems in the 1980's, Toyota's Kanban, JiT-Gemba-KAIZEN Workshop Unterlagen, KAIZEN Institute of Europe, Brüssel 1991

NULAND VAN, Y.: ISO 9000, a first step towards Total Quality, Vortrag gehalten auf dem 3. Europäischen Quality Circle and Quality Management Congress vom 21.–22. 3. 1991, London

ODRICH, P.: In Japan wird die große Werftenfusion vorbereitet, FAZ, 2. 1. 1988

OESS, A.: Die Organisationsentwicklungskonzeption des IMT, in: KOCH, U.; MEUERS, H.; SCHUCK, M.: Organisationsentwicklung in Theorie und Praxis, Frankfurt 1980, pp. 112–128

OESS, A.: Feedback für Rivalen, Manager Magazin 4/80, pp. 80–107

OESS, A.: Qualitätszirkel; Bestandsaufnahme vor dem Kongreß, in: Congress & Seminar, 8 + 9, 1983

– DERSELBE –: Warum Menschen wie Maschinen funktionieren müssen – Qualitätszirkel und Führungsstil, Blick durch die Wirtschaft, 27. 2. 1984

– DERSELBE –: Total Quality Management in: Bungard, H.; Dorr, J.; Lezius, W.; Oess, A.: Achter Deutscher Quality Circle Kongress 1989, Dokumentation, Mannheim 1990

– DERSELBE –: Quality Circles: Vergleich des japanischen und westlichen Führungsstils, in: Dokumentation zum 4. Deutschen Quality Circle Kongress 1985, Hamburg 1986

PALL, G. A.: PAPAY, L. J.: The IBM Quality Experience, unveröffentlichtes Manuskript, o. J.

PAPAY, L. J.: Quality Improvement Effort in IBM, unveröffentlichtes Manuskript, o. J.

PERSICO, J. JR.: Leadership and empowerment in a total quality organization, in: Total Quality Management, Vol. 2, No. 1 1991, pp. 57–68

PETER, G.: Zehn Jahre Humanisierungsprogramm, das ungeliebte Kind, in: Management Wissen 12/84, pp. 90–96

PFEIFFER, W. J.; GOODSTEIN, L. D.; NOLAN, T. M.: Understanding Applied Strategic Planning: A Manager's Guide, San Diego, Cal. 1985

PFUNDT, K.: Bedeutung und Charakteristik von Heim- und Freizeitunfällen, Beratungsstelle für Schadensverhütung des HUK Verbandes, Mitteilungen der Beratungsstelle für Schadensverhütung, Nr. 26 Köln

PIMENTA DA COSTA, JOAO B.: A Quality Image for Portugal, APQ, Lissabon 1989

RAFFÉ, K.: WIEDMANN, K. P.: Die künftige Bedeutung der Produktqualität unter Einschluß ökologischer Gesichtspunkte, in: LISSON, A.: Qualität – Die Herausforderung, Heidelberg/New York /Tokyo 1987

REDDY, N. J.: Some Observations on „Policy Management", Keynote Address delivered at ASI 1988 CEO Conference Featuring „Policy Management in American Industry" Nov. 29, 1988

REDDY, J.; BERGER A.: Three Essentials of Product Quality, HBR 1983 July–Aug., pp. 153–160

REPKO, J.: Process Capability Plot, Value for Customer and Manufacturer, Philips, Eindhoven, o. J.

ROMMERSKIRCH, W.: Qualitätssicherung in der Produktplanungs- und -entwicklungsphase, in: QZ, Jan 1991, pp. 20–23

SCHIRMER, W.: Mehr verkaufen mit besserer Qualität – Güte als ultima ratio im Wettbewerb?, in: LISSON, A.: Qualität – Die Herausforderung, Heidelberg/New York/Tokyo 1987

Schmelzer, H.-J.: Der Einfluß der Entwicklungszeit auf die Entwicklungsproduktivität, in: Bullinger, H.-J.: 2. F & E Management Forum, Integrierte Produktentwicklung, Tagungsband, Frankfurt a. M., November 1990, München 1990

Schroeder, R. G.; Scudder, G. D.; Elm, D. R.: Innovation in Manufacturing, in: Journal of Operations Management, Vol 8 No. 1, January 1989, pp. 1–15

Schultz, L. E.: Total Quality Management, A Long-Range View, Process Management International, Minneapolis, MN 1990

Sherwood, J. J.: Creating Work Cultures with Competitive Advantage, Organizational Dynamics, Winter 1988

Sirkin, H,; Stalk, G. Jr.: Fix the Process Not the Problem, HBR, July–August 1990, pp. 26–33

Smart Design, Business Week, April 1988

Smith, J. F. Jr.: Europäische Wettbewerbsfähigkeit und Sozialer Wandel, Rede gehalten beim International Policy Forum, International Motor Vehicle Program MIT, Como, 15–18. 5. 1988

Stanenas, A. P.: The Metamorphosis of the Quality Function, Quality Progress, Nov. 1987

Staudt, E.: Quality Circles in Deutschland. Perspektiven und Probleme, Berichte aus der angewandten Innovationsforschung, Nr. 18, in: Dokumentation, 1. Deutscher Quality Circle Kongress, 1988

Staudt, E.; Hinterwäller, H.: Von der Qualitätssicherung zur Qualitätspolitik. Konzeption einer integrierten unternehmerischen Qualitätspolitik, in: Zeitschrift für Betriebswirtschaft, 52. Jg. (1982), H. 11/12

Stumpf, T.: Qualitätspolitik, in: Masing, W.: Handbuch der Qualitätssicherung, München/Wien, 1980

Sullivan, L. P.: Reducing Variability: A new Approach to Quality, Quality Progress, July 1984

– derselbe –: Quality Function Deployment, Quality Progress, June 1986

Suzaki, K.: Japanese Manufacturing Techniques: Their Importance to U.S. Manufacturers, Journal of Business Strategy, Winter 1985

TAKEUCHI, H.; QUELCH, J. A.: Quality is more than making a good product, HBR, July–Aug. 1983

TEST, die Zeitschrift für den Verbraucher, Jahrgänge 1984–88

TRIBUS, M.: A Template for Creating a Community Quality Council, Presented at the Dr. William Hunter Conference on Quality, Madison, Wisconsin, Nov. 1987

U. S. Manufacturers Learn The Hard Lesson of Simplicity, Business Week, Febr. 25, 1988

UTZIG, L. J.: Quality Reputation – A Precious Asset, 34th Annual Quality Congress Transactions, ASQC, 1980

WARNECKE, H.-J.; MELCHIOR, K.; KRING, J.: Qualitätsgerechte Produktgestaltung, in: Qualitätssicherung – Neue Herausforderungen an den Produktingenieur, VDI Düsseldorf, 1988

Wer hat die meisten Pannen? ADAC Motorwelt, Heft 5, 1984–88

WHITE, J. R.; DINGUS, V. R.: Quality Services: A New Business Partner, Quality Progress, Nov. 1987

WHITNEY, D. E.: Real Robots Do Need Jigs, HBR, May–June 1986

WIMMER, F.: Die Produktwahrnehmung und Qualitätsbeurteilung durch den Verbraucher, in LISSON, A.: Qualität – Die Herausforderung, Heidelberg/New York/Tokyo 1987

ZUCCHELLI, F.: Quality Deployment, unveröffentlichtes Manuskript, Galgano & Associati, Milano o. J.

Stichwortverzeichnis

Management-Literatur von GABLER: konkret und gewinnbringend im Einzelfall, fast verwirrend facettenreich in der Gesamtschau des Angebots.

Aber das ist es ja. Die Aufgaben, die Manager und Führungskräfte heute zu erfüllen haben, sind nun mal facettenreich.

Zwei Wissenschaftler veranschaulichen das in einem Management-Lehrbuch für Studenten auf ihre Weise: „Man kann sich das Management als eine komplexe Verknüpfungsaktivität vorstellen, die den Leistungserstellungsprozeß gleichsam netzartig überlagert und in alle Sachfunktionen steuernd eindringt." (Zitat aus Steinmann/ Schreyögg, Management)

Was im Lehrbuch Dozenten ihren Studenten vermitteln wollen, zeigt das GABLER-Management-Programm in seiner tatsächlichen Ausprägung.

Da stehen Titel wie "Familienunternehmen", "Kundenmanager", "Innovation" scheinbar willkürlich nebeneinander, da werden "13 Leitbilder eines Managers von morgen" gegen das "Management von Joint Ventures" geklappt, da stützt das "Total Quality Management" die "Computer-Dimensionen" (oder umgekehrt), da hat man eine schwache Andeutung des "CI-Dilemmas" und muß schließlich erkennen, daß "Vernetztes Denken", "Konfliktmanagement" und "Management der Hochleistungs-Organisation" nur Voraussetzung (oder Ergebnis?) von "Management-Effizienz" ist. Wer dann noch "Vom Sinn zum Gewinn" denken kann und seine "Organisationskultur" danach ausrichtet, der braucht sich kaum noch mit "Intrapreneuring" oder Führungsfragen zu beschäftigen.
Oder doch und gerade?

Wie auch immer, die Zahl der Titel wächst weiter. Ganz gezielt, mit Umsicht ausgewählt und kompetent betreut. Denn auch die Aufgaben im Management wachsen, ständig gibt es neue Problemlösungen, eröffnen sich ungeahnte Perspektiven.

Die die hier darüber schreiben, sind weder Romanautoren, noch zum Publizieren verpflichtete Wissenschaftler. Es sind Frauen und Männer, die das harte und spannungsreiche Geschäft des Managements von innen heraus kennen,